FIM DE JOGO:

DE OLHO NO VERDADEIRO PRÊMIO

JOHN ORTBERG
Autor de *Venha andar sobre as águas*

FIM DE JOGO:

DE OLHO NO VERDADEIRO PRÊMIO

Tradução
JURANDY BRAVO

Vida

Título do original
When the Game is Over, It All Goes Back in the Box

Tradução de Jurandy Bravo
Edição publicada com permissão de ZONDERVAN
(Grand Rapids, Michigan, USA)

■

Todas as citações bíblicas e de terceiros foram adaptadas segundo o Acordo Ortográfico da Língua Portuguesa, assinado em 1990, em vigor desde janeiro de 2009.

■

EDITORA VIDA
Rua Júlio de Castilhos, 280 Belenzinho
CEP 03059-000 São Paulo, SP
Tel.: 0 xx 11 2618 7000
Fax: 0 xx 11 2618 7044
www.editoravida.com.br
www.vidaacademica.net

Editor responsável: Sônia Freire Lula Almeida
Revisão de tradução: Marsely de Marco Martins Dantas
Revisão de provas: Rosana Brandão Ihara
Assistente editorial: Alexandra Resende
Diagramação: Claudia Fatel Lino
Capa: Arte Peniel

1. edição: maio 2009

Dados Internacionais de Catalogação na Publicação (CIP)
(Câmara Brasileira do Livro, SP, Brasil)

Ortberg, John
Fim de jogo: de olho no verdadeiro prêmio / John Ortberg; tradução Jurandy Bravo. — São Paulo: Editora Vida, 2009.

Título original: *When the game is over, it all goes back in the box.*
Bibliografia.
ISBN 978-85-383-0111-0

1. Conduta de vida 2. Vida cristã I. Título.

09-01970 CDD-248.4

Índice para catálogo sistemático:

1. Conduta de vida : Vida cristã : Cristianismo 248.4

Sumário

Perigos

Para Vencer

Introdução

Alguém já disse que a vida é um jogo, e essa é a principal imagem por trás deste livro. Ao empregá-la, não estou afirmando que devemos encarar a vida com leviandade. G. K. Chesterton certa vez escreveu que embora costumemos nos levar a sério demais, via de regra encaramos nossa alma com seriedade de menos. Mas a vida, como um jogo, move-se em direção a um objetivo. Tem uma finalidade; não é uma mera sequência de atividades aleatórias. Além disso, existem regras a serem seguidas, e cada um de nós desenvolverá uma estratégia própria para vivê-la. O jogo não se prolongará eternamente. Como diz um antigo provérbio italiano, "No fim do jogo, o rei e o peão voltam para a mesma caixa". O resultado final é inevitável. (Devo a imagem a James Dobson, extraída de seu livro *Straight Talk to Men*, Sisters, OR.: Multnomah, 1984, p. 19-20.)

Como jogar o jogo da vida é do que se trata este livro. As instruções estão registradas no sumário. Embora seja melhor conhecer todas as regras e jogar de acordo com o que elas prescrevem, cada capítulo – cada princípio do jogo – pode ser avaliado como unidade isolada e aplicado ao jogo da vida. Portanto, sinta-se à vontade para pular de lá para cá conforme desejar.

Um dos manuscritos mais lidos na Idade Média era uma parábola que comparava a vida a um jogo de xadrez.[1] O autor anônimo escreveu: "Jogue, portanto, o jogo da vida com prudência, pois seu oponente está repleto de sutilezas, e pense bastante antes de cada movimento, pois é sua alma que está em jogo".

Bom divertimento!

---

[1] Antigo manuscrito em latim chamado **Innocentium Papam**, apud MURRAY, H. J. R. **A History of Chess**. Northampton, MA: Benjamin Press, 1913, p. 330,334.

Agradecimentos

Além da mensagem básica deste livro, uma das lições que minha avó me ensinou foi dizer obrigado, e é um prazer fazê-lo para as pessoas que ajudaram a tornar este livro uma realidade. Minha filha Laura dedicou a melhor parte de um verão à pesquisa e formatação, além de passar um pente fino em cada rascunho.

Embora, de modo geral, não seja aconselhável mudar de embarcação no meio do rio, tive a oportunidade de trabalhar com dois editores extremamente generosos e prestativos desta vez. Jack Kuhatschek, um velho amigo, e John Sloan, amigo recente, editores de uma criatividade assustadora. É um prazer ser parceiro de toda a equipe da Zondervan, bem como de Trudi Barnes, que trabalha no escritório ao lado do meu.

Também sou profundamente grato à congregação em que sirvo em Menlo Park, por me disponibilizar tempo para escrever, e aos homens íntegros que se reúnem nas manhãs de domingo para me sustentar em oração.

Sou grato a meu pai, mãe, irmã e irmão por me ensinarem tanto a respeito de como jogar e viver. Assim, dedico este livro com todo carinho a John e Kathy e Barbara e Barton.

E a vovó.

E, como sempre, a Nancy.

O JOGO

CAPÍTULO 1

APRENDA A REGRA Nº 1

Eis o nosso dilema.
Vezes sem conta perdemos de vista
o que é importante e o que não é.
EPITETO[1]

Minha avó acabara de sair da cadeia.

Estava a uma rodada das propriedades amarelas. E as propriedades amarelas eram sinônimo de confusão. Porque me pertenciam. E eu construíra hotéis em cima delas. Ao passo que vovó não tinha dinheiro algum. Preferiria passar mais tempo na cadeia só para não cair nas minhas propriedades e ter de dar com relutância um dinheiro que não tinha. Acontece que teve de jogar duas vezes e esse foi o seu fim.

Eu era um garoto de 10 anos sentado diante de um tabuleiro de Banco Imobiliário. A sorte estava do meu lado – tinha dinheiro e propriedades, casas e hotéis, Calçadão à beira mar e Estacionamento Livre.[2] A vida inteira fora um perdedor nesse tipo de jogo, mas aquele dia seria diferente, tinha certeza disso. Aquele

---

1 EPITETO. **A Arte de viver:** o manual clássico da virtude, felicidade e sabedoria. Uma nova interpretação de Sharon Lebell. Rio de Janeiro: Sextante, 2006.

2 Nomes de terrenos no jogo. Versão bastante difundida no Brasil, o Banco Imobiliário segue as regras do original e batiza as propriedades de acordo com a realidade local: Morumbi, Ipanema etc. [N. do T.]

dia eu era Donald Trump, Bill Gates, Ivã, o Terrível. Naquele dia, apenas um lance do dado separava minha avó da ruína. E a mim da maior lição que a vida tem para me ensinar: a necessidade absoluta de organizar a vida em torno do que importa, à luz da nossa mortalidade e eternidade. Uma lição de que algumas das pessoas mais inteligentes do mundo se esquecem, mas que para minha avó era clara como o cristal.

Pois foi ela quem me ensinou a jogar...

Golda Hall, mãe da minha mãe, morava conosco quando eu era criança. De constituição delicada e roliça, como eram as avós antes de começarem a se dedicar à ginástica aeróbica. Ao menos nas lembranças da minha meninice, continua sendo a pessoa mais divertida que conheci. Deixava que ficássemos acordados até mais tarde do que deveríamos nas noites de sexta-feira, quando nossos pais saíam. Descascava maçãs para nós, contava-nos histórias de fantasmas e velhos poemas assustadores ("Annie, a pequena órfã, à nossa casa veio ter...")[3] que nos mantinham acordados por horas. Assava pães de banana e era como comer sobremesa no café-da-manhã e preparava bolo de chocolate com glacê – constituído na maior parte de manteiga – para nossos aniversários.

E me ensinou a jogar.

Minha avó era uma grande jogadora e não gostava de perder. Nunca maldosa nem irada, ainda assim, de certa forma – para usar uma expressão da sua infância – era uma brasa coberta. Fazia parte dos seus encantos. Toda noite de sexta-feira, enquanto meu

---

[3] Poema de James Whitcomb Riley (1849-1916), conhecido como "poeta das crianças", narra a história de uma pequena órfã que, depois de trabalhar o dia inteiro para ganhar o seu sustento, à noite conta histórias de bruxas para crianças reunidas em volta do fogo na cozinha. [N. do T.]

avô era vivo, a família inteira, incluindo maridos e mulheres agregados, reuniu-se em torno de um jogo de cartas chamado Rook.[4] Se você fosse o parceiro da vovó, não era aconselhável interpretar errado um lance ou um blefe. No vídeo caseiro preferido de todos, ela aparecia bem mais jovem, jogando beisebol durante um piquenique da família. Mal rebateu a bola e saiu correndo base por base com tamanha determinação – uma mulher grandalhona avançando feito o ucraniano Bronco Nagurski – que ninguém se meteu no seu caminho. Não deu outra: *home run*. Quando jogava xadrez chinês com os netos menores, não desempenhava o papel de vovó boazinha que perde de propósito para fazer com que as crianças se sintam melhor. Antes mesmo de Max De Pree dizê-lo, ela acreditava que a tarefa do líder é traçar os limites da realidade. Era uma líder e a realidade era jogar para ganhar. Fazer beiço e encher-se de autocomiseração, dois dos meus dons espirituais, não evocava simpatia da sua parte pois enquanto jogava, ela ficava de olho no tipo de pessoa em que estávamos nos transformando. E foi assim que minha avó me ensinou a jogar.

O mestre do tabuleiro

Vovó atingia o ápice da irritação quando se tratava de Banco Imobiliário. Há sempre um líder como general Patton ou Átila, o huno, para assumir a reputação de rígido. São todos cachorrinhos de colo perto dela. Imagine uma filha do treinador de futebol americano Vince Lombardi, famoso pela frase "ganhar não é

---

4 O nome do jogo faz referência a um tipo de gralha cuja estampa substituiu o coringa em baralho. Desenvolvido por puritanos que rejeitavam as cartas comuns por sua associação à cartomancia. Posteriormente tal jogo, uma espécie de pôquer para quatro participantes divididos em duas equipes, foi adaptado para o baralho comum. [N. do T.]

tudo, é a única coisa", com Lady MacBeth e você terá uma ideia do ímpeto competitivo da minha avó. Era uma alma terna e gentil, mas, próxima a um tabuleiro de Banco Imobiliário, era capaz de levar você à bancarrota.

Quando o banco dava meus $ 1.500,00 iniciais para começar o jogo, sempre queria manter-me agarrado a esse dinheiro o máximo de tempo possível. Nunca se sabe o que a carta Sorte lhe oferecerá em seguida. O tabuleiro é um lugar arriscado. Tenho sangue sueco (por parte de pai), e os suecos não são de se arriscar muito.

Mas minha avó sabia jogar aquele jogo. Compreendia que não se ganha sem correr riscos, e o segundo lugar não lhe interessava. Assim, gastava cada nota em seu poder. Comprava todo terreno em que ia parar. Hipotecava cada propriedade que possuía a fim de fazer capital para comprar tudo o mais.

Vovó entendia o que me escapava – acumular é o espírito desse jogo, dinheiro é como se chega lá e o mundo é dos espertos. Jogava com habilidade, paixão e entrega total. Às vezes, por inevitável, tornava-se a senhora do tabuleiro. Ser senhor do tabuleiro significa que se tem tantas propriedades que ninguém pode prejudicá-lo. Quando se é senhor do tabuleiro, detém-se o controle. Outros jogadores olham para você apreensivos e invejosos, surpresos e admirados. Desse ponto em diante, é só uma questão de tempo. Minha avó ficava observando-me cair no Calçadão outra vez, entregar-lhe o restante do meu dinheiro e tirar meu peão do tabuleiro ao mesmo tempo em que eu tentava imaginar porque perdera outra vez.

– Não se preocupe com isso – vovó dizia. – Um dia você aprenderá a jogar.

Eu odiava ouvir isso.

> "Não se preocupe com isso", vovó dizia.
> "Um dia você aprenderá a jogar".

Até que, quando eu estava com 10 anos, passei o verão inteiro jogando Banco Imobiliário todos os dias com um garoto chamado Steve que morava na minha rua. Aos poucos foi ficando claro para mim que o único modo de alguém ganhar no Banco Imobiliário era empenhando-se por inteiro na aquisição de terrenos. Sem dó. Sem medo. O que minha avó tentava me mostrar havia muito tempo enfim entrara na minha cabeça.

Quando chegou o outono e nos sentamos para jogar, fui mais implacável que ela. As palmas das minhas mãos suavam. Joguei sem suavidade ou cuidado. Estava disposto a quebrar todas as regras, se necessário. Devagar, cheio de astúcia, expus o ponto fraco da vulnerabilidade da minha avó. Incansável, inexorável, expulsei-a do tabuleiro. (O jogo faz coisas estranhas em você.)

Ainda me lembro — aconteceu em Marvin Gardens.

Olhei para minha avó — a mulher que me ensinara a jogar. Era uma senhora de idade na época. Viúva. Criara minha mãe. Amava minha mãe e a mim também. Pois eu tirara tudo o que possuía. Arrasei-a financeira e psicologicamente. Observei-a abrir mão de sua última nota e abandonar o jogo na mais absoluta derrota.

Foi o maior momento da minha vida.

Eu vencera. Fora mais esperto, mais forte e mais implacável que as outras pessoas sentadas à mesa. Tornara-me senhor do tabuleiro.

Mas então minha avó aproveitou para me ensinar mais uma coisa. A maior lição vem no fim do jogo. Ei-la, nas palavras de James Dobson, que descreveu essa lição sobre o Banco Imobiliário ao jogar com a família, anos atrás: "Agora tudo isso volta para a caixa".

Todas as casas e hotéis. Todas as propriedades – Calçadão e Estacionamento, as ferrovias e as empresas prestadoras de serviços. Todos aqueles milhares em notas. *Quando o jogo acaba, tudo volta para a caixa.*

Eu não queria que isso acontecesse. Queria deixar tudo em cima da mesa, como um memorial eterno da minha habilidade naquele jogo – cunhá-lo em bronze, talvez, para que outros pudessem admirar minha tenacidade e sucesso. Queria que a sensação de poder pelo fato de ter me tornado senhor do tabuleiro durasse para sempre. Queria que a vibração por vencer fosse minha companheira eterna. Estava tão embriagado com a vitória, depois de todos aqueles anos, que por alguns instantes perdi o contato com a realidade. Nada daquilo era meu – não de fato. Mas por alguns momentos eu comandara o jogo. Podia perder a cabeça por isso durante algum tempo e agir como se o jogo fosse durar para sempre. Mas não duraria. Não para mim. Tampouco para você. Platão dizia que a função da filosofia como um todo pode ser resumida na expressão *melete thanatou* – o "exercício da morte".[5]

Sou cristão e procuro escrever este livro pela perspectiva da fé. Creio que você é um ser infinito dotado de um destino eterno no Universo de um Deus inimaginavelmente bom. Mas não é preciso crer na Bíblia para entender a lição da caixa. O comediante Jerry Seinfeld aponta a questão do seguinte modo:

> Para mim, se a vida se resume a uma só coisa significativa, essa coisa é a mudança. Viver é manter-se mudando. É uma pena, mas isso quer dizer que passaremos o resto de nossas vidas à procura de caixas.

---

[5] PLATÃO, apud GOLEMAN, Daniel. **Vital Lies, Simple Truths**. New York: Simon & Schuster, 1985, p. 237.

Quando você se muda, seu mundo são as caixas. É só nisso que você pensa. "Caixas, onde estão as caixas?" Você desce a rua andando de um lado para outro, entrando e saindo de lojas, perguntando "Tem alguma caixa para me dar? Você viu alguma caixa sobrando por aqui?". É só no que você pensa.

Até em um velório, com todo o mundo a sua volta chorando a perda do defunto, você daria uma boa espiada no caixão. "Bela caixa. Alguém aqui sabe onde esse cara arranjou esta caixa? Quando ele acabar de usá-la, será que posso ficar com ela? Tem até umas belas alças nas laterais. Meu aparelho de som ficaria perfeito dentro dela."

Quer dizer, a morte é isso, na verdade – a última grande mudança da sua vida. O carro funerário é o caminhão de mudança, os sujeitos que carregam o caixão, seus amigos mais chegados; os únicos para os quais você pode pedir ajuda na hora de uma grande mudança como essa. E o caixão é aquela vasta caixa, perfeita, que você procurou a vida inteira.[6]

O que interessa de verdade?

Não há mal algum em jogar. Não há mal algum em ser bom nisso. Não há nada de errado em ser o senhor do tabuleiro. Minha avó me ensinou a jogar para ganhar. No entanto, há sempre mais degraus para subir, mais dinheiro para ganhar,

---

6 Seinfeld, Direção: Tom Cherones Produtores: Jerry Seinfeld, Tom Gammill, Max Pross, Larry David e Peter Mehlman. Intérpretes: Jerry Seinfeld, Julia Louis-Dreyfus, Michael Richards e Jason Alexander. Roteiro: Larry David Uma produção West / Shapiro em associação com Castle Rock Entertainment. Sony Pictures Television, 1989 a 1998, disponível em http://www.seinfeldscripts.com/TheBoyfriend2.htm. Acesso em: 16 jun. 2008.

mais negócios para fechar. O perigo é esquecermos de perguntar o que de fato interessa. Corremos para todo lado em cima do tabuleiro munidos de relacionamentos superficiais, agendas frenéticas, a alma preocupada. Ser inteligente ou forte não o protege desse destino. Em certos sentidos, torna tudo mais perigoso, pois as recompensas temporárias que você obtém por jogar podem entorpecê-lo a ponto de levá-lo a crer que o jogo não terminará nunca.

Na época do ensino médio, posso achar que venço o jogo obtendo as melhores notas, ou sendo o primeiro da classe, ou ganhando a eleição para ser o representante oficial da turma. Depois vem a faculdade e a pressão para conseguir um bom emprego, ser promovido, ter dinheiro suficiente para sentir-me seguro e poder pensar em mim mesmo como alguém bem-sucedido. Ultrapasso pessoas e experimento prazer. Pessoas ultrapassam-me e sinto uma pontada de dor. Ouço sempre uma voz interna: *Será que já é o suficiente? Será que me saí bem?* Às vezes, se estou tranquilo, diz: *Isso faz algum sentido?*

Então a busca passa a ser por estabilidade financeira, por uma aposentadoria bem planejada em uma comunidade de idosos ativos onde o Botox, as tinturas de cabelo, o ginkgo biloba, o Lipitor e o Viagra propiciam uma imortalidade temporária induzida pela química.

Até que um dia tudo acaba. Outras pessoas seguem em frente. Em algum lugar do tabuleiro, alguém está apenas começando. Para você, no entanto, o jogo terminou. Soube jogar com sabedoria? Todos queremos Deus, escreve Anne Lamott, mas entregues a nossos estratagemas, só o que buscamos são bens mundanos – propriedades, dinheiro, aparência e poder – achando que nos trarão satisfação. "Todavia isso revela-se uma piada, porque tais coisas não passam de muletas. Quando nos despedimos desta vida, temos de devolvê-las ao grande senhor das muletas lá no céu. São só empréstimos. Não nos pertencem."[7] Tudo volta para a caixa.

Para você, no entanto, o jogo terminou.
Soube jogar com sabedoria?

Viva diferente — a partir de agora

Os seres humanos são as únicas criaturas dotadas de lobos frontais desenvolvidos o suficiente para informarem-lhes que o jogo chegará ao fim. Essa é a nossa glória, nossa maldição, um alarme e uma oportunidade para nós. Em Jerusalém, judeus do mundo inteiro têm construído centenas de sinagogas. Uma delas, edificada por um grupo de Budapeste, obedece a um antigo costume e abriga um esquife no interior de uma de suas paredes. Não há ninguém enterrado ali, explica-se aos visitantes; sua presença serve como uma testemunha silenciosa a nos lembrar que tudo volta para a caixa.

O Talmude ensina que todos deveriam arrepender-se de tudo um dia antes de morrer.[8] Ao visitante que perguntou "Mas como vou saber que dia é esse?", foi-lhe dito: "Viva todo dia como se

---

[7] LAMOTT, Anne. **Bird by Bird:** Some Instructions on Writing and Life. New York: Doubleday, 1994, p. 195.

[8] BLECH, Benjamin. **O mais completo guia sobre judaísmo**. São Paulo: Sêfer, 2004.

fosse seu penúltimo". Organize sua vida ao redor do que mais importa. A partir de agora. A caixa estará a sua espera.

Foi assim que minha avó me ensinou a jogar o jogo da vida, e é disso que trato nas próximas páginas. Em vários sentidos, vovó levou uma vida muito simples. Jamais cursou uma faculdade, nunca dirigiu uma empresa, não escreveu um livro nem viajou mundo afora. Conheceu o amor da sua vida na oitava série, último ano de sua educação formal. Deu à luz três filhos homens chamados — e isso não é invenção minha — Hack, Jack e Mac (os nomes Huguinho, Zezinho e Luisinho já tinha sido adotados pelos sobrinhos do Pato Donald). Depois vieram três mulheres, dentre as quais, minha mãe. Nunca morou fora do Estado em que nasceu. O único trabalho remunerado que teve, pelo que sei, foi executado atrás do balcão de uma pequena padaria suíça.

Sentia-se satisfeita com sua vida por acreditar que sabia o que de fato importava. Tinha uma noção clara do que considerava temporal e do que entendia ser eterno. Todo mundo tem que decidir sobre o que acredita ser ganhar e perder na vida. Um dos homens mais inteligentes do mundo contou-me uma de suas histórias inesquecíveis sobre essa decisão. Deixo isso para o próximo capítulo. Mas o fato é que tive muito tempo para pensar a respeito.

Minha avó me ensinou a jogar.

OBJETIVO DO JOGO

CAPÍTULO 2

SEJA RICO PARA COM DEUS

Pretendo viver para sempre.
Até agora, tudo bem.
STEVEN WRIGHT[1]

Ganhamos a vida conquistando coisas.
Vencemos na vida dando coisas.
DAVE TOYCEN[2]

Era uma vez um homem importante e ocupado que vivia no Vale do Silício. Sua rotina era passar de doze a quatorze horas por dia no trabalho, às vezes também os finais de semana. De posse de um diploma de MBA, associou-se a organizações profissionais e diretorias para expandir seus contatos. Ao dirigir seu carro, ouvia audiolivros ensinando a competir com os tubarões e a extrair lições de liderança com Ghengis Khan. Usava para isso um aparelho de CD especial, adaptado para acelerar a voz do leitor, de modo que concluía um livro na metade do tempo normal. Mesmo de folga, devaneava sobre o trabalho, de forma

---

[1] WRIGHT, Steven, apud O'KELLY, Eugene. **Chasing Daylight**. New York: McGraw-Hill, 2006, p. 19.

[2] TOYCEN, Dave. **The Power of Generosity**. Toronto: HarperCollins, 2004, p. 1.

que sua ocupação tornara-se também sua preocupação. Considerava a semana de 48 horas uma ideia tão boa que com frequência a cumpria duas vezes em sete dias.

A esposa tentou fazê-lo diminuir o ritmo, lembrá-lo que tinha uma família. Ele sabia que já não eram tão próximos como antes. Não fora sua intenção afastar-se. Ela apenas parecia sempre querer que ele lhe desse *tempo*, e tempo era algo que não tinha para dar. Deixava-o todo no escritório.

Tinha uma vaga consciência de que os filhos estavam crescendo e de que estava perdendo isso. De vez em quando seus filhos reclamavam dos livros que o pai não lia para eles, do esconde-esconde que não brincava com eles, das refeições que não fazia com eles. Depois de algum tempo, no entanto, pararam de reclamar por deixarem de acalentar a esperança de que suas vidas pudessem ser diferentes.

Estarei mais disponível para eles dentro de seis meses mais ou menos, tentava convencer-se, *quando as coisas acalmarem*. Embora fosse um sujeito brilhante, não parecia notar que as coisas nunca acalmavam. *De qualquer forma*, pensava quando se sentia culpado, *faço tudo isso para o bem deles*. E ninguém o conhecia ou amava o suficiente para dizer-lhe a verdade.

Ele sabia que não estava cuidando muito bem do próprio corpo. Seu médico o advertiu de que apresentava sinais muito sérios de alerta – pressão sanguínea elevada, colesterol alto – e mandou-o cortar os bolinhos de chocolate e a carne vermelha e a começar um programa de exercícios. Razão pela qual parou de ir ao médico. *Ainda terei tempo mais que suficiente para isso*, calculou, *quando as coisas estiverem mais calmas*.

Reconhecia haver um desequilíbrio em sua vida. A esposa reclamava por ele não ir à igreja – tinha uma no fim da rua em que moravam. Pretendia ir, mas as manhãs de domingo eram sua única chance para dormir de verdade. Orgulhava-se de ser um homem prático vivendo no mundo real em que o dinheiro é que importa. *Além do mais, posso ser espiritual sem ir à igreja*, raciocinava. *Terei tempo suficiente para esse tipo de coisa quando tudo se acalmar.*

Certo dia, um representante da matriz de sua empresa foi visitá-lo.

– Você não vai acreditar, mas expandimos de tal maneira este ano que está até difícil de acompanhar. Um verdadeiro milagre. Essa é a oportunidade das nossas vidas. Se aproveitarmos o momento, estaremos com a vida feita. Mas isso exigirá grandes mudanças. Problemas de estoque vêm nos causando algumas dores de cabeça que você nem queira saber. Os pedidos chegam tão rápido que a produção não está conseguindo atender à demanda. O *software* que utilizamos é um terror de tão defasado. Se não reestruturarmos a operação de cima a baixo, será um desastre.

Foi então que lhe ocorreu. Implementaria na empresa uma revolução tecnológica. Adotariam o padrão *wireless* de ponta a ponta – vinte e quatro horas por dia, sete dias da semana, acessibilidade para todo mundo. Obrigariam todo o pessoal a usar *headphones* no lugar do telefone convencional e instalaria aparelhos de fax até no banheiro. Criou na sua cabeça um novo lema para a empresa – "Vivemos para isso!" – que mandaria estampar em toda parte.

A grande chance da sua vida chegara. Isso o tornava disponível para todos exceto para quem mais precisava dele, e de quem ele mais precisava – esposa, filhos, ele próprio, os amigos, Deus.

Naquela noite, comentou com a esposa:

– Você se dá conta do que isso significa? Podemos relaxar. Nosso futuro está garantido – estamos com a vida feita. Eu conheço o mercado; já pensei em tudo, antecipei cada possível surpresa. Isso significa estabilidade financeira. Conseguiremos tirar aquelas férias que você vive me cobrando afinal.

Era o senhor do tabuleiro agora. Acontece que a esposa ouvira aquele tipo de conversa antes. Aprendera a não alimentar esperança. Às 11 horas da noite ela foi para a cama – sozinha como de costume.

Vida, interrompida

Enquanto o senhor do tabuleiro debruçava-se sobre o teclado do computador reordenando o Universo, um mísero detalhe lhe escapava. Uma artéria, antes flexível como uma folha de planta, agora estava seca como um pedaço de gesso, rígida como cimento velho. As células sanguíneas mal conseguiam espremer-se por dentro dela. Dia a dia aquele homem traçava planos, rascunhava memorandos urgentes, verificava ansioso seu portfólio, impunha seu jogo com destreza sobre o tabuleiro, ao mesmo tempo em que mais alguns fragmentos de lipídios e entulho juntavam-se à obstrução arterial. Cada charuto, cada naco de manteiga, cada palavra irada, cada percurso irritado ao volante do carro, cada pensamento preocupado cumprira sua função. Em silêncio, com eficácia e irreversibilidade, seu corpo preparava sua ruína.

Durante mais de meio século seu coração bombeara 70 mililitros de sangue por contração, mais de 6 mil litros por dia, à taxa de 100 mil batidas a cada 24 horas. Tudo isso sem nunca ter-lhe despachado um memorando ou feito uma revisão. De repente seu coração falhou uma batida. E outra. E uma terceira. Ofegava a procura de ar, apertando o peito. Por um instante foi-lhe concedido o dom de uma clareza ofuscante. Embora ocupasse posição elevada em mil organogramas, na verdade não tinha controle nem do próprio pulso. Que coisa engraçada: mil empregados em diversos continentes obedeceriam cada palavra sua com temor e tremor. Mas algumas gramas de músculo recalcitrante dobravam-lhe os joelhos. *Vou me deitar aqui um pouco e dormir...*

Embora ocupasse posição elevada em mil organogramas, na verdade não tinha controle nem do próprio pulso.

A esposa acordou às 3 horas da manha e nada de encontrá-lo a seu lado, na cama. Desceu disposta a buscá-lo nem que fosse arrastado. Foi quando o viu sentado na frente do terminal de computador, a cabeça apoiada na mesa. *Que ridículo*, pensou. *Parece que estou casada com uma criança. Prefere adormecer na frente de uma tela a vir para a cama.*

Tocou-lhe o ombro com a intenção de despertá-lo, mas ele não reagiu. Sentiu-lhe a pele assustadoramente fria. Em pânico, experimentou uma sensação angustiante no estômago enquanto discava 190. Quando os paramédicos chegaram, explicaram-lhe que o marido sofrera um ataque cardíaco fulminante e que estava morto havia horas.

A história dessa morte foi repetida à exaustão na comunidade financeira. O obituário do nosso personagem foi publicado na *Forbes* e no *Wall Street Journal*. Pena que morrera, pois teria adorado ler o que escreveram a seu respeito.

Então chegou a hora do funeral. Devido a sua notoriedade, a comunidade inteira apareceu. As pessoas marchavam em fila ao lado do caixão e faziam os mesmos comentários tolos que sempre se faz em funerais: "Está com um aspecto tão sereno". Isso se chama *rigor mortis* e costuma causar esse efeito. A morte é o jeito que a natureza tem para mandá-lo diminuir o ritmo. Quando alguém considerado rico morre, sempre faz-se também a mesma pergunta idiota: "Quanto será que ele deixou?". Tudo. Todo mundo sempre deixa tudo.

Em seguida algumas pessoas foram à frente prestar-lhe tributo. A maioria falou de suas conquistas, pois ao mesmo tempo em que todos sabiam alguma coisa *sobre* ele, ninguém de fato o *conhecia*.

– Foi um dos maiores empreendedores do seu tempo – disse alguém.

– Foi um inovador em matéria de tecnologia e sistemas de entrega – comentou outro alguém.

– Era um homem de princípios – disse um terceiro. – Nunca burlou o fisco, nunca trapaceou em seus pedidos de reembolso, nunca traiu a esposa.

Outro admirador comentou-lhe as conquistas cívicas:

– Era um dos pilares da nossa sociedade. Conhecia todo mundo. Esse homem sabia estabelecer uma rede de relacionamentos como ninguém.

Tinham encomendado uma grande coluna memorial de mármore para ele. Inscreveram nela todas as seguintes palavras inspiradoras: Visionário. Inovador. Líder. Empreendedor. Acima de tudo, sua palavra favorita, pela qual dera a própria alma: Sucesso.

Enterram-lhe o corpo, instalaram sua lápide e então cada qual voltou para sua casa.

Depois que escureceu, quando não havia ninguém presente para testemunhar o que acontecia, o anjo de Deus foi enviado ao cemitério. Sem ser visto ou ouvido, o anjo passou por todas as outras lápides até chegar ao maravilhoso memorial daquele homem. Com o dedo, desenhou sobre ele a única palavra que Deus escolhera para resumir a vida de alguém tão rico, ocupado, respeitável e bem-sucedido: Tolo.

"Seu tolo! Esta noite você vai morrer; então quem ficará com tudo o que você guardou?" (Lucas 12.20, *NTLH*).

O diagnóstico

A essa altura você talvez já tenha reconhecido a versão de uma história contada pela primeira vez por Jesus há dois mil anos.[3] Jesus foi muito franco em seu diagnóstico. Não disse que o homem era mau ou perverso. Apenas o chamou de tolo.

Por que Jesus usou uma palavra assim dura? Negligenciar a esposa e ignorar os filhos não fora uma decisão racional daquele homem. Não estabelecera como objetivo tornar-se ganancioso e exageradamente envolvido consigo mesmo. Não firmara em seu coração o propósito de afrontar Deus ou de eliminar de sua vida qualquer compaixão pelos pobres. Apenas tinha outras coisas para fazer. Vivia ocupado demais.

[3] Lucas 12.16-21. Estou em débito com Haddon Robinson por um sermão que ouvi no rádio há muito tempo e que me deu a ideia de recontar a história do "rico tolo" em termos contemporâneos.

Apenas dedicava a vida às coisas erradas. Se você fizesse uma lista das prioridades dele, chegaria a algo mais ou menos assim:

O que é mais importante

1. Ter uma grande colheita
2. Construir celeiros maiores
3. Alcançar estabilidade financeira
4. Comer
5. Beber
6. Alegrar-se
7. Lembrar de não morrer

Claro, o último item é o mais complicado. Cedo ou tarde nossa alma voltará para o Criador. E tudo que você acumulou – com quem ficará? Eis a percepção de Salomão sobre o assunto: "Desprezei todas as coisas pelas quais eu tanto me esforçara debaixo do sol, pois terei que deixá-las para aquele que me suceder" (Eclesiastes 2.18). "O executivo que trabalha de 8 a 18 horas todos os dias será bem-sucedido e lembrado com carinho pelo próximo marido de sua esposa", escreve John Capozzi.[4] Poderia estar se referindo a qualquer homem.

Lisa Rotgrak é autora de *Death Warmed Over* [A morte requentada],[5] uma combinação de livro de receitas com estudo sociológico

---

[4] Capozzi, John, apud Swenson, Richard. **Como conviver com as pressões.** Belo Horizonte: Betânia, 2001.

[5] Rotgrak, Lisa. **Death Warmed Over:** Funeral Food, Rituals and Customs from Around the World. Berkeley, CA: Ten Speed Press, 2004, p. 7.

sobre comidas e rituais presentes em velórios. Parte da história de um homem em seu leito de morte que sente o cheiro de biscoito de baunilha com raspas de chocolate – seu favorito – assando no andar de baixo. Na mesma hora sente vontade de comer um antes de morrer.

Arrasta-se então da cama, rola as escadas, rasteja cozinha adentro e estende o braço trêmulo para pegar seu último biscoito quando sente o ardor de uma espátula atingir-lhe em cheio a mão.

– Pode deixar esses biscoitos exatamente onde estão – ordena-lhe a esposa. – São para o seu velório.

O rico tolo tinha muitos biscoitos e pensou que fosse saborear todos. "Já sei o que vou fazer", diz ele. "Vou derrubar os meus celeiros e construir outros maiores, e ali guardarei toda a minha safra e todos os meus bens" (Lucas 12.18). Mais um celeiro. Mais uma safra. Mais um biscoito. Então, uma noite, a espátula desce sobre sua mão. *Plaft*! "Os biscoitos não são para você. São para o seu velório."

Não perguntes por quem a espátula bate. Ela bate por ti.

O rico tolo tinha muitos biscoitos
e pensou que fosse saborear todos.

O objetivo do jogo

Quando Jesus contou sua história, resumiu a lição em uma única frase para deixar claro que ninguém o entendesse mal: "Assim acontece com quem guarda para si riquezas, mas não é rico para com Deus" (Lucas 12.21).

O objetivo da vida, de acordo com Jesus, é simplicidade extraordinária: *ser rico para com Deus*. Não desperdice a vida bancando ser o senhor do tabuleiro. Isso é para trouxas. Não há como quebrar a banca. Mas você pode ser rico *para com Deus*. Sua vida – com a ajuda do próprio Deus – pode ser fonte de prazer para o Senhor do Universo. Você pode fazer Deus sorrir.

Quando o jogo acabar, tudo que importará será a avaliação que Deus fizer da nossa vida. Investidores em capital de risco, estrelas hollywoodianas, bedéis de escola e somalis farão fila diante dele, no nível do chão.

> Ser rico para com Deus significa cultivar uma alma cada vez mais sadia e boa.
>
> Ser rico para com Deus significa amar as pessoas a sua volta e deleitar-se com elas.
>
> Ser rico para com Deus significa aprender sobre os próprios dons e paixões e fazer um bom trabalho no sentido de ajudar a melhorar o mundo.
>
> Ser rico para com Deus significa ser generoso com os nossos bens.
>
> Ser rico para com Deus significa sujeitar o que é *temporário* à escravidão do que é *eterno*.
>
> Ser rico para com Deus significa divertir-se cada vez que o dado for lançado e que uma volta no tabuleiro for concluída.

Cada uma dessas dimensões da riqueza é importante. Passaremos capítulos inteiros estudando-as em maior profundidade. Todavia, Jesus as expressou em dois grandes mandamentos, cada um deles construído em torno de uma única palavra: *amor*. Ame o Senhor de todo o seu coração, alma e entendimento, disse ele. Ame o seu próximo como a si mesmo. Todo o resto é nota de rodapé. Ninguém pode fazer isso e ser pobre aos olhos de Deus. Ninguém pode deixar de fazê-lo e ser rico aos olhos de Deus.

Amar a Deus

Ser rico para com Deus começa dando-se ao Senhor aquilo que ele mais deseja. E o que ele mais deseja da sua parte é *você* — seu coração e devoção. Assim como Deus tem poder para nos conceder muitas dádivas (mas a melhor delas é ele mesmo), assim podemos lhe oferecer nossos recursos e serviço; no entanto, o presente que ele mais deseja somos nós.

Penso na última conversa de Jesus com seu amigo Pedro. Ele era humano demais: seguiu Jesus, serviu-o, aprendeu com ele, duvidou dele, interpretou-o mal, louvou-o e negou-o, mas a última pergunta de Jesus para o amigo foi apenas "Pedro, você me ama?". Três vezes ele a repetiu. Só então continuou dizendo que desejava que Pedro *fizesse*. O que ele mais queria, no entanto, era seu amor. Agostinho disse que toda a ética pode ser assim resumida: "Ame a Deus e faça o que tiver vontade". A alma que de fato ama a Deus desejará fazer o que Deus ama.

Uma ilustração talvez nos ajude a entender melhor o conceito. Minha esposa e eu passávamos por algumas semanas conturbadas: compromissos mais pesados que de costume envolvendo viagens, pessoas de outras cidades hospedadas em casa e algumas complicações não programadas. Em determinado momento, Nancy me fez sentar e disse:

— Quero passar o dia com você. Só nós dois.

Foi estranho. Não há ninguém com quem eu goste mais de estar. Mas como sentia-me atarefado, apresentei uma contraoferta:

– Que tal passarmos a manhã cada um desempenhando suas tarefas e depois nos encontramos para o almoço?

A princípio ela concordou. Então voltou-se e bateu o pé (também conhecido como "martelo de juiz"):

– Nada disso. Chega de trabalho. Chega de encontros só para almoçar. Vamos passar o dia inteiro juntos, nos divertindo, ou não respondo por mim.

De modo que passamos o dia juntos. Não fizemos nada extravagante. Dedicamo-nos àquilo que em geral fazemos. Passeamos de carro, caminhamos um pouco, almoçamos, conversamos sobre tudo um pouco. Foi um dia como outro qualquer. Era só o que Nancy queria.

Você acha que ela ficaria mais feliz se eu lhe levasse café na cama, massageasse seus pés por uma hora, chegasse com flores e assistisse com ela a um episódio atrás do outro de *Oprah*?

Bem, isso nós nunca saberemos.

Mas ocorreu-me que, em certo sentido, a história da Bíblia é o relato de um desejo único de Deus, o motivo pelo qual ele criou as pessoas: para que pudesse estar conosco. No jardim do Éden, ele vinha e caminhava lado a lado com o homem e a mulher que fizera, só pelo prazer de estar com eles. Então, após a queda, conhecemos a separação de Deus. É como se desse momento em diante, Deus passasse a ser assombrado pelo desejo de estar com seu povo. Lemos nas Escrituras diversos exemplos em que Deus esteve com alguém: andou com Enoque e Noé, esteve ao lado de Abraão e Isaque, e de José na escravidão e na prisão. Chegou a formar uma nação inteira para que pudesse ter um povo com o qual estar: "E habitarei no meio dos israelitas e serei o seu Deus.

Saberão que eu sou o SENHOR, o seu Deus, que os tirou do Egito para habitar no meio deles" (Êxodo 29.45,46).

É como se desse momento em diante, Deus passasse a ser assombrado pelo desejo de estar com seu povo.

Nem assim Deus se deu por satisfeito. Foi quando teve uma ideia: "Vou descer até lá". Um dia, um bebê nasceu em Belém. Cresceu e convocou todos os seres humanos dispostos a segui-lo. "Escolheu doze, designando-os apóstolos, para que estivessem com ele" (Marcos 3.14). E fez uma oferta: "Se alguém me ama, obedecerá à minha palavra. Meu Pai o amará, nós viremos a ele e faremos morada nele" (João 14.23).

A alma solitária é pobre. A alma que está com Deus, rica. A razão pela qual Deus o fez foi por querer estar com você. Não precisamos esperar. É como se a cada dia Deus dissesse: "Gostaria de passar o dia de hoje com você".

É engraçado. Creio em Deus. Creio não haver ninguém mais digno de entregar-lhe a minha vida. Às vezes, no entanto, porque estou atarefado, ou com pressa, ou sentindo-me egoísta ou apenas pecador — tenho vontade de fazer uma contraoferta.

Não posso *obrigar-me* a amar mais a Deus apenas por meio de força de vontade. Mas posso estar com ele. Peço a ele que passe o dia todo comigo quando levanto. Aprendo a enxergar sua bondade na criação e nas coisas belas. Reservo tempo para pedir-lhe ajuda à medida que trabalhamos juntos. Vejo-o nas pessoas com quem encontro. Ouço sua voz no que leio. Peço-lhe perdão pelas muitas vezes em que erro. Agradeço-lhe no fim do dia por sua presença constante.

Não posso obrigar-me a amar a Deus, mas posso vir a conhecê-lo melhor. E porque Deus é amor, quanto mais o conhecer, mais meu amor por ele crescerá. O amor é subproduto do conhecimento. Assim, posso passar este dia amando a Deus. E amanhã posso buscar amá-lo um pouco mais. Isso é uma vida "rica para com Deus".

Amar pessoas

Há pouco tempo, quando visitei a Etiópia, fiquei boquiaberto, como acontece com tantos ocidentais, diante da pobreza opressiva. Enquanto estive ali, no entanto, um homem me disse:

— No ocidente vocês medem a riqueza de um homem pelos bens que ele possui. Neste país, nós medimos sua riqueza pelos amigos que ele tem.

Como você mede sua riqueza?

Há pouco tempo o pastor Bill Hybels narrou em livro uma reunião em que o orador se pôs diante de um grande número de pessoas empunhando um rolo de etiquetas autocolantes.[6] Atrás dele, em cima do palco, objetos de cena em cima de mesas representavam as coisas que fazem parte das nossas vidas — um carrinho da marca Matchbox, uma casa de bonecas, uma escrivaninha bem pequena representando nosso emprego.

O orador andava de um lado para outro do palco, colocando uma etiqueta vermelha em cada item. Enquanto fazia isso, explicou à multidão que eles talvez não conseguissem enxergar de onde estavam, mas cada etiqueta continha a mesma palavra: TEMPORÁRIO:

---

6 HYBELS, Bill. **Just Walk Across the Room**. Grand Rapids: Zondervan, 2006, p. 186,187.

– Tudo em que estou afixando uma etiqueta é temporário. Nada aqui durará muito tempo. Tudo passará. Investimos nossas emoções nessas coisas porque quando as adquirimos, elas nos causam uma pequena palpitação. Acreditamos que persistirá, mas não. Ela se esvai. Um dia, o mesmo acontecerá com aquilo que adquirimos.

"Se você vive para o que vê, significa que vive para o que é temporário. Satisfação temporária, realização temporária, sentido temporário. Tudo passará – você, porém, jamais. Essas coisas lhe farão experimentar um terrível vazio."

Bill observou com atenção enquanto o orador colava etiquetas vermelhas em tudo que havia sobre o palco. Andava de um lado para o outro diante de uma sala que ficara silenciosa, decretando com as mãos o destino final dos maiores bens que este mundo pode oferecer. É a palavra que nunca aparece nos anúncios da TV, nem nas tentações que tripudiam em nossa alma. Que poderia ter salvo o rico tolo da história de Jesus, se pelo menos ele a tivesse escrito em uma etiqueta que afixasse em seus celeiros e safras. *Temporário. Temporário. Temporário. Temporário. Temporário. Temporário. Temporário. Temporário.*

"Só existe *uma* coisa nesta sala que não é temporária", ele prosseguiu. "Um único item que você terá permissão para levar consigo desta vida para a próxima."

Fez com que uma menininha se juntasse a ele no palco e colou uma etiqueta azul na gola do vestido dela.

"Quando você chegar ao fim da vida e der seu último suspiro, como quer que sua vida tenha sido? O que a tornará rica aos olhos de Deus?"

Gente.

Pessoas sábias constroem a vida em torno do que é eterno, introduzindo aqui e ali o que é temporário. E não o contrário. Sendo assim, vamos experimentar fazer um exercício para entender o que está em jogo. Pense por alguns instantes em duas categorias: "eterno" e "temporário". O que em sua vida durará para sempre e o que voltará para dentro da caixa?

Dê um passo além agora. Imagine-se (ou talvez funcione melhor fazer isso na vida real) pegando um bloco de anotações de folhas autoadesivas e escrevendo "TEMPORÁRIO" em cada uma delas. Saia andando e distribuindo-as por toda parte em que necessita ser lembrado disso. Coloque uma folha em seu carro. Outra na porta de entrada da sua casa. Grude etiquetas de TEMPORÁRIO em cada peça de mobília. Ponha uma na frente do seu talão de cheques. Espalhe-as em todas as roupas dentro do armário. Também no iPod, na TV, na esteira ergométrica e na churrasqueira.

Eterno	**Voltará para a caixa**
Deus	Bens
Outras pessoas	Meu currículo
Minha alma	Meu corpo
Atos de amor	Dinheiro
	Prazeres
	A opinião dos outros sobre mim
	Segurança
	Títulos e posses
	Juventude
	Poder
	Atração física
	Saúde

Em seguida, pegue outro bloco de folhas adesivas e escreva "ETERNO". Afixe-as nos membros de sua família. Nos amigos. No seu chefe. No estranho que o atende por detrás do balcão. Na pessoa de que você menos gosta no mundo. Não se esqueça de pôr uma em sua testa também.

Pois os bens materiais presentes em nossa vida são apenas temporários. Aproxima-se o dia em que nosso plano de aposentadoria e nosso extrato bancário serão irrelevantes. Os títulos no nosso currículo não impressionarão mais ninguém. O registro das notas que tiramos no ingresso e no decorrer dos mais diferentes cursos que fizemos será coisa do passado. Ninguém saberá que roupas penduramos no armário ou que carros estacionamos dentro da garagem.

Só restará o amor. O que foi feito por amor a Deus permanecerá. Cada ser humano que você vê é um receptáculo de eternidade muito bem disfarçado. O amor sim pode ser levado com você.

O objetivo da vida é ser rico para com Deus!

ARMANDO O TABULEIRO

CAPÍTULO 3

TRÊS MODOS DE SOMAR PONTOS

Sucessos incríveis, maravilhosos mesmos, serão
alcançados por algumas das pessoas mais terríveis,
mal-humoradas e indignas que você conhece
— pessoas que, em outras palavras, não são você.
ANNE LAMOTT[1]

Robert Roberts escreve sobre uma sala de aula do quarto ano em que o professor introduz um jogo chamado "pisa-na-bexiga".[2] Uma bexiga cheia de ar foi amarrada à perna de cada criança. Dado o sinal, o objetivo do jogo era os alunos tentarem estourar a bexiga dos demais e, ao mesmo tempo, proteger a sua. A última criança a permanecer com a bexiga intacta seria a vencedora.

Pisa-na-bexiga é um jogo de empate. Se eu ganhar, você perde. O sucesso de qualquer pessoa diminui as minhas chances. Preciso considerar todos os demais participantes do jogo como pessoas a suplantar, verdadeiros oponentes.

O jogo propõe uma disputa darwiniana, a sobrevivência do mais forte. Aos dez anos, algumas crianças são bastante darwinianas.

---

[1] LAMOTT, Anne. **Bird by Bird:** Some Instructions on Writing and Life. New York: Doubleday, 1994, p. 123.

[2] ROBERTS, Robert C. **Taking the Word to Heart**. Grand Rapids: Eerdmans, 1993, p. 56.

Entraram no espírito da coisa com grande ímpeto. As bexigas foram enquadradas e destruídas sem dó nem piedade. Houve crianças que fingiram se divertir quando na verdade abrigavam o medo não revelado sobre o fato de perder. Poucas mantiveram-se à margem da confusão, intimidadas – atitude que em nada as ajudou. Suas bexigas foram condenadas do mesmo jeito. A batalha terminou em questão de segundos. Uma única bexiga permaneceu cheia, e claro que seu proprietário tornou-se (secretamente) a criança mais antipatizada da classe. É difícil vencer de fato um jogo de pisa-na-bexiga.

Então, Robert escreve, algo perturbador aconteceu. Uma segunda turma de alunos foi levada àquela sala de aula para jogar o mesmo jogo. Só que dessa vez era uma classe de crianças com problemas de desenvolvimento. A cada uma delas também foi dado uma bexiga e as mesmas instruções. O mesmo sinal deu início à partida. "Senti um aperto no estômago", confessou um dos observadores. "Queria poupar aquelas crianças da pressão de uma competição tão acirrada".

O jogo, porém, teve um desenvolvimento diferente. As instruções foram repassadas depressa demais para que pudessem ter sido bem compreendidas por aquelas crianças. No meio da confusão, o único conceito que se fixou na cabeça delas foi que as bexigas precisavam ser estouradas. Assim, em vez de batalhar umas contra as outras, essas crianças tiveram a ideia de se ajudar a estourar os balões. Formaram uma espécie de "cooperativa" com esse intuito. Um menino parecia bastante frustrado porque a bexiga atrás da qual corria não parava quieta, impedindo-o de estourá-la. A menininha a quem a bexiga estava amarrada mais que depressa ajoelhou-se e segurou sua bexiga para mantê-la no lugar – como o jogador que, no futebol americano, segura a bola em pé para outro chutar. Enquanto isso, o menino pisava com vontade na bexiga, achatando-a no chão. Que alegria. Então foi a sua vez de ajoelhar-se e segurar a bexiga para que ela a pisasse. E assim por diante, todas as crianças colaborando umas com as outras naquele grande estouro coletivo.

Quando a última bexiga explodiu, todos aplaudiram. Todos tinham vencido.

Na verdade, o que aconteceu foi que o segundo grupo de crianças inventara um sistema de marcação de pontos alternativo brilhante. Nele, não se marcava pontos uns *contra* os outros, mas uns *com* os outros. Os oponentes do antigo sistema tornaram-se parceiros da equipe vencedora no novo. Quem parecia perdedor no antigo sistema tornou-se vencedor no novo.

Afinal, quem soube jogar e quem não entendeu o jogo? Qual o melhor modo de somar pontos?

Todos marcamos pontos

A primeira pergunta que se faz diante de um jogo já começado é "Qual o placar?". É ele que define a realidade. Quando nossos filhos eram bem pequenos, um deles integrou um time de futebol que teve um ano difícil. A equipe não só não ganhou nenhum jogo em todo o campeonato como não marcou um único gol. Em toda a temporada. Um estouro.

Todo jogo implica manter-se um placar. Em qualquer um deles, as regras para somar pontos diz aos participantes que conquistas importam. O que fazer para se tornar o vencedor. Quem joga Banco Imobiliário marca pontos com dinheiro; no futebol americano, o que conta são os *touchdowns*; os jogadores de pôquer usam fichas. Na maioria dos jogos, deve-se fazer a maior quantidade de pontos possível; já no golfe o objetivo é acumular o menor número. Os ingleses marcam pontos no críquete, mas ninguém entendo como. Ou por quê.

Somos por natureza marcadores de pontos. Ficamos agoniados para receber um *feedback*. Queremos saber como estamos indo. Minha vida está no rumo certo? Estou fazendo o que de fato interessa? Nosso sentido de marcar pontos exerce poderosa influência em nossas vidas. Nosso comportamento visa inevitavelmente atingir uma alta soma de pontos no final.

Somos por natureza marcadores de pontos. [...] Nosso comportamento visa inevitavelmente atingir uma alta soma de pontos no final.

Falar sobre como marcamos pontos é na verdade falar sobre como definimos o sucesso. Acontece que não iniciamos a vida inventando um sistema de pontos só nosso. Aprendemos sobre o assunto com os outros.

Uma das grandes perguntas sobre nossa história é a seguinte: "Da minha infância até hoje, quem tem sido as pessoas mais importantes a marcarem meus pontos?". Para a maioria de nós, as primeiras são nossos pais. Queremos saber como arrancar-lhes um sorriso, a atenção e aprovação. Talvez nossos professores venham em seguida. O boletim escolar é um dos modos de somar pontos para as crianças. Os técnicos esportivos também nos ensinam a fazer isso, bem como nossos pares. Mais tarde serão os chefes, colegas de trabalho ou vizinhos.

Marcando pontos na Bíblia

A Bíblia está cheia de personagens que encontraram modos de marcar pontos na vida. Essa necessidade remonta pelo menos a Caim e Abel. Diz-se que o sacrifício oferecido por Abel achou favor da parte de Deus, mas que a oferta de Caim – presume-se porque não estivesse de acordo com os mandamentos do Senhor – não.[3] De modo que "Caim se enfureceu e o seu rosto se transtornou" (Gênesis 4.5). Ele somava os próprios pontos comparando seu *status* espiritual ao do irmão. E perder transtornou-o a ponto de matar.

Raquel e Lia casaram-se com Jacó (Gênesis 29.16–30.24). Raquel era encantadora de rosto e de formas, mas Lia tinha os olhos sem brilho. Raquel era quem Jacó amava, mas Lia dava-lhe filhos. Depois que Lia concebeu três crianças, Raquel ficou tão brava que não se conteve. Pediu para Jacó dormir com sua serva a fim de que ela pudesse ter ao menos um filho do seu lado do túmulo, com o que Jacó aquiesceu. Mais algumas crianças nasceram desse arranjo, quando então Lia propôs a Jacó que dormisse com sua serva para que ela retornasse à coluna dos vencedores. Mais uma vez ele não se opôs à ideia. Raquel e Lia marcavam pontos ostentando beleza física, atraindo o amor e tendo filhos. (Acabaram presas a seis filhos cada; Lia, contudo, desempatou o jogo tendo também uma filha.)

Jacó teve doze filhos, mas amou o de nome José mais que os outros. "Quando os seus irmãos viram que o pai gostava mais dele do que de qualquer outro filho, odiaram-no e não conseguiam falar com ele amigavelmente" (Gênesis 37.4). Os filhos de

---

3 VOLF, Miroslav. **Exclusion and Embrace:** A Theological Exploration of Identity, Otherness, and Reconciliation. Nashville: Abingdon, 1996, p. 102.

Jacó somavam os próprios pontos vendo quem era o predileto da família.

Saul foi um rei poderoso, mas quando voltou de uma batalha, as mulheres dançaram pelas ruas ao som de uma nova canção: "Saul matou milhares, e Davi, dezenas de milhares" (1Samuel 18.7). Daquele dia em diante, só teve maus olhos para Davi. Saul marcava pontos pelo número de mortes cometidas e sua popularidade junto às pessoas.

O rico tolo na história de Jesus pensou: "Você tem grande quantidade de bens, armazenados para muitos anos. Descanse, coma, beba e alegre-se" (Lucas 12.19). Somava pontos com o dinheiro que acumulara.

Nosso comportamento é ditado por qualquer que seja o sistema de pontos ao qual nos ligamos pelas emoções. Precisamos desse senso interno de valor e bem-estar. A questão é, quão satisfeitos nos sentimos com o sistema com o qual estamos vivendo? O mais comum é marcarmos pontos de acordo com três verbos: comparar, competir e subir.

Comparar

Um dos modos pelo qual marcamos pontos é pela comparação. Dizem os psicólogos que as pessoas adotam três tipos de comparação. Em primeiro lugar, comparam-se com quem está em melhor situação — é a *comparação ascendente*. Depois comparam-se com quem se encontra no mesmo nível — a *comparação lateral*. Então, com quem está pior — a *comparação descendente*. Cada tipo desses tem perigos próprios: o primeiro estimula a inveja, o segundo, a competição, e o terceiro, a arrogância.

Não apenas temos a tendência de marcar pontos comparando-nos aos outros como também de fazê-lo do jeito mais egocêntrico possível. Quando o assunto é riqueza material, por exemplo, costumamos seguir o que o psicólogo Leon Festinger chama de "princípio da leve comparação ascendente".[4] É já um hábito nos compararmos com aqueles só um pouco melhor, na esperança de atingir o nível de sucesso que alcançaram. Isso nos mantém distantes da gratidão. Mantém também os nossos olhos longe das pessoas com poucos recursos, de modo que não pensamos na necessidade de compartilhar.

Por outro lado, quando o assunto é comportamento ético, estamos todos propensos a nos compararmos com pessoas que enxergamos dotadas de um padrão moral inferior. Temos a tendência de transformar em padrão de referência ética alguém que é um pouco menos moral do que nós, de modo que nos garanta uma pontuação mais elevada no quesito integridade.

Um dos principais motivos pelo qual somos tentados a nos envolvermos mais com o trabalho do que com nossos relacionamentos é por ser mais fácil marcar pontos no ambiente profissional. Posso conferir a revista *Forbes* todos os anos para saber quem são as quatrocentas pessoas mais ricas do país. Posso comprar cartões de jogadores de beisebol para ter uma carreira profissional inteira no verso de um pequeno retângulo de papelão. Por outro lado, ninguém vende cartões da liga dos pais, com as principais estatísticas no verso ("Viveu uma grande temporada em 2005: estabeleceu novos recordes para a profissão com demonstrações de afeto espontâneas e teve média diária de 87 minutos de dedicação à família e demais entes queridos"). Como estou me saindo nos relacionamentos com

---

4 Festinger. Conforme aprendi na pós-graduação.

outras pessoas é muito mais subjetivo, o *feedback*, bem mais vago. Apurar resultados nesse caso leva muito mais tempo.

> Um dos principais motivos pelos quais somos tentados a nos envolvermos mais com o trabalho do que com nossos relacionamentos é por ser mais fácil marcar pontos no ambiente profissional.

Uma revista nacional publicou há pouco tempo uma lista das cem mulheres mais poderosas do planeta; um periódico financeiro relacionou as quatrocentas pessoas mais ricas do mundo; a *Time* dedicou uma história de capa aos 25 hispânicos mais influentes nos Estados Unidos; a *People* todo ano destaca listas das pessoas mais bonitas; o canal de televisão VH1 está exibindo um programa sobre as cem mulheres mais *sexy* do *Maxim's* – tudo prova de que categorias antigas como dinheiro, sexo e poder ainda estão muito bem cotadas no sistema de pontuação mundial.

Os estudantes comparam notas de provas, de testes de ingresso, de vestibular e da média do ano. Em nosso emprego, comparamos salários, títulos, *status* no organograma da empresa, promoções e até tamanho e localização do escritório. Acaso alguém me elogia por minha aparência física? Alguém me acha inteligente, ou engraçado?

Essas coisas podem acontecer tanto fora quanto dentro das igrejas. Por acaso compreendo muito bem esse método de marcação de pontos em particular. Anos atrás, participei de uma conferência de pastores. Durante um intervalo entre reuniões, três de nós conversávamos. Um homem disse para outro:

– E então, como vai sua igreja?

Caso você não seja pastor, permita-me traduzir. Isso em *pastorês* significa "Qual o tamanho da sua igreja?". O que, ainda em *pastorês*, quer dizer "Qual a sua importância? Valerá a pena conversar com você e conhecê-lo melhor? Terei um bom resultado quando voltar para casa e contar às pessoas que conversei com você?".

O pastor respondeu:

– Ó, muito bem. Temos perto de mil membros em nossa igreja. E a sua, como vai?

Ao que o primeiro pastor retrucou:

– Bem, o Senhor nos tem abençoado muito. Estamos com cerca de 1.500 membros, mais ou menos.

Então voltaram-se para mim. Eu sabia o que estava prestes a acontecer.

Na época eu trabalhava em uma igreja que talvez contasse com uns 250 frequentadores. Por isso uma voz muito baixa, tanto que mal me conscientizei dela, começou a soprar em meu ouvido uma estratégia de gerenciamento de ideias: *Diga que a igreja tem cerca de trezentas pessoas. Duzentas e cinquenta é pouco demais. Trezentas soa menos constrangedor.*

Ao mesmo tempo, uma outra voz interior argumentou: *O que você está fazendo? Nem conhece esses homens. Nunca mais os verá. Acha que eles estão de fato interessados se sua igreja tem muita ou pouca gente? Está disposto a trocar sua integridade, que na verdade é tudo o que você de fato tem, por* status *falso obtido com cinquenta míseras pessoas?*

De modo que disse que minha igreja era frequentada por cerca de duas mil pessoas. Nem todas transferidas de outras comunidades.

Na verdade, tínhamos convertidos bastante conhecidos – Hugh Hefner, Jimmy Hoffa e o Dalai Lama.

O desejo de marcar o tipo errado de ponto impulsiona-me com frequência maior do que gostaria de admitir.

Competir

Outro sistema de pontos é a competição, na qual uma pessoa não apenas se vê em uma relação com outra – comparação – mas na verdade, tenta ser melhor que a outra. Não creio que a competição em si seja algo ruim. Das raias do atletismo às dos negócios, os competidores podem desafiar uns aos outros a atingir padrões de desempenho e excelência de que não se sabiam capazes. Como veremos mais tarde, a competição pode nos impelir a novos níveis de determinação e persistência e a um espírito que nunca diz morrer.

Mas a competição passa a ser tóxica quando dá origem à inveja e ao ciúme. Torna-se obscura quando sou tentado a trapacear a fim de passar à frente. Envenena a alma quando "vencedor" e "perdedor" tornam-se etiquetas de valor e identidade, perdendo-se o respeito pela batalha em si.

No esporte, nos negócios e em quase todo lugar, a indagação que fazemos é: "Quem é o número um?". Ficamos obcecados com isso: "Sou o melhor? O mais rápido? O mais esperto?". Nenhuma arena esportiva vende mãos de espuma gigantescas ostentando dois dedos para cima.

Podemos transformar tudo em competição. O *site* www.amazon.com oferece um serviço por meio do qual os autores podem saber a posição ocupada por seus livros no ranque de vendas totais, comparados com todos os outros livros do mundo.

É atualizado todos os dias. Posso marcar meus pontos em comparação com outros autores por um número que me diz se estou ganhando ou perdendo. Nas palavras do romancista Gore Vidal, "Não basta ser bem-sucedido. Os outros precisam fracassar".[5] Marcar pontos nunca foi imediato assim antes. Jeremias jamais consultou a Folha de Israel para saber se ultrapassara Isaías na lista de *best-sellers*, categoria não ficção. William Shakespeare nunca tentou descobrir quantas cópias das peças escritas pelo dramaturgo Christopher Marlowe, seu contemporâneo, eram vendidas.

Consulto no ranque um autor semelhante a mim, que escreve sobre temas parecidos, e descubro que seu livro ocupa posição melhor que a minha. Minha reação imediata é ficar deprimido. Não há nada de bom nesse comportamento.

Nem toda sociedade é assim competitiva. Um antropólogo descreveu sua tentativa de organizar jogos para crianças aborígenes australianas. Elas experimentaram tamanha aversão à possibilidade de "desonrar" umas às outras que os corredores mais rápidos diminuíam a velocidade de propósito para encorajar os mais lentos. O escritor ecologista Jay Griffiths observa que, no Brasil, a tribo xavante mantém um ritual envolvendo dois grupos de pessoas incumbidas de carregar troncos pesados. Para o homem branco, esse ritual parece uma corrida, mas acontece que se um grupo fica para trás, o outro o espera a fim de que possam passar juntos pela linha de chegada.[6] Tentar entender quem venceu é como perguntar quem sai ganhando em um balé. A graça está em ajudar, não em derrotar.

---

[5] VIDAL, Gore, apud IRVINE, William B. **On Desire:** Why We Want What We Want. Cambridge: Oxford University Press, 2005, p. 37.

[6] GRIFFITHS, Jay. **A Sideways Look at Time**. NewYork: Tarcher, 2004, p. 38.

> Para o homem branco, esse ritual parece uma corrida [...]. Conseguimos transformar até espiritualidade em competição.

Conseguimos transformar até espiritualidade em competição. Harold Kushner escreveu sobre um estudante de medicina brilhante e motivado, aluno de uma faculdade bastante competitiva. Viajando para o Oriente no verão anterior a seu penúltimo ano de residência médica, conheceu um guru que lhe disse: "Você não vê que está envenenando sua alma com esse estilo de vida orientado para o sucesso? Sua ideia de felicidade é ficar acordado toda noite até tarde por causa de um exame, de forma que possa obter nota mais alta que seu melhor amigo. Sua ideia de um bom casamento não é encontrar a mulher que combine com sua alma, mas conquistar a garota cobiçada por todos. Não é assim que as pessoas devem viver. Junte-se a nós na atmosfera em que todos compartilhamos e amamos uns aos outros".

Estava pronto para isso. Telefonou para os pais e contou-lhes que estava abandonando a faculdade para viver em um *ashram*. Seis meses mais tarde, receberam uma carta do filho:

> Queridos mamãe e papai,
>
> Sei que vocês não ficaram nada contentes com minha decisão, mas quero lhes dizer como ela tem me transformado. Pela primeira vez na vida estou em paz. Aqui não há competição alguma. Não existem tentativas de passar na frente de ninguém. Esse estilo de vida está tão em harmonia com minha alma interior que em apenas seis meses já me tornei

o discípulo número 2 da comunidade inteira, e acho que até junho poderei ser o número 1.[7]

Subir

Alguns anos atrás almocei com um homem de negócios que seria considerado muito bem-sucedido por qualquer sistema de marcação de pontos. Devia estar perto dos cinquenta, dedicava-se ao mercado imobiliário e tinha uma aptidão extraordinária para aproveitar oportunidades.

Jogava um jogo que poderia ser chamado de "Subindo pela escada de mão". Cada degrau escada acima representava um novo ponto marcado por ele. Aquele homem sabia como subir a escada e o fazia extraordinariamente bem. Eu acabava de concluir meu curso de pós-graduação, ganhava pouco e ainda tinha dívidas relacionadas à minha educação. Enquanto isso, ele comprava um jaguar prata conversível novinho em folha.

Minha reação foi exclamar "Uau". Não fazia ideia de que fosse realmente possível dirigir algo assim.

Da minha parte, eu andava em um Honda Accord de 10 anos de idade bastante malconservado. Pior, ele havia sido batido, de modo que para manter a porta do passageiro fechada era preciso amarrar o cinto de segurança na maçaneta da porta e puxá-lo com a mão direita, enquanto a esquerda manobrava o volante.

Foi a vez dele de exclamar "Uau"quando soube disso. Não fazia ideia de que fosse realmente possível dirigir algo assim.

---

7 KUSHNER, Harold. Informações sobre publicação desconhecidas.

Contou-me que, quando iniciava no mundo dos negócios, com frequência lia perfis de empresários e CEO de sucesso na *Forbes* ou no *Wall Street Journal*, gente muito acima dele na escada, e que essas histórias davam novo alento a sua motivação.

Estimulavam-no a dar um pouco mais duro no trabalho, a subir um pouco mais depressa. Então alguma coisa acontecia. Esses perfis quase sempre incluem a idade da pessoa. Um dia notou que estava lendo sobre alguém muito bem-sucedido, que chegara a um degrau muito mais alto que o dele na escada, mesmo sendo mais jovem que ele. Sentiu uma pequena pontada de angústia. Percebeu que enquanto as reportagens tratavam de alguém mais velho, conseguia convencer-se de que o único motivo pelo qual ainda estava mais embaixo era o fato de ser mais novo. Seria apenas uma questão de tempo antes que os ultrapassasse.

Agora, no entanto, alguém seguia por uma autoestrada mais veloz que a dele. Com o passar dos anos, mais histórias desse tipo surgiram, sobre sujeitos mais jovens que tinham subido mais alto. Ficava deprimido cada vez que lia algo assim.

Sabe o que ele fez no final? Parou de ler essas histórias. Causavam-lhe mal-estar. A escada não lhe fazia bem. Seu casamento estava na UTI. A vida de seus filhos, uma bagunça. Ia à igreja e sentava-se no mesmo banco toda semana, mas mantinha-se distante. Ninguém o conhecia. Nunca abriu o coração. Porque, na verdade, a escada era o seu jogo. Sua família. Seu *deus*.

Quando mais jovem, toda vez que estendia a mão para um novo degrau, sentia uma pequena pontada de prazer. Mas nunca durava. Isso o obrigava a subir mais. Descobriu que – como em geral acontece com as pessoas – à medida que envelhecia, seu progresso tornava-se mais lento. Os degraus ficavam mais espaçados.

A escada parecia mais cheia de gente. Apesar de ser um sujeito esperto, não conseguia abrir mão da escada. Tinha medo.

Vivemos em Escadolândia. Depois que você sobe o primeiro degrau, é muito difícil desistir. Olhamos para as pessoas em degraus mais altos e nos inquietamos. Não prestamos muita atenção em quem está abaixo. Quando você sobe uma escada, mantém os olhos voltados para cima.

Recentemente ouvi pelo rádio um pregador falar sobre a necessidade da gratidão. Era de uma igreja localizada em uma região deteriorada da cidade, e exortava sua congregação a "sentir-se grata por ter dinheiro suficiente para chegar à igreja de ônibus". Quando você sobe uma escada, pensa nas pessoas que dirigem carros melhores que o seu, não nas que precisam andar de ônibus – isso poderia levar-me a reconsiderar o impulso de continuar subindo.

Como Deus registra os pontos?

Uma vez celebramos um culto com o chão forrado de escadas de mão, dentro e fora da igreja. Nunca mais faremos isso porque pelo menos uma dúzia de pessoas perguntaram-me se durante o sermão eu pretendia encenar o sonho de Jacó.

Na verdade, a intenção era conversarmos sobre uma passagem das Escrituras em que Paulo discorre sobre como Deus registra os nossos pontos. Diz ele: "Seja a atitude de vocês a mesma de Cristo Jesus, que, embora sendo Deus, não considerou que o ser igual a Deus era algo a que devia apegar-se; mas esvaziou-se a si mesmo, vindo a ser servo" (Filipenses 2.5-7).

A vida de Jesus não é a história de alguém *subindo* uma escada, mas sim o retrato de alguém descendo – uma sequência de rebaixamentos. Para início de conversa, Jesus era Deus. Ocupava o topo do organograma do Universo. Mas não considerou esse fato "algo a que devia apegar-se". Pelo contrário, abriu mão do direito de fazer as coisas do seu jeito e tornou-se um servo. Acontece que até os anjos são servos, de modo que resolveu descer ainda mais baixo: tornou-se um ser humano. Revestiu-se de carne e sangue, de todas as nossas necessidades e limitações. Essa é a beleza da encarnação – Deus descendo à Terra. Entretanto, mesmo no nível humano, algumas pessoas vivem como reis e celebridades, de modo que Jesus se rebaixou mais uma vez: "humilhou-se" (v. 8) e nasceu dentro de um estábulo como o filho rude de um casal sem um tostão. Nem assim deu-se por satisfeito. Rebaixou-se ainda mais sendo "obediente até a morte". Sua tarefa básica não era um feito glorioso. Não havia *glamour* na morte. Mas seu rebaixamento não parou aí. Desceu ainda mais um degrau: "morte de cruz!".

Essa é a beleza da encarnação —
Deus descendo à Terra.

O problema de se passar a vida subindo a escada é que você passará reto por Jesus, pois ele estará descendo.

E, por mais irônico que pareça, o momento em que ele mais parecia um fracassado, de acordo com o sistema de pontos do mundo, foi seu momento de maior triunfo aos olhos do Pai. "Por isso Deus o exaltou à *mais alta* posição e lhe deu o nome que está acima de todo nome" (v. 9, grifo nosso).

Servir em amor – o amor que se doa – é a coisa mais divina que um ser humano é capaz de fazer. Ou seja, Jesus participava de um outro jogo. Chama-se "lava-pés". As pessoas usavam sandálias ou andavam descalças no tempo dele. As estradas eram empoeiradas, cheias de sujeira e coisas piores. Lavar pés era função de escravo. Vez ou outra um filho ocupava-se dessa tarefa e lavava os pés de seus pais, em sinal de afeto. Uma história antiga conta que a esposa fez isso para o marido. Não existe registro de alguém em posição elevada que lavasse os pés de seus servos, ou de um rabino que o fizesse por seus alunos.

Jesus reuniu os discípulos para comer. Talvez eles tenham se perguntado quem deveria chamar um escravo para lavar-lhes os pés. Jesus então pegou uma toalha, uma bacia com água e pôs-se a fazê-lo. Ao ajoelhar-se diante de Pedro, esse discípulo tentou impedi-lo. Mas Jesus disse que era necessário seguir em frente. Quando terminou, os discípulos estavam sem fala, a cabeça curvada.

No novo jogo, quem tenta se tornar servo — com humildade, sinceridade e alegria — o tempo todo revela-se o maior de todos os vencedores. Quem reconhece e aceita a própria pequenez o tempo todo cresce aos olhos de Deus. É o sistema de marcação de pontos mais estranho que existe.

CAPÍTULO 4

DOMINE O JOGO INTERIOR

Se chegar aos 100 anos, você está feito.
Pouca gente morre depois dessa idade.
GEORGE BURNS
(QUE VIVEU 100 ANOS)

Cresci jogando tênis com meu pai e cheguei a dar aulas durante a faculdade e o curso de pós-graduação. Pelo fato de sermos ambos grandes leitores, nossa casa vivia cheia de livros sobre tênis. O melhor deles, a bíblia da raquete, chamava-se O *jogo interior do tênis*.[1] O autor foi capitão da equipe de tênis de Harvard e escreveu: "Todo jogo é composto de duas partes, uma exterior e outra interior. O jogo exterior é disputado contra um oponente externo com o intuito de vencer obstáculos e atingir um objetivo externo". Para dominá-lo, precisamos aprender a brandir uma raquete, um taco ou um bastão. O jogo exterior é aquele que as pessoas veem, que é admirado, desprezado ou ignorado.

Mas existe um outro jogo, mais importante, que se desenrola na mente do jogador. É travado contra o nervosismo, a dúvida e a autocensura. Requer o sacrifício da vontade e a concentração da mente. No jogo interior, as vitórias são fonte de toda alegria e crescimento verdadeiros. A possibilidade de exercer domínio interior é o motivo mais elevado pelo qual participamos do jogo.

---

1 GALLWEY, Tim. **O jogo interior do tênis**. São Paulo: Textonovo, 2003.

Penso nessa distinção quando leio as palavras de Paulo à igreja de Corinto. Estava apodrecendo na cadeia na época. Seus inimigos exultavam-no. O jogo exterior não parecia ir muito bem. Contudo, escreveu comparando-se a um vaso de barro contendo grande tesouro: "Por isso não desanimamos. Embora exteriormente estejamos a desgastar-nos, interiormente estamos sendo renovados dia após dia" (2Coríntios 4.16).

Paulo diz que existe uma versão exterior sua – pele, cabelo, rosto, corpo, reputação e imagem pública. Mas há também uma interior: sua personalidade. Seu espírito. Sua alma.

Seu eu exterior é o que todo o mundo enxerga. Veste-se, recebe aplausos, assobios e é ignorado. Já seu eu interior é invisível. O exterior pode ser coagido por outras pessoas ou forças. O interior é sempre livre para escolher.

O eu exterior pode ser medido, pesado e analisado em sua química. O interior tem unidade e mistério inacreditáveis.

O eu exterior é temporário. O interior, eterno.

Há mais uma coisa que você precisa saber sobre o eu exterior. Paulo expôs da seguinte maneira: "embora exteriormente estejamos a desgastar-nos". Cedo ou tarde, todos nos transformamos em um velho enrugado.

Caso você duvide se isso é ou não verdade, basta dar uma olhada em seu melhor amigo. Ou quando estiver sozinho, olhe-se no espelho. A partir, mais ou menos, dos 25 anos, certas mudanças começam a acontecer em nosso exterior. Os ossos começam a perder cálcio e tornam-se mais quebradiços. Aos poucos a pele vai perdendo a elasticidade e começa a enrugar. Manchas de idade multiplicam-se. Um dia você olha para as próprias mãos e dá de cara com as mãos dos seus pais.

Você começa a perder neurônios a uma velocidade alarmante. Se já passou dos trinta, são milhares todos os dias. Se fizer silêncio, muito silêncio, talvez consiga ouvir alguns deles morrendo neste instante exato.

O peso começa a mudar dos polos do seu corpo para o equador. O cabelo deixará de crescer onde você quer e se transferirá, cheio de audácia, para lugares onde jamais existiu cabelo algum. (Eu soube que ingressara no processo irremediável de decadência há poucos anos, quando ganhei de Natal, de dois parentes diferentes, não um, mas dois aparelhos para aparar os pelos do nariz.)

Talvez você ainda não tenha 25 anos. Em um nível profundo, preconceituoso, está imaginando: *Isso nunca vai me acontecer; nunca vou ficar velho desse jeito.*

Todas as pessoas que fazem parte da sua vida e já passaram dos trinta querem que você saiba que elas o compreendem. Amam você. Mas seu dia chegará. E, para ser franco, estão todas ansiosas por esse dia.

Você pode lutar contra o envelhecimento tanto quanto quiser. Pode esbanjar tempo e dinheiro em seu eu exterior: exercite-o, mate-o de fome, encha-o de Botox, tente impedir a queda do cabelo besuntando-o de Rogaine, estique o que encolheu, levante o que caiu, puxe aqui, bronzeie ali, vista-o com roupas luxuosas e sofisticadas. Um dia tudo isso não passará de banquete para vermes. O velho enrugado estará a sua espera do lado de fora.

Quem você é de fato

Podemos nos sentir tentados a voltar todo nosso foco para a pessoa exterior. Todavia, você é um ser que nunca deixará de existir.

Seu espírito – sua personalidade interior – está em processo de tornar-se alguma coisa. Algo incrivelmente bom ou inimaginavelmente obscuro. Algo que é a principal coisa que Deus vê quando olha para nós. É isso o que mais importa para ele.

Uma ocasião, Deus mandou o profeta Samuel ungir alguém que se tornaria rei. Samuel enxergou uma pessoa exterior impressionante e pensou: *Deve ser esse o cara*. Mas Deus o alertou: "Não considere sua aparência nem sua altura, pois eu o rejeitei. O SENHOR não vê como o homem: o homem vê a aparência, mas o SENHOR vê o coração" (1Samuel 16.7).

No Novo Testamento, Paulo diz que seu corpo está se consumindo rápido. A bem da verdade, ele nunca fora nenhum astro cinematográfico. Uma das críticas que recebia era que pessoalmente não impressionava tanto. Sua pessoa exterior não envelhecia *apenas*; tivera o corpo açoitado e apedrejado, submetido à fome, espancado e trancafiado em uma prisão.

"Não me incomodo tanto", disse ele, "porque, de qualquer forma, meu corpo é só uma espécie de empréstimo. Algo está acontecendo no meu interior; como se fosse o oposto do que se passa em meu exterior. Por fora morro um pouco a cada dia. Por dentro, adquiro novo vigor. Por dentro estou crescendo. Sendo transformado. Fico cada vez mais forte. A alegria mantém-se entusiasmada – até na cadeia. Continuo cada vez mais esperançoso – embora saiba que meu corpo em breve morrerá. Continuo amando mais as pessoas – incluindo as que me puseram aqui. É muito estranho: morro por fora, mas, por dentro, encontro nova energia. É fabuloso."[2]

---

[2] Livre expressão das idéias contidas em passagens como 1Coríntios 15 e Filipenses 1.

Paulo dominara o jogo interior. Seus pensamentos e vontades apontavam o tempo todo na direção de Deus. Descobriu-se um homem velho na prisão mais vivo do que nunca.

Paulo dominara o jogo interior. [...] Descobriu-se um homem velho na prisão mais vivo que nunca.

Há uma estranha dádiva em envelhecer. Deus, em sua extrema misericórdia, envia-nos lembretes diários de que o jogo acabará. Um autor sugere que antes do relógio de água e da ampulheta, o primeiro instrumento de medição do tempo deve ter sido a artrite reumatoide, aquele sinal irritante das nossas transformações interiores fatais pelas quais passamos. O segundo, talvez, tenha sido o espelho, testemunha silenciosa da deterioração dos nossos corpos, tão surpreendente quanto inevitável. Ele escreve: "A coisa mais difícil de suportar, à medida que envelhecemos, é a sensação de que permanecemos jovens por dentro".[3] Mas isso só vale se não entendemos que por fora estamos nos deteriorando. Viveremos e morreremos no devido tempo, mas estamos destinados à eternidade.

O retrato de Dorian Gray

Existe um jogo interior e outro exterior. Qual você está tentando dominar? Em qual você vem apostando suas fichas? Qual chama mais sua atenção?

Oscar Wilde escreveu um livro intitulado *O retrato de Dorian Gray*, a história de um homem que vende a alma em troca de

3 SERVAN-SCHREIBER, Jean-Louis. **A arte do tempo:** ensaio de ação. São Paulo: Editora de Cultura, 1991.

juventude e beleza ininterruptas.[4] O velho enrugado não pode atingi-lo. Todos se maravilham com sua juventude eterna. Mas sua beleza esconde uma alma marcada pela ganância, luxúria e traição. Um retrato dele mostra o estado de sua vida interior. A princípio o rosto no retrato permanece tão belo quanto o original. Contudo, seu pecado começa a ser refletido na tela. Cada gesto de engodo, traição e ganância transforma-se em nova ruga, mancha na pele ou traço fisionômico contorcido. Até que no final o rosto no retrato adquire um aspecto medonho de se ver. Ele o esconde no sótão. E quando enfim a morte o vem buscar, o retrato representa aquilo em que ele se tornou.

Em certo sentido, Dorian Gray é o oposto de Paulo. Por fora, Dorian Gray é recompensado a cada dia. Todos invejam-lhe a beleza. Por dentro, no entanto, está sendo consumido. Fico imaginando, quando leio o livro, como viveríamos diferente se a condição de nossa alma fosse tão visível quanto a do corpo.

Você não tem um retrato desses. Mas tem alma. Se quiser saber se ela está se desenvolvendo bem, terá de se dedicar à arte da reflexão de vez em quando. Ninguém o pressionará nesse sentido.

Você será inundado com mensagens que tentam deixá-lo obcecado com seu eu exterior. Especialistas nos orientam que se nos exercitarmos com regularidade, acrescentaremos dois anos a nossa vida. A má notícia, porém, é que passaremos esses dois anos a mais nos exercitando. Winston Churchill viveu até os 90 anos de idade e disse que o único exercício que fazia era segurar uma das alças do caixão dos amigos que haviam morrido enquanto se exercitavam.

---

[4] WILDE, Oscar. **O retrato de Dorian Gray**. Rio de Janeiro: Civilização Brasileira, 2006.

Seja grato por seu eu exterior. Faça as pazes com seu corpo. Alegre-se com a força que ele tem. Aceite-o em suas limitações. Seja grato por ele. Lave-o de vez em quando. Ponha-o para trabalhador duro. Fique feliz quando ele for promovido. Mas lembre-se, ele está se consumindo pouco a pouco.

Seu eu interior, por outro lado, é capaz de uma glória que neste exato momento você não consegue nem imaginar. "Amados, agora somos filhos de Deus, e ainda não se manifestou o que havemos de ser, mas sabemos que, quando ele se manifestar, seremos semelhantes a ele, pois o veremos como ele é" (1João 3.2). "O que havemos de ser" — esse é o jogo interior.

Faça com que seu maior investimento seja no eu que permanecerá. Dispomos de balanças, espelhos, máquinas fotográficas e fitas métricas para acompanhar o desenvolvimento do eu exterior. Mas como acompanhar o bem-estar da parte de nós que durará? Pode haver uma pequena variação em cada caso, mas existem alguns espelhos e balanças de que provavelmente todos nós necessitaremos:

- Autoanálise e confissão.
- Amigos que nos amem o suficiente para nos dizerem a verdade.
- Tempo para ficar a sós com Deus e ouvi-lo.
- Análise das nossas prioridades e talões de cheque.
- Perguntas-chave como: com que facilidade consigo ser desencorajado hoje em dia? Com que facilidade me irrito, comparado a seis meses atrás?
- Atenção a nossa vida mental secreta. Para onde está inclinada nossa mente — de verdade? Onde a inveja, ou a culpa, ou o julgamento, ou a cobiça roubam a vida e a alegria da nossa pessoa interior?

Mickey Mantle sempre achou que fosse morrer muito jovem. Ao completar 60 anos, comentou: "Se eu soubesse que viveria tanto, teria cuidado melhor de mim". Você – seu ser interior – viverá por toda a eternidade. Agora é a hora de começar cuidar melhor dele. Já lemos que Paulo afirmava estar sendo renovado a cada dia. Como? Ele orava. Cantava. Doava. Mantinha comunhão. Adorava. Alimentava sua esperança. Bem ali, na cadeia, seu ser interior era fortalecido em fé, esperança, amor, equilíbrio, sabedoria, paciência, gratidão e alegria. Pode acontecer esteja onde estiver o seu eu exterior. Viva de modo que você se prepare para a eternidade.

Eis um ponto de partida concreto: passe tanto tempo cuidando do eu interior quanto você dedica ao eu exterior. Seja qual for a quantidade de tempo que você gastou exercitando, limpando e vestindo seu exterior esta semana, gaste pelo menos o mesmo tanto exercitando, limpando e vestindo o interior. Observe as práticas que Deus mais utiliza para renovar sua pessoa interior. Preste atenção aos ritmos por meio dos quais você se torna mais amoroso, vivo e jovial.

Paulo questionou seus companheiros crentes de Roma: "Quem nos separará do amor de Cristo? Será tribulação, ou angústia, ou perseguição, ou fome, ou nudez, ou perigo, ou espada?" (Romanos 8.35). Bem, tribulação e dificuldades conseguem vencer o jogo exterior com bastante facilidade. Mas existe um você em você que ninguém pode tocar. É ele que merece atenção.

Que jogo você jogará?

CAPÍTULO 5

SOLTE AS AMARRAS

Tudo que os homens querem:
não do que se *beneficiar,*
mas o que *ser.*
HENRY DAVID THOREAU[1]

Um amigo meu, a quem chamarei de Orville, recentemente se apaixonou pela ideia de voar e convidou-me para darmos uma volta. Coproprietário de um pequeno avião, tem licença para pilotar e está tentando somar o máximo de horas de voo possível.

Orville é um homem brilhante em diversas áreas. Escreve para um público espalhado pelo mundo inteiro; fala para líderes dos setores industrial e financeiro com regularidade; já esqueceu mais do que eu nunca aprenderei. Voar é só mais uma competência que possui, em um número constrangedor de tão grande. Acontece que até os homens mais brilhantes do mundo escorregam de vez em quando.

Encontrei-o em um pequeno aeroporto municipal e dirigimo-nos até o avião. Como um animal preso à árvore pelo cabresto, vi que nossa aeronave estava amarrada ao chão por um par de cordas que se estendiam das asas a barras de metal engastadas no asfalto.

---

[1] THOREAU, Henry David. **The Portable Thoreau**. New York: Viking Press, 1947, p. 278.

Orville se pôs a conferir um a um os itens de um longo *checklist*, assinalando a anotação correspondente em um grosso livro de registro para certificar-se de que todos os procedimentos de segurança estavam sendo cumpridos: o tanque de gasolina estava cheio, as asas, firmes no lugar, a sinalização funcionando e assim por diante. Comunicou-se pelo rádio com os rapazes da torre de controle para averiguar o vento e as condições meteorológicas e receber sinal verde para decolar.

Um único detalhe dessa rotina me fugia: continuávamos amarrados ao chão. Os motores já rugiam, as hélices giravam a toda velocidade mas as cordas continuavam prendendo as asas da aeronave à Terra. Eu tinha a impressão de que deveríamos soltá-las antes de decolarmos.

No entanto, eu que não insultaria a inteligência do meu amigo chamando-lhe a atenção para esse fato. Por um motivo muito simples: desconheço alguém no mundo dotado de menor capacidade intelectual para a mecânica do que eu. Se meu carro quebra, às vezes olho debaixo do capô. Não faço ideia do motivo que me leva a agir assim. Se debaixo do capô houvesse uma gigantesca chave liga-desliga na posição Desligado, eu saberia que atitude tomar. Qualquer coisa diferente disso e estou perdido. Portanto, com certeza havia algum dispositivo que liberaria o avião das cordas e que eu desconhecia. Talvez estivessem amarradas por sofisticados nós corrediços que se desfariam automaticamente quando começássemos a taxiar. Ou as barras de metal do chão se recolheriam e as cordas seriam enroladas por um mecanismo existente em um compartimento nas asas. De repente senti-me interessado em descobrir como acontecia afinal.

Orville chegou ao fim do *checklist*. A torre nos autorizou a prosseguirmos. Deu uma última olhada pela janela lateral e foi então que empalideceu:

– Ai, meu Deus! Olhe só para aquilo! Esquecemos de soltar as cordas!

Tive vontade de pular do avião.

– Acho melhor eu ir até lá dar um jeito nisso – disse ele.

Continuei com vontade de pular do avião.

– Não acredito que estávamos prestes a decolar sem soltar as cordas! Essa foi boa!

Eu só pensava em cair fora daquele avião.

Minha avó compreendia a necessidade de soltarmos nossas cordas também. Mas ela chamava isso de "descarte" – livrar-se das coisas que nos imobilizam em um só lugar. Dispunha-se a jogar Banco Imobiliário com os netos, mas na verdade preferia as cartas. Amava um jogo chamado canastra. Embora ele exigisse dois baralhos para ser jogado, vovó nunca esqueceu uma única carta que tivesse passado pela mesa. Meus dois primos gêmeos chamados Larry e Gary queriam tanto vencer minha avó que chegaram a passar cartas um para o outro por debaixo da mesa, sem que ninguém os visse, usando os dedos dos pés. Davam dicas sutis para indicar o naipe predominante na mão de um deles, de modo que o parceiro ficasse atento quando fosse descartar. ("Meu *coração* deu um pulo quando recebi minhas cartas"). Não adiantava. Ela vencia sempre. Dizia que o segredo do jogo era saber o que descartar.

Na vida, como na canastra, o segredo está em saber o que descartar. Se ainda não vivo de acordo com o que creio ser mais importante, não é por acaso. Forças ou hábitos exercem profunda influência. Terei de me livrar deles. O autor de Hebreus põe a questão da seguinte forma: "Portanto, também nós, uma vez que estamos rodeados por tão grande nuvem de testemunhas, livremo-nos de tudo o que nos atrapalha e do pecado que nos envolve, e corramos com perseverança a corrida que nos é proposta" (Hebreus 12.1)

Precisamos descartar o que quer que nos atrapalha. Precisamos descartar as prioridades erradas que nos impedem de chegar ao que é mais importante.

Convicções mal orientadas

Talvez o problema seja o medo, ou a dúvida, ou um sentimento mal orientado de inadequação. Deus chamou Moisés para liderar seu povo, mas Moisés não queria sair do seu lugar. "Quem sou eu para apresentar-me ao faraó?", ele questionou. "E se eles não acreditarem em mim nem quiserem me ouvir?", reclamou. "Nunca tive facilidade para falar. [...] Não consigo falar bem!" (Êxodo 3.11, 4.1,10), argumentou. Não acreditava que seus dons fossem adequados para o desafio. Pode ser que tivesse em mente outros líderes, mais articulados e carismáticos. Talvez a imagem que fazia de si mesmo como um líder vacilante, gaguejante o impedisse de agir. Ser rico para com Deus significava que Moisés teria de se desfazer da necessidade de segurança e proteção.

Ser rico para com Deus significava que Moisés teria de se desfazer da necessidade de segurança e proteção.

Pode ser ainda que o problema seja uma voz querendo diminuir você. Um dia, um jovem pastor de ovelhas, que haveria de se transformar no rei Davi, quis lutar contra o gigante Golias que ameaçava seu povo. Davi tinha coragem, visão e audácia. Mas tinha também um irmão mais velho chamado Eliabe, que tentou demovê-lo dessa ideia durante uma conversa. "Por que você veio até aqui? Com quem deixou aquelas poucas ovelhas no deserto? Sei que você é presunçoso e que o seu coração é mau" (1Samuel 17.28).

Por que Eliabe haveria de dizer uma coisa dessas ao irmão? Pode ser que tivesse ciúmes do coração de Davi. Ou talvez a coragem de Davi o deixasse envergonhado do próprio medo secreto. Se Davi levantasse voo, Eliabe se sentiria mais preso à Terra do que nunca. Fosse qual fosse o motivo, Eliabe era a corda de Davi. O jovem pastor teve de decidir sozinho que apaziguar-se com o irmão não era o objetivo maior da sua vida. Davi precisou soltar sua corda.

Talvez o problema seja um erro ou fracasso do passado. Talvez um hábito, o conforto ou a preguiça. A liberdade começa dando-se nome à corda.

Autores de clássicos sobre vida espiritual costumavam referir-se a esse processo como a busca do "desprendimento". Essa palavra a princípio confundiu-me porque parecia implicar distanciamento, falta de compromisso com a vida. Mas, na verdade, é justamente o contrário. Desprendimento não significa que sou neutro, ou passivo, ou um zumbi emocional. Quer dizer que estou de tal modo comprometido com ser rico para com Deus que procuro manter-me livre de quaisquer embaraços que poderiam servir-me de armadilha. Por exemplo, talvez você seja solteiro e queira se casar. Esse pode ser um desejo muito bom, mas caso transforme-se em desespero, precisa ser descartado.

Lembro de uma amiga minha, tão apegada à ideia de se casar que comprou seu vestido de noiva quando ainda cursava o ginasial. E não estava namorando ninguém. Seu verdadeiro desespero por se casar afastou-a dos homens saudáveis, e o casamento em que acabou se atirando de cabeça foi um desastre. Sua *urgência* em se casar não apenas fez com que negligenciasse outros aspectos do próprio crescimento, como também a manteve distante do tipo de casamento maduro que desejava com tanto ardor.

Às vezes nossas cordas são invisíveis para nós. Embora nos melindremos pelas limitações que nos impõem, no fundo sentimo-nos contentes por nos aliviarem do fardo da liberdade e do risco. O personagem interpretado por Morgan Freeman no filme *Um sonho de liberdade* fala do medo dessa liberdade sentida por quem passou tempo demais preso: "No começo, essas paredes, você as odeia. Elas te deixam louco. Depois de algum tempo você se acostuma com elas, nem mais nota que estão aí. Até que chega o dia em que você se dá conta de que precisa delas".

Às vezes preferimos nos queixar das cordas do que desatá-las. Na época da minha pós-graduação em psicologia, tive uma paciente que reclamava o tempo todo de quanto o hábito de beber do marido a deixava infeliz.

– Mas você podia fazer alguma coisa – sugeri. – Podia frequentar o Alanon. Procurar algum tipo de intervenção. Dizer para ele que tente permanecer sóbrio ou vocês vão se separar. Viver sua vida de verdade sem esperar que ele mude. Parar de inventar desculpas para o chefe ou os amigos dele, de modo que as consequências dolorosas provoquem sua tão esperada transformação.

Ela rebateu cada uma dessas sugestões com facilidade. Depois de algum tempo senti-me como se estivesse arremessando bolas para Barry Bonds, um dos maiores jogadores de beisebol de todos os tempos, treinando rebatidas. A verdade é que ela gostava do *status* de vítima que acompanhava seus protestos contra as cordas. Elas obrigavam seus amigos a devotar-lhe simpatia em vez de lhe dizerem a dura verdade. Se alguém aproximava-se para desatar-lhe as cordas, ela mesma tornava a amarrá-las.

Às vezes escondemos as *verdadeiras* cordas debaixo de desculpas. Jesus contou uma parábola sobre um homem que envia convites para um grande banquete. Uma após a outra, as pessoas se desculpam dizendo que não poderão comparecer. Uma se justifica: "Acabei de comprar uma propriedade, e preciso ir vê-la". Outra diz: "Acabei de comprar cinco juntas de bois e estou indo experimentá-las" (Lucas 14.15-24). Mas as desculpas são espúrias. Equivaleriam a alguém dizer hoje em dia: "Acabo de comprar uma casa que ainda nem vi, preciso ir inspecioná-la", ou "Acabo de gastar uma fortuna comprando um carro pelo telefone, agora tenho de dar uma olhada nele". A *verdadeira* resistência daquelas pessoas à ideia de comparecerem ao banquete – de honrarem a Deus com suas vidas – era algo mais profundo do que gostariam de revelar.

Jesus, o mestre dos mestres, compreende o funcionamento da natureza humana. Com grande frequência a razão que damos para não fazer algo não é o verdadeiro motivo da nossa rejeição. Às vezes nem nós sabemos o que de fato há por trás da nossa resistência. Por isso, uma pergunta bastante útil pode ser: "Se a circunstância a que estou me referindo fosse outra, eu tomaria uma decisão diferente? Se não tivesse comprado uma propriedade, eu iria realmente ao banquete?".

Com grande frequência a razão que damos para não fazer algo não é o verdadeiro motivo da nossa rejeição. Às vezes nem nós sabemos o que de fato há por trás da nossa resistência.

Muitas vezes, mesmo depois que reunimos coragem suficiente para desatar as cordas, elas tornam a atar-se sozinhas ao chão, durante a noite, quando ninguém está vendo. Resolvo passar mais tempo com meus filhos mesmo que isso implique sacrifícios no trabalho. Essa pode ser uma decisão bastante sentimental. Mas no dia ou na semana seguinte, descubro-me ainda sentado à mesa trabalhando, enquanto meu filho espera por mim em casa. Às vezes você precisa desatar as cordas todos os dias.

A necessidade de ação

O que é preciso para desatar uma corda? Dar nome à corda é necessário mas, via de regra, não basta. Em geral isso requer uma ação específica. Tenho de parar o que estou fazendo, descer do avião e pôr a mão na massa. Um dia um jovem e rico governante chegou para Jesus e pediu-lhe conselhos sobre a vida eterna. Após uma breve conversa, Jesus ofereceu-lhe uma via de escape: "vá, venda os seus bens e dê o dinheiro aos pobres, e você terá um tesouro nos céus. Depois, venha e siga-me" (v. Mateus 19.16-22). O jovem rico foi embora triste. Estava amarrado à Terra por um cordão de ouro e não conseguia forçar-se a desatá-lo.

Um outro sujeito tinha consciência de que sua corda era o vício em trabalho. Isso o impediria de conhecer o tipo de casamento e paternidade pelos quais sabia ansiar. Para muitos de nós, o trabalho promete alimentar nosso ego como a família não consegue fazer. Torna-se a nossa corda. Assim, tomou uma decisão: todos os dias sairia do trabalho às 16h30. Reconhecia que se não tivesse um horário pré-estabelecido para sair, sempre frustraria seus filhos. Precisava cortar a corda e o modo que escolheu para isso foi estipulando um horário fixo de saída.

A ação específica que você escolhe não tem de ser brilhante. Só deve ser concreta. Tem de lhe custar alguma coisa. Do que ela consiste é tão importante quanto a ação em si. Torna-se um lembrete concreto de seu compromisso com a via de escape.

Orville e eu enfim alçamos voo e planamos alto sobre a baía de São Francisco. Vimos as sequoias do bosque Muir Woods, carros passando pela Golden Gate, a luz do sol agitando-se sobre as ondas do Pacífico, a costa em forma de lua crescente de Monterey e Carmel, nuvens brincando de pega-pega enquanto corriam rumo ao vale de Napa. Vi beleza, um cenário grandioso e muita vida. Fiquei contente por ter voado.

Mas primeiro foi preciso desatar as cordas.

CAPÍTULO 6

RENUNCIE AO POSTO DE SENHOR DO TABULEIRO

Alguém mudou o roteiro.
Minhas falas foram alteradas...
Pensei que fosse eu a autora desta peça.
MADELEINE L'ENGLE[1]

Se quer me fazer rir,
fale-me dos seus planos.
CARTAZ ASSINADO "DEUS"

Aconteceu de o homem mais poderoso do mundo ocupar o trono de Roma. Estava determinado a adquirir e ampliar seu domínio. O mundo nunca vira nada parecido. Suas propriedades estendiam-se ao norte até a Inglaterra, ao sul até a África e a leste até a Ásia, cobrindo quase cinco milhões de quilômetros quadrados. Mais do que as terras contínuas dos Estados Unidos. E ele construíra hotéis em suas propriedades.

Esse homem literalmente regia o mundo conhecido. Governava os governantes. Era "rei dos reis". Seu controle inconteste inseriu o mundo na *pax romana* – período de ausência de grandes guerras. Claro, nem todos queriam ser governados por

---

1 L'ENGLE, Madeleine, apud ELDRIDGE, John. **The Journey of Desire**. Nashville: Thomas Nelson, 2000, p. 89.

Roma; no entanto, o exército desse homem era tão poderoso que ninguém conseguiria desafiá-lo.

Ele era perigosíssimo para os inimigos. Quando tinha 16 anos, Cícero, orador romano, comentou a seu respeito: "Otaviano é um rapaz habilidoso que deveria ser louvado, honrado e eliminado".[2] Um a um, no entanto, ele eliminou todos os seus rivais, até afinal ser nomeado César Augusto pelo senado – ainda temos a palavra "augusto" em nosso vocabulário –, alguém de *status* imponente e majestoso.

Seu governo erigiu estátuas dele para serem veneradas. No fim de sua vida, as pessoas o adoravam. Alguma vez isso aconteceu com você? Chegar para trabalhar, entrar no seu cubículo, ver os colegas curvando-se à sua frente: "Não sou digno...".

Com César aconteceu.

Houve época em que ele contou com um exército de 500 mil soldados – o que lhe custava um bocado de dinheiro. César era um homem inteligente e, conforme nos é dito por um antigo historiador, um dia teve uma ideia de como pagar todos os seus soldados: "E aconteceu naqueles dias que saiu um decreto da parte de César Augusto, para que de todo o mundo se cobrasse imposto" (Lucas 2.1, *NTLH*).

César, nessa época, tinha por volta dos 60 anos. Talvez nenhum ser humano, antes ou depois, tenha detido tanto controle, e um controle tão firme, sobre tantos no mundo inteiro durante tanto tempo. "Saiu um decreto..." Bastou ele levantar um dedo, proferir um palavra e o mundo todo se mexeu para obedecê-lo.

---

[2] Marco Túlio Cícero em carta a Demetrius Brutus, apud CICERO. **Epistulae ad Familiares**, Livro 9.

Sim, diz Lucas, o historiador, observe o que acontece a seguir. Agora as coisas começam a ficar interessantes. O escritor Tom Wright diz o seguinte: "Esse homem, esse rei, esse monarca absoluto ergue o dedo em Roma e a mais de dois mil quilômetros de distância, em uma província obscura, um casal pobre empreende uma viagem arriscada, por capricho de um rei".[3] Observe o resultado: uma criança nasce em uma cidadezinha que, aliás, por pura coincidência, acontece de ser aquela mencionada em uma antiga profecia hebraica sobre a vinda do Messias (v. Miqueias 5.2).

A profecia afirmava que o Messias nasceria em Belém. Mas José e Maria não viviam em Belém. Jamais iriam até lá. A não ser que... "E aconteceu naqueles dias que saiu um decreto da parte de César Augusto...".

Aconteceu por quê?

César responderia que foi porque ele assim o quis. César decretou. César detinha todo o controle. No entanto, Lucas levanta uma questão: que rei está no comando aqui? A vontade de quem está sendo feita de verdade? Quem é de fato o senhor desse tabuleiro?

Essa é na realidade a história de duas cidades. Roma é palco de um tipo de reino, paz e glória. Belém é um reino de outro tipo. Dinheiro, soldados, palácios, títulos, o passeio de tábuas junto ao mar, Estacionamento Livre, tudo isso fica em Roma. Belém era só estábulos, manjedouras, mulas e pastores.

E no entanto, não era em Roma que anjos cantavam, mas sim em Belém.

César imaginava seu trono em Roma tão seguro quanto um trono o pode ser. Acontece que o reino estava alojado em uma manjedoura de Belém.

---

[3] WRIGHT, N. T. **The Lord and His Prayer**. Grand Rapids: Eerdmans, 1996, p. 78.

César imaginava seu trono em Roma tão seguro quanto um trono o pode ser. Acontece que o reino estava alojado em uma manjedoura de Belém.

Ainda resta a César um palácio no mundo. Não fica em Roma, mas em Las Vegas. Sua glória é seu resplendor e ele é financiado por idiotas iludidos com a sensação de deter o controle. Gente que ainda precisa descobrir uma regra que os apostadores aprenderam com João Calvino: em longo prazo, não se pode quebrar a banca. O bebê da manjedoura está entronizado nos corações, nas vidas e casas de adoração espalhadas por todos os continentes do mundo. Como isso foi acontecer?

A ilusão do controle

Um dos mitos mais fortes é a ilusão do controle. "Eu estou no comando" não é só uma mentira; o escritor Ernest Becker chamou isso de mentira *vital* porque precisamos dela para que nosso ego sobreviva. "Não queremos admitir que somos fundamentalmente desonestos no que tange à realidade, de que não controlamos nossa vida, de que sempre nos fiamos de algo que nos transcende".[4] Ele diz que o homem usa o poder do dinheiro, ou uma série de conquistas sexuais, ou os relacionamentos com pessoas importantes, ou um emprego de prestígio, ou sua capacidade para aprender a fim de sentir que "*controla* sua vida e morte... Que é *alguém* – não apenas um trêmulo acidente germinado em cima de um planeta estufa que [Thomas] Carlyle chamou o tempo todo de 'antessala da perdição' ".[5]

[4] BECKER, Ernest. **A negação da morte**. Rio de Janeiro: Record, 2007.

[5] Idem, ibidem.

A verdade é que não detemos o controle.

Talvez o melhor comentário sobre essa ilusão específica seja um livro de teoria política escrito por um filósofo chamado Dr. Seuss. O título é *Yertle the Turtle* [A tartaruga Yertle].[6]

Yertle comanda (pelo menos, é o que ele pensa) um pequeno tanque de tartarugas. Um dia resolve que precisa expandir seu reino, de modo que emite um decreto ordenando que todas as tartarugas se empilhem para formar um trono para ele. O rei ergue a mão e o tanque inteiro se mexe em obediência. Primeiro dezenas, depois centenas – lá de cima Yertle enxergava a quilômetros de distância.

Ele pensava que seu trono estava tão seguro quanto um trono o poderia ser. Mas acontece que na base da pilha havia uma tartaruga obscura, fraca chamada Mac.

> *O pequeno e simples Mac fez algo pequeno e simples.*
>
> *Arrotou!*
>
> *E seu arroto estremeceu o trono do rei!*

Yertle Augusto sofreu uma grande queda. Nem todos os cavalos e homens do rei conseguiram consertá-lo.

Porque o último será o primeiro. E todo aquele que se exaltar será humilhado. Mesmo se você for Yertle Augusto. Mesmo se você for Yertle o VIP, o Dr., o PhD, o CEO, o maioral – um simples arroto o separa da realidade.

Essa ilusão de "senhor do tabuleiro" costuma durar até que algum evento externo incontrolável para nós a perfure. Max De Pree foi CEO de uma empresa que figurara entre as 500 maiores

---

6 Dr. Seuss. **Yertle the Turtle and Other Stories.** New York: Random House, 1958.

dos Estados Unidos, de acordo com a revista *Fortune*. É também um escritor campeão de vendas que entende alguma coisa sobre controle. No entanto, quando a vida de sua netinha foi ameaçada, escreveu:

> Mais uma vez me dou conta – com que frequência precisamos aprender isso – que podemos controlar muito pouco do que de fato importa. Visão, pulmões, amor, saúde, vida eterna (você me parece tão tenso) são dons além do meu poder de produção. Como é fácil não compreender quando damos algo por certo.[7]

Em geral, quando tudo vai bem é que nos sentimos mais aptos para engolir a ilusão de que controlamos alguma coisa. Quando Israel estava prestes a entrar na terra prometida, Moisés advertiu o povo:

> "Não aconteça que, depois de terem comido até ficarem satisfeitos, de terem construído boas casas e nelas morado, de aumentarem os seus rebanhos, a sua prata e o seu ouro, e todos os seus bens, o seu coração fique orgulhoso [...]. Não digam, pois, em seu coração: 'A minha capacidade e a força das minhas mãos ajuntaram para mim toda esta riqueza'. Mas, lembrem-se do SENHOR, o seu Deus, pois é ele que lhes dá a capacidade de produzir riqueza" (Deuteronômio 8.12-18).

Rendição: dizendo sim à realidade

A realidade deste mundo é que nasci no reino de Outra Pessoa. A vida me foi dada como um presente que não escolhi; pende

---

7 DE PREE, Max. **Dear Zoe:** Letters to My Miracle Grandchild. New York: HarperCollins, 1999, p. 43.

por um fio que não teci nem posso suster por mim mesmo. "Muitos são os planos no coração do homem, mas o que prevalece é o propósito do Senhor" (Provérbios 19.21).

De modo que precisarei renunciar à posição de mestre do tabuleiro. O termo bíblico para isso é "rendição". Coroo outra pessoa como mestre – Senhor – da minha vida. Ofereço-lhe meus dons, energias, recursos e coração.

Rendição não é passividade ou resignação. É dizer sim para Deus e a vida a cada dia. É aceitar os dons que ele me dá – corpo, mente, biorritmos, energia. É abrir mão da minha inveja ou desejo daquilo que ele deu para outra pessoa. É abrir mão de resultados que na verdade não posso receber, de qualquer modo. Entrego minhas ambições, sonhos, dinheiro, relacionamentos, *status* matrimonial, tempo e desejos a Deus.

Rendição não é passividade ou resignação.
[...] Render-se significa aceitar a realidade.

Render-se significa aceitar a realidade. Há uma meditação proveniente de outra tradição religiosa que diz assim:

> Minha natureza é envelhecer. Não há como fugir do envelhecimento.
>
> Minha natureza é ficar doente. Não há como fugir de adoecer.
>
> Minha natureza é morrer. Não há como fugir da morte.
>
> A natureza de tudo que me é querido e de todos a quem amo é mudar. Não há como fugir de um dia me separar deles.

> Meus atos são meus únicos bens verdadeiros. Não posso fugir das consequências deles. Meus atos são o solo em que piso.[8]

A essas verdades Jesus acrescenta mais uma: sou um ser infinito com um destino eterno no grande Universo divino.

Render-se quer dizer abrir mão do senhorio completo da minha vida. Contudo, não sou chamado para fazer isso de má vontade.

> Uma pessoa pode render-se a alguém mais forte, ou um exército a outro mais poderoso. Alguém pode render-se a Deus por ele ser todo-poderoso. Nada disso é rendição plena. Só quando se vivencia que Deus é bom passa a ser possível a rendição incondicional a ele de coração, alma e ser inteiros.[9]

Sendo eu criatura e não Criador, rendição é na verdade um caminho melhor para jogar. Pois não sou senhor do tabuleiro. A rendição me abre para receber a bênção de Deus.

A bênção do maravilhamento

Um dos problemas que a ilusão de ser senhor do tabuleiro acarreta é que, por insistir que sou inteligente o bastante para planejar minha vida, fecho-me para surpresas maravilhosas. Com frequência nossos esforços para controlar resultados nos prejudicam mais do que qualquer coisa que qualquer pessoa poderia fazer. Peter Drucker escreve sobre o cientista alemão que sintetizou a novocaína, o primeiro narcótico a não causar

---

[8] HANH, Thich Nhat. **The Plum Village Chanting Book.** Berkeley, CA.: Parallax Press, 1991.

[9] HEINRICH, Arnold. **Discipleship**. Farmington, PA.: Plough, 1994, p. 77.

dependência, no começo do século XX.[10] Pretendia que ela fosse utilizada em procedimentos cirúrgicos mais sérios como amputações. Mas os cirurgiões não gostaram dela; preferiam a anestesia geral. Por outro lado, a novocaína conquistou a preferência dos dentistas. (Por falar nisso, você não se sente grato a Deus pela novocaína?)

Um homem não se sentiu grato pelo desenrolar dos acontecimentos – seu inventor! Passou o resto de sua carreira viajando por escolas de odontologia para dar palestras em que proibia os dentistas de utilizarem a novocaína de modo diferente do que planejara. Não estava no controle do emprego de sua invenção – sorte nossa! Imagine inventar a novocaína e então tentar suprimir sua maior utilidade porque não fora esse seu pequeno plano.

Quando tento controlar algo com rédeas curtas demais baseado em minhas próprias e limitadas ideias, escapa-me toda a criatividade e dom de atrair coisas boas da vida.

Quando concluí a faculdade, o curso de pós-graduação mais conceituado a que concorri rejeitou-me no último estágio de avaliação. Senti-me frustrado e decepcionado na época porque minha vontade não fora feita. Mas em pouco tempo percebi que se tivesse ingressado naquele curso, jamais teria ido para o seminário, nem trabalharia em uma igreja, nem descobriria o que vim a entender sobre meu verdadeiro chamado. Hoje trabalharia com cobaias. (Por fim, mas não menos importante, não teria conhecido minha esposa nem tido meus filhos.) Com frequência, quando insisto no meu caminho, perco outro muito melhor.

---

[10] DRUCKER, Peter F. The Discipline of Innovation. **Havard Business Review**, Agosto, 2002, p. 6.

Liberdade para amar

Um problema mais profundo quando tento ser senhor do tabuleiro é que isso me põe em uma situação desconfortável com outras pessoas. Quando vivo no mito do controle, os outros são um problema. Não se comportam do jeito que quero, de modo que tento encontrar como manipulá-los, apaziguá-los, adulá-los, intimidá-los ou controlá-los.

"E aconteceu naqueles dias que saiu um decreto da *minha* parte..."

Entro em meu local de trabalho: as coisas são administradas do meu jeito, meus projetos têm sido concluídos, as tarefas que repasso têm sido executadas. O que isso significa? Significa que estou no comando. Esse é o meu pequeno reino.

Entro no quarto dos meus filhos: as camas estão arrumadas da maneira exata como prescrevi, as tarefas domésticas são executadas como mandei. O que isso significa? Significa que estou no comando. Esse é o meu pequeno reino.

Entro em casa no final do dia: meus chinelos estão dispostos ao lado da minha poltrona predileta, meu chá gelado está pronto, meu jornal me aguarda, meu jantar esquenta no forno. O que isso significa? Significa que entrei na casa errada.

Todos ficamos confusos quanto a quem pertence este reino. A equipe de teatro da Igreja de Willow Creek costumava apresentar um pequeno esquete mostrando um personagem chamado pastor Howitzer. Se o general Patton, aquele da Segunda Guerra Mundial famoso pela rigidez, tivesse se dedicado à obra da igreja, seria igual a ele. No esquete, o pastor Howitzer mostra a um casal visitante o organograma da igreja. Era mais ou menos assim:

EU

Os demais

Recentemente, dizia ele, a liderança da igreja passara por uma reestruturação. O novo organograma ficara assim:

EU

|

Os demais

Em toda cerimônia de casamento há um louco por controle, via de regra conhecido como "mãe da noiva". Dada minha profissão, conheci várias. Sei de um organista de igreja chamado Tom que, como todos os demais envolvidos, estava sendo levado à loucura por uma delas. A mulher criticava tanto a seleção musical quanto seu estilo de tocar. Tom especializara-se em um tipo de humor comum entre organistas – entremear melodias populares em arranjos mais sérios e elaborados (por exemplo, misturando o tema de *Star Wars* com um velho hino). No caso em questão, a mãe da noiva reluzia ao atravessar o corredor central da igreja ao som de uma música arrebatadora; teria reluzido em voltagem bem mais baixa se tivesse reconhecido a variação da cantiga popular "The Old Gray Mare" [A velha égua cinza]. Lembro de um casamento em que a mãe da noiva não se contentava com nada. Queria um tom diferente de flores na igreja. Achou as velas brancas demais. Fez algumas sugestões para mim inclusive. Disse que se eu não arranjasse um par de sapatos decentes, faria com que me substituíssem.

Essa era a mãe da minha esposa no dia do nosso casamento. (Na verdade, sou imensamente abençoado por ter como sogra uma das pessoas mais altruístas que conheço.) Mas todos nós temos de enfrentar a dura realidade de que as outras pessoas não estão debaixo do nosso controle.

Epiteto escreveu: "Se você acha que tem as rédeas soltas em assuntos que fogem ao seu controle naturalmente, ou se tenta puxar para si questões que lhe são alheias, encontrará obstáculos a seu intuito e se tornará uma pessoa frustrada, ansiosa e crítica".[11]

Quanto aos nossos relacionamentos com outras pessoas, Jesus ensinou: "Seja o seu 'sim', 'sim', e o seu 'não', 'não' " (Mateus 5.37). Não era sua intenção ditar regras sobre o tipo de juramento que os cristãos têm permissão para fazer. Estava dizendo que, ao lidarmos com os outros, deveríamos falar a simples verdade e apelar para o livre-arbítrio das pessoas, mas de modo que honre a dignidade do Reino que também elas têm. Deveríamos falar a verdade sem usar as palavras para manipular, intimidar, ludibriar ou adular.

Jesus ensinou que deveríamos falar a verdade sem usar as palavras para manipular, intimidar, ludibriar ou adular.

---

[11] EPITETO. **A Arte de viver:** o manual clássico da virtude, felicidade e sabedoria. Uma nova interpretação de Sharon Lebell. Rio de Janeiro: Sextante, 2006.

Com a rendição, encontra-se a esperança

Enquanto escrevo essas palavras, o livro campeão de vendas em São Francisco chama-se *O ano do pensamento mágico*. De autoria de Joan Didion, uma escritora talentosa e bem-sucedida, é uma tentativa de encontrar sentido na morte súbita de seu igualmente talentoso e bem-sucedido marido, também escritor, John Gregory Dunne. Eles voltavam para casa vindos do hospital onde sua única filha estava em coma (ela morreria no ano seguinte). Sentaram-se para jantar e ele sofreu um ataque cardíaco fulminante. O título do livro refere-se à crescente consciência de que ela continuava comportando-se como se de algum modo o marido fosse voltar: quem sabe se descobrisse informação suficiente sobre como ele morrera; ou talvez se não doasse todas as roupas dele; ou se ficasse sozinha à noite, ele voltaria para cama. Sabia que nada disso aconteceria, mas não tinha como parar esses pensamentos irracionais de que a morte não teria permissão de dar a última palavra.

Didion escreve sobre como as pessoas em seu mundo compartilhavam um hábito mental que costuma ser creditado aos muito bem-sucedidos:

> Elas tinham plena convicção da própria habilidade administrativa. Tinham plena convicção do poder dos números de telefone que mantinham na ponta dos dedos; do médico certo, do grande doador; da pessoa capaz de obter um favor junto ao Estado ou à Justiça. As habilidades administrativas dessas pessoas eram de fato prodigiosas. Eu mesma, durante a maior parte da minha vida, compartilhara a mesma crença básica em minha capacidade de controlar acontecimentos.
>
> E no entanto...

> Alguns acontecimentos simplesmente se dão. Esse era um deles. Você se senta para jantar e a vida como você a conhece acaba.[12]

No final, conclui, somos todos impotentes. Vivemos nossas vidas por cima de uma rede de segurança esfiapada. Uma das frases recorrentes em seu livro é uma reação ao ensino de Jesus. Diz ela crer que "ninguém se importa com as aves do céu".[13] Essa é também a frase que encerra seu livro.

Se sou de fato senhor do tabuleiro, minhas esperanças morrem quando morro. Mas se há outro senhor, um senhor melhor, então existe mais esperança. Um exemplo clássico disso vem da história bíblica de José. Por ciúmes, os irmãos venderam-no como escravo quando ele tinha 17 anos. Serviu anos como escravo e depois em uma prisão. Mas no fim, justo as tentativas para destruí-lo levaram-no a se tornar o homem mais poderoso no Egito, abaixo apenas do faraó. Quando os irmãos de José perceberam seu grande poder, jogaram-se no chão diante dele, exclamando: "Somos teus escravos!" (Gênesis 50.18).

Acontece que José não queria escravos. Aprendera que existe um Poder grandioso em operação no mundo. "Não tenham medo. Estaria eu no lugar de Deus? Vocês planejaram o mal contra mim, mas Deus o tornou em bem, para que hoje fosse preservada a vida de muitos", disse ele (v. 19, 20). Por que "aconteceu" de José ser um escravo, depois prisioneiro, e então governador? Alguém se importa com as aves do céu, sim.

---

12 Didion, Joan. **O ano do pensamento mágico**. Rio de Janeiro: Nova Fronteira, 2006.

13 Idem, ibidem, p. 227.

Com a rendição, o poder

Jesus ensinou em várias oportunidades sobre essa estranha verdade de que o poder nos sobrevém não quando buscamos o controle, mas quando entregamos com liberalidade nossos pequenos centros de controle a Deus. Explicou que, se um grão de trigo permanecer só, não dará fruto, mas, se for depositado no chão e morrer, então viverá. Que, se negarmos a nós mesmos, seremos satisfeitos. Que, se buscarmos salvar nossas vidas, nós a perderemos, mas, quando a perdemos por causa dele, então vivemos.

Em todas essas expressões, na verdade, recebemos mais poder pela rendição. Pegue como exemplo o alcoolismo e a sobriedade. Uma das maiores descobertas dos Alcoólicos Anônimos é que, se quem bebe tentar controlar o hábito de beber pela força de vontade, estará condenado ao fracasso. Existem limites para o que a força de vontade consegue fazer.

Recebemos mais poder pela rendição. [...] Existem limites para o que a força de vontade consegue fazer.

No entanto, a sobriedade é possível. O primeiro passo nessa direção é o alcoólico admitir suas limitações no sentido de controlar-se. ("Reconhecemos que somos impotentes para controlar a bebida.") O passo seguinte é submeter a dependência da bebida nas mãos de outra fonte, um poder maior. Então, o alcoólico precisa humilhar-se envolvendo-se em outras atividades – elaborando um inventário moral sem dó nem piedade, buscando reparação para os erros passados, dedicando-se aos amigos e ajudando outros. Afinal, por meio do processo famoso por seus doze passos, o alcoólico *recebe* o poder de fazer o que não conseguiria sozinho.

Libertando-se da ansiedade relacionada a resultados

Há algum tempo um orador convidado chamado Richie Cunningham veio a nossa igreja. (Não era Richie Cunningham, na verdade; era Dallas Willard, mas me cansa citá-lo o tempo todo.) Ele fez uma sessão de perguntas e respostas para centenas de nossos líderes, e depois falaria em outro evento. Estávamos andando até o carro quanto notei como ele parecia descansado, cantarolando um hino antigo com os lábios semicerrados.

De repente ocorreu-me que a maioria das pessoas (até mesmo eu), quando acaba de falar, tem os pensamentos imediatos voltados para questões do tipo "Como será que me saí?", "Fui bem?", "Será que eles gostaram?". Muitas vezes o culto mal acabou e quem o dirigiu já está se perguntando se foi bem-sucedido.

Se os indícios forem de que a oportunidade para falar transcorreu bem, fico estimulado. Sinto-me de certo modo validado como pessoa. Experimento o gostinho do que significa ser uma celebridade e disso me regozijo. Recebo um pouco de energia extra; muito me alegraria ficar um pouco além do horário e conversar com as pessoas. Talvez dê duas voltas pelo estacionamento antes de ir embora, só para o caso de ainda encontrar alguém que me diga que foi bom.

Por outro lado, se acho que foi uma pobreza, sinto-me diminuído. Fico imaginando se perdi o jeito. Tento adivinhar quantas pessoas notaram como me saí mal. Sinto vontade de me esconder. De qualquer forma, é fácil me pegar obcecado com o resultado, repassando-o mentalmente sem parar, refletindo em como poderia ter sido diferente.

No entanto, o que percebi em Richie Cunningham foi um tremendo senso de liberdade. Seu valor como pessoa não estava em jogo. Tentara sinceramente ser de alguma ajuda para as pessoas enquanto falava. Depois que acabou – acabou e pronto. Não estava preocupado com o que as pessoas pensavam a *seu* respeito. Era capaz de concluir o que estivera fazendo e deixar as coisas acontecerem, como uma criança que solta um balão cheio de gás na atmosfera. O resultado não era um referendo sobre ele; estava depositado inteiro nas mãos de outra pessoa.

Adoraria esse tipo de liberdade. Percebi, observando-o, que confiar em Deus significa aprender a deixar as coisas acontecerem a cada momento, de modo que eu esteja livre para viver o próximo. Não existe um chamado em minha vida que me faça tentar controlar pessoas ou resultados. Simples assim. Alguém muito melhor já se ocupa desse trabalho.

É por isso que nunca deixo as questões envolvendo controle fora da parceria com Deus. Preciso chegar ao ponto de confiar que ele está de fato cuidando de mim e é perfeitamente capaz de supervisionar o cosmos. Penso nas poucas palavras que lembram César, Yertle e a mim sobre quem é de fato o senhor do tabuleiro: “E aconteceu...”.

CAPÍTULO 7

NINGUÉM PODE JOGAR NO SEU LUGAR

Todo mundo deve levar dois pedaços de papel
consigo e dar uma olhada neles todos os dias. Em um deve
estar escrito "Você não passa de pó e cinza".
E no outro: "Por sua causa o Universo foi criado".
DITADO TALMÚDICO[1]

Meu pai e eu estávamos nas semifinais daquele que para nós era um grande campeonato. Jogávamos contra uma dupla melhor que nós, a qual nunca chegáramos nem perto de vencer. Eu seria capaz de vender minha avó para ganhar deles. Empatáramos no terceiro *set*, o que na época representava nove pontos. Vencia a primeira equipe que marcasse cinco pontos. O placar chegou a quatro para ambos os lados. Um ponto significaria morte súbita para os oponentes. É mais difícil do que parece.

O saque era meu. No começo meus saques tinham sido bons, mas depois tornaram-se instáveis e assim permaneceram durante toda a partida — uma combinação fatal entre lentidão e inconsistência. Eu sacava contra um oponente que devorava saques fracos com pão e manteiga no café-da-manhã. Parti para arriscar um *ace*

---

1 Ditado talmúdico, apud NEEDLEMAN, Jacob. **Why Can't We Be Good?** New York: Penguin Group, 2007, p. 12.

no primeiro saque, e teria sido bem-sucedido se não atirasse a bola uns três metros além da linha de fundo.

Parado no canto da quadra, batendo a bola no chão para disfarçar o nervosismo, refleti sobre a tese defendida pelo filósofo Bernard Suit em seu artigo "O que é um jogo?".[2] No fundo, um jogo é a criação de um desafio em que a pessoa testa a si mesma. O que torna um jogo bom, raciocina ele, é o fato de incorporar problemas bem elaborados. E é reconhecendo e abraçando os problemas que os jogadores são capazes de crescer naquilo que os gregos olímpicos chamavam de *arête*: excelência de vontade e caráter. Foi então que identifiquei um grande defeito no tênis: não havia um local de aquecimento, um substituto, um lugar onde me esconder. Eu queria um profissional do saque naquele momento. No tênis *ninguém pode jogar no seu lugar*.

(Talvez você esteja ainda se perguntando o que aconteceu com meu segundo saque. Espero que goste de um bom mistério.)

Você não é um fantoche, uma vítima de circunstâncias que lhe fogem ao controle. Pelo contrário, é o responsável por sua vida. Mais ninguém pode tomar o seu lugar. Não existem profissionais que só entram em campo para rebater a bola. Você não tem permissão para dizer: "Eu passo".

É sua vez de jogar cada vez que surge uma oportunidade para escolher. Mas a maioria de nós só enxerga uma pequenina fração das opções que temos. Um dos melhores exercícios para jogar com sabedoria é estar consciente da tomada de decisões. Quanto mais você se conscientiza de quantas escolhas lhe tocam, maior o

---

2 Veja também SUITS, Bernard. **The Grasshopper:** Games, Life and Utopia. Toronto: University of Toronto Press, 1978.

ímpeto com que abraçará sua vez. Pode começar a praticar desde já. Com o que alimentará sua mente? Em que pensamentos se demorará? Com quem conversará? Para onde direcionará seus desejos? Que cuidados tomará com seu corpo? Em que serviços se envolverá? Quando escolherá ser interrompido, e quando optará por continuar desenvolvendo sua tarefa? O que vai comer? Como passará seu tempo? Essas coisas todas são decisões que você toma. Tudo somado, elas constituem sua vida. Não há ninguém que possa jogar no seu lugar.

Um dos campeões em tomar decisões sábias na Bíblia é Daniel. Os primeiros sete versos do livro que leva seu nome contam a história de um homem vítima de circunstâncias muito além do seu controle. O rei Nabucodonosor conquistara a terra onde ele morava e o transferira para o exílio na Babilônia. Daniel perdeu sua liberdade, sua casa, sua cultura, suas amizades e seu *status* de membro da nobreza de Israel. Teve de aprender a falar uma língua estrangeira, a viver e morrer em um lugar em que nunca desejara estar. Perdera até o nome. Seu nome hebraico, Daniel, significava "o Senhor julgará".

Acontece que não era mais Daniel. Fora-lhe dado um nome babilônico, Beltessazar, como um lembrete nada sutil de que não detinha mais o controle nem da própria identidade. Se eu fosse Daniel, seria tentado a gastar todo meu tempo e energia focado em coisas que não poderia controlar: reclamando sobre como Nabucodonosor era um líder ruim, culpando o exílio por minha infelicidade, sentindo pena de mim, criticando a realidade para todo o mundo que se dispusesse a ouvir.

Mas Daniel não fez nada disso. No começo da história, são os babilônios que determinam tudo: Nabucodonosor resolveu conquistar Israel, carregar consigo seus objetos mais sagrados e, quanto aos seus cidadãos de maior potencial, decidiu inscrevê-los em sua academia de liderança e definiu critérios e matéria de estudo.

Então, em Daniel 1.8, a iniciativa muda de lado: "Daniel, contudo, decidiu não se tornar impuro com a comida e o vinho do rei". Uma expressão forte reservada para uma firme decisão: "assentou no seu coração" (*ARC*) que honraria a Deus. Faria bom uso da sua vez. Dedicou tempo a pensar o que valorizava e desejava acima de tudo. Traçou uma estratégia. Era realista em relação aos obstáculos. Fez amizade com o chefe dos oficiais e encontrou uma solução que o agradasse também.

Daniel procurou o chefe dos oficiais para conversar sobre o cardápio. Explicou-lhe que a todos estavam servindo rosbife, ovos e queijo, mas que ele gostaria de manter a dieta de Jerusalém. O texto não diz porque motivo a comida macularia Daniel — talvez representasse uma violação da lei cerimonial; talvez tivesse sido oferecida a ídolos. O escritor do livro está menos interessado nos detalhes dos alimentos do que no seguinte: Daniel *decidiu*. Quando você se descobre flutuando em um mar de impotência, precisa encontrar um modo concreto de expressar seu compromisso mais profundo, assumido com liberalidade. Daniel agiu. Achou um jeito concreto de recuperar sua iniciativa e individualidade.

Quando você se descobre flutuando em um mar de impotência, precisa encontrar um modo concreto de expressar seu compromisso mais profundo, assumido com liberalidade.

A atitude de Daniel exigiu enorme coragem. Nabucodonosor não era o tipo de líder complacente com seu povo. Certa vez, um rei marionete chamado Zedequias rebelou-se contra ele. Nabucodonosor mandou matar os filhos do rei diante dos seus olhos, que em seguida mandou arrancar. Você já ouviu falar de líderes com estilos administrativos "participativo" ou "não interventivo". Nabucodonosor adotava o estilo "*decapitativo*". Quando as pessoas o aborreciam, mandava arrancar-lhes a cabeça. Seu chefe pode ser durão. Mas Nabucodonosor, quando despedia alguém, mandava logo desta para melhor.

O chefe dos oficiais relutou. Respondeu que se concordasse em permitir que ele não comesse da dieta do rei, Daniel poderia ficar fraco e Nabucodonosor acabaria pedindo sua cabeça – dele, chefe dos oficiais. Nesse ponto vemos a persistência de Daniel e sua rápida capacidade de adaptação. Ele pensou: *Isso não foi exatamente um sim; tampouco um não.*

Propôs então uma experiência para o chefe dos oficiais: "Vamos testar a minha dieta durante dez dias, e você será o juiz". Imagine como foram aqueles dez dias para os envolvidos. Nesse período, o futuro de Daniel esteve em jogo. Ele exercitou impressionantes iniciativa, coragem, ousadia e fé em que Deus operaria.

E foi o que aconteceu! "E Deus fez com que o homem fosse bondoso para com Daniel e tivesse simpatia por ele" (v. 9), diz o texto. Daniel não sabia de antemão *como* as coisas se dariam, mas ele não estava agindo só. Às vezes evitamos tomar uma decisão em nosso coração porque não sabemos como as coisas se desenrolarão. Mas esquecemos do fator "Deus". Daniel se deu tão bem que o chefe dos oficiais levou embora a carne e impôs pratos vegetarianos a todos. Daniel então passou a ser o primeiro da classe e foi nomeado orador oficial da turma.

Enquanto seguiam com suas vidas, Daniel e seus amigos teriam de tomar algumas decisões bastante difíceis. Quando lhes foi ordenado que se curvassem e adorassem o rei ou seriam lançados na fornalha, responderam: "Podem nos atirar na fornalha – não nos curvaremos". Quando disseram a Daniel "Pare de orar ao seu deus ou você será lançado aos leões", ele retrucou: "Podem me lançar aos leões, não deixarei de orar".

Se ele e seus amigos não tivessem agido desde o início, se não tivessem declarado ao mundo e a si mesmos a quem pertencia sua mais profunda lealdade, jamais teriam tido forças para encarar a fornalha e a cova dos leões.

Um estudo sobre contrastes

Há um grande sujeito com quem gosto de estar. Externamente ele nunca enfrentou nada parecido com os desafios de Daniel, mas internamente tem sido bastante infeliz na vida. Sente-se muito insatisfeito com seu trabalho. Acredita que lhe deveriam dar uma função que exigisse mais dele. Está convencido de que o supervisor jamais reconhecerá seu potencial, de modo que não terá oportunidade para desenvolver suas habilidades. Fala sempre que a empresa onde trabalha é política demais para que seja promovido.

– E se você procurasse outro emprego? – pergunto-lhe – Por que não tenta outras empresas? Por que não se candidata lá mesmo a uma promoção, ou a uma transferência para outro lugar qualquer? Por que não volta para a escola para ampliar sua formação?

Que nada. Arranjar outro emprego poderia ser arriscado demais. Transferir-se para outro departamento significaria enfrentar mais das mesmas coisas – os políticos estão em toda parte. Conseguir mais um diploma seria uma perda de tempo; está velho demais para isso. Tem sonhos grandiosos relacionados com o que deveria estar fazendo, mas não se dispõe a dar nem o primeiro passo para sair de onde se encontra.

Esse sujeito quer um relacionamento romântico. Envolve-se em paixões intensas e passageiras com mulheres distantes. Todas se enquadram mais ou menos na categoria de supermodelos, da qual ele não faz parte. Não quer saber de estabelecer um relacionamento genuíno. Vez ou outra tem uma conversa cortês com a mulher da ocasião e sonha com a possibilidade de um namoro, mas a verdade é que nunca passa disso.

Sugiro um bom terapeuta que possa auxiliá-lo a trabalhar esses problemas. Custaria caro demais, diz.

– Será que posso ajudar então? – pergunto.

Bom, tomaria muito tempo também.

– Aposto que se analisarmos juntos a sua agenda, encontraremos alguma brecha.

O problema é que esse tipo de coisa nunca serve para grande coisa, na verdade. O fato é que os terapeutas não o entendem.

Ele não gosta da sua vida. Às vezes culpa Deus por isso, como se Deus lhe tivesse aprontado essa desfeita. Às vezes – pois o conheço bem – eu o encosto na parede:

– Essa é a única vida que você jamais terá. Você a está jogando fora um ano por vez. Não precisa fazer isso.

Tenho vontade de pôr as mãos em torno do seu pescoço e esganá-lo para ver se consigo meter um pouco de juízo em sua cabeça. Por esse motivo, durante a pós-graduação em psicologia, meu coordenador incentivou-me a procurar uma outra linha de atuação.

Meu amigo vive como se fosse um fantoche qualquer. Espera que algo exterior aconteça e mude suas circunstâncias para fazê-lo feliz. Sempre que chega sua vez, dá a mesma resposta: "Passo".

Meu amigo vive como se fosse um fantoche qualquer. Espera que algo exterior aconteça e mude suas circunstâncias para fazê-lo feliz.

Às vezes as pessoas me perguntam: "Como posso me tornar um escritor?". Conto-lhes como costuma funcionar: escreva um artigo. Envie-o a um periódico. Seja rejeitado. Envie-o mais uma vez. Seja mais rejeitado. Escreva outro artigo. Envie-o. Seja rejeitado de novo. Aprenda a editar. Consiga fazer com que aceitem um artigo seu. Repita o processo umas cem vezes. Faça com que lhe peçam para escrever alguns capítulos de um livro para alguém. Seja coautor de um livro com alguém. Continue aprendendo.

Às vezes ouço o seguinte comentário em resposta:

– Não, não quero seguir por esse caminho. Já escrevi um livro. Só preciso achar o editor que o pegue e faça vender mais cópias que *O código Da Vinci* e *Harry Potter* juntos.

Boa sorte a você!

Por que é importante aproveitar sua vez

Há um motivo pelo qual você deve aproveitar sua vez – ou morrer. Deus tem-lhe dado uma pequenina medida de suas reservas ilimitadas – a capacidade de escolher. Os psicólogos usam palavras e expressões como *iniciativa* ou *ser proativo* ou *assumir responsabilidades*. Mas não são apenas conceitos psicológicos. Há uma profunda ligação entre eles e o que significa ser feito à imagem de Deus.

"Então disse Deus: 'Façamos o homem à nossa imagem, conforme a nossa semelhança. *Domine* ele...' " (Gênesis 1.26, grifo nosso). Domínio é uma palavra relacionada com reino. O plano de Deus é que "todo mundo tenha a sua vez".

Qual a palavra favorita de uma criança de 2 anos? *Não*! Ela está aprendendo o que significa ter um reino. As crianças pequenas, sentadas no banco de trás do carro, traçam uma linha divisória. "É melhor você não cruzar essa linha." Do banco traseiro delimitam seu reino. Depois começam a defendê-lo.

O pai vira para trás (reino de quem ele pensa que é o carro?):

— Estão querendo que eu vá até aí?

As crianças pensam: *Claro – você quer vir aqui com o carro a cem quilômetros por hora em uma estrada?*

O pai estica o braço para trás feito uma serpente. As crianças, que não são bobas nem nada, refugiam-se nos cantos inacessíveis. O humorista cristão Ken Davis dá o seguinte conselho para tirá-las da zona de segurança em que não podem ser alcançadas: "Uma pisada mais forte no freio as projeta de novo para seu campo de ação".

"Venha o teu Reino" (Mateus 6.10).

Ter um reino é coisa muito boa. Faz parte da razão pela qual Deus fez você — para ser uma força poderosa e criativa para o bem do mundo. Quando seu senso de domínio morre — quando sentimos que não temos nenhum controle sobre nossas vidas — então morremos também.

Perdendo a vez

Uma das experiências mais devastadoras na vida é a sensação de que o que faço não interessa. Talvez a pesquisa mais importante sobre a depressão das últimas décadas seja uma série de experimentos demonstrando ser provocada por um senso de "impotência aprendida". Os responsáveis por esse estudo aplicaram pequenos choques elétricos a grupos de cachorros. Alguns animais aprenderam que podiam interromper os choques saltando contra uma parede; outros receberam os choques sem um método definido. O segundo grupo simplesmente deitou-se e parou de tentar fazer o que quer que fosse. Mais tarde aqueles cães foram transferidos no ambiente em que poderiam parar os choques saltando contra a parede e eles nem chegaram a tentar. Tinham "aprendido" que eram impotentes.

Os seres humanos são ainda mais vulneráveis à impotência aprendida, como salienta o psicólogo de desempenho James Loeher.[3]

Nos campos de concentração ou nos ambientes em que são mantidos prisioneiros de guerra, a maior diferença entre as pessoas que desistem e as que permanecem firmes é o senso que estas têm de que ainda podem controlar alguma coisa; de acordo com o psicólogo Julius Segal.[4] Nas casas de repouso, escolhas triviais como tomar uma decisão sobre quando ver um filme ou como arrumar o quarto faz com que a saúde e o bem-estar emocional dos velhinhos melhorem, e o índice de mortalidade caia. Daniel prosperou porque, embora no exílio, recusou-se a acreditar que estivesse impotente.

Onde eu tenho escolha?

Epiteto foi um filósofo grego cujas circunstâncias variaram absurdamente. Como Daniel, passou grande parte da vida no cativeiro.

---

[3] LOEHER, James E. **Stress for Success**. New York: Times Business, 1997, p. 61ss.

[4] SEGAL, Julius. **Winning Life's Toughest Battles:** Roots of Human Resistance. New York: McGraw-Hill, 1986, p. 42.

Nasceu escravo; devido a sua inteligência, estudou em Roma; o poder e a influência de seus ensinamentos fizeram com que alguns imperadores o tomassem como professor, enquanto outros o viram como uma ameaça; passou seus últimos dias vivendo em uma cabana e morreu no exílio. Tudo isso, dizia ele, estava fora do seu controle e, portanto, não era motivo de preocupação. "Sob nosso controle estão opiniões, aspirações, desejos e as coisas de que temos aversão. É certo que tais áreas nos interessem porque estão sujeitas à nossa influência direta. Sempre temos escolha no que diz respeito ao conteúdo e ao caráter da nossa vida interior".[5]

Todos nós, como Daniel, passaremos algum tempo na Babilônia. Às vezes nossos sonhos não se concretizarão, a saúde desaparecerá, as esperanças desfalecerão. A pergunta-chave nunca é "O que perdi?". Mas sim "O que me restou? Onde ainda posso aproveitar minha vez?".

A pergunta-chave nunca é "O que perdi?".
Mas sim "O que me restou?
Onde ainda posso aproveitar minha vez?".

David Rabin foi professor de medicina na Universidade Vanderbilt.[6] Ainda estudante, a enfermidade que considerava mais assustadora era a Esclerose Lateral Amiotrófica (ELA), ou doença de Lou Gehrig. Lembrava de quando fora apresentado a seu primeiro paciente com a doença, de ouvir a declaração do neurologista: "Incurável! Este homem será humilhado, isolado,

[5] Epiteto. **A Arte de viver:** o manual clássico da virtude, felicidade e sabedoria. Uma nova interpretação de Sharon Lebell. Rio de Janeiro: Sextante, 2006.

[6] Segal, op. cit., p. 46ss.

perderá a capacidade de se comunicar e é provável que morra dentro de seis meses".

Aos 46 anos, o próprio Rabin foi diagnosticado com ELA. Sabia o que aconteceria: rigidez nas pernas, seguida de fraqueza; paralisia dos membros inferiores e depois dos superiores. Acabou preso a um corpo que não mais lhe obedecia os comandos. Sua língua perdeu o funcionamento; só conseguia formar palavras com extrema dificuldade, até que nem mais isso. Perdeu a capacidade de tratar pacientes. Não podia mais ir ao hospital trabalhar. Antes, contava com uma futura carreira acadêmica brilhante; agora era incapaz de virar a página de um livro.

No entanto, havia algo de que não abriria mão de modo algum: do seu espírito. Ouviu falar, por intermédio de um colega também portador de ELA, de um computador que podia ser operado por meio de uma única haste. Qualquer pessoa que mantivesse o funcionamento de um grupo de músculos conseguiria trabalhar com essa haste – até um deficiente físico.

David tinha força suficiente para isso em uma única parte do corpo – no músculo da sobrancelha. Assim, durante os quatro anos seguintes, usou a sobrancelha. Com ela, operava seu computador. Conversava com a família, contava piada para os amigos, escrevia ensaios e revisava manuscritos. Manteve um consultório onde atendia pacientes. Deu aulas a estudantes de medicina. Publicou um livro didático abrangente sobre endocrinologia e recebeu um prêmio de prestígio por esse trabalho. Fez tudo isso quando a única coisa que conseguia controlar era uma única sobrancelha. Dizia: "A doença pode representar um desafio para seu corpo. Mas por acaso você é só um corpo? Talvez você manque e isso atrapalhe sua locomoção. Mas você não é só pernas.

Sua vontade é maior do que suas pernas, pois ela está sempre debaixo do seu controle".[7]

Ele foi um homem cujo corpo não venceria competições nem enfeitaria a capa de nenhuma revista. Era todo torto, impotente, incurável e desesperador. Mas abrigava em seu interior dois recursos: um músculo na sobrancelha forte o suficiente para implementar um comando a uma haste, e um espírito que jamais desistiria. Uma sobrancelha bastava para servir ao mundo.

Você tem uma boa sobrancelha? Então é a sua vez.

Seu corpo não é você. Seu trabalho não é você. Seu sucesso, reputação e posses não são você. O que seus pais, chefe, colegas, amigos ou inimigos pensam a seu respeito não é você. Suas circunstâncias e limitações não são você. O psicólogo Dan Baker diz o seguinte: "Existe um *você* em você que ninguém pôs aí".[8]

O máximo de liberdade

Viktor Frankl foi um psiquiatra muito respeitado em Viena que perdeu tudo quando os nazistas tomaram o poder. Confiscaram-lhe a casa, a carreira e a liberdade. Seus pais, irmão e esposa – a família inteira exceto por sua irmã – foram mortos nas câmaras de gás. Frankl viveu anos em Auschwitz onde passou fome, foi espancado, tratado com brutalidade e desumanidade; viu companheiros seus morrerem todos os dias. O manuscrito ao qual dedicara toda a vida, ao qual atara todas as suas esperanças de estudioso, foi encontrado e destruído.

---

7 SEGAL, op. cit., p. 16.

8 BAKER, Dan e STAUTH, Cameron. **What Happy People Know**. Emmaus, PA.: Rodale, 2003, p. 176.

O sofrimento e a tortura infligidos a Frankl são difíceis de assimilar. Obrigaram-no a competir com outros prisioneiros por migalhas de comida. Obrigaram-no a trabalhar na neve sem sapatos. Forçaram-no a assistir à execução aleatória de amigos para satisfazer os caprichos de um guarda. Nunca sabia se no dia seguinte o forçariam a recolher com uma pá as cinzas que no dia anterior tinham sido o corpo de seus amigos, ou se faria parte dessas cinzas.

Aos poucos, muito magro, nu, humilhado, doente, sem uma esperança razoável de libertação ou de se reunir com os entes queridos, Frankl foi percebendo que restava dentro dele uma única liberdade. Notou que alguns prisioneiros, embora morrendo de fome, ofereciam o próprio pão a outros. Embora extremamente fracos, tentavam confortar aqueles ainda mais debilitados. Concluiu que "tudo pode ser tirado de um homem exceto uma coisa: a última das liberdades humanas – escolher a própria atitude em qualquer conjunto de circunstâncias, escolher o próprio caminho".[9]

Ali, em pleno campo de concentração, Frankl começou a tomar decisões. Optou por alimentar a mente com pensamentos sobre aqueles a quem amava. Escolheu dar toda a ajuda que pudesse oferecer, como médico, aos outros.

Procurou modos de exercitar essa liberdade. Manteve plena consciência da tomada de suas decisões: escolheu em que pensar, em quais lembranças se demorar, que palavras dizer, como dizê-las, que ajuda prestar, como reagir à humilhação, como andar, como manter a cabeça bem erguida.

---

[9] FRANKL, apud COVEY, Stephen R. **Os 7 hábitos das pessoas altamente eficazes.** Rio de Janeiro: Best Seller, 2005.

De repente a liberdade de Frankl começou a se expandir. Um escritor a descreve assim: os guardas do lugar tinham *privilégios* – podiam sair do campo de concentração, andar por onde bem entendessem, gastar com o que bem entendessem. Frankl, porém, tinha mais *liberdade*.[10]

Agora é a sua vez

De novo: um dos melhores exercícios para jogar com sabedoria é estar consciente da tomada de decisões.

Na igreja em que fui criado cantávamos um velho hino:

> Coragem, sê como Daniel,
> Coragem, mesmo só, assume tua posição!
> Coragem, sê firme!
> Coragem, conta tudo a todo mundo.[11]

Reserve portanto os próximos dez dias para viver uma aventura digna de Daniel. Escolha uma área em que você pode agir e, durante dez dias, opte por honrar a Deus nessa área. Talvez, como no caso de Daniel, isso envolva o que você come. Ou talvez diga respeito àquilo com que você alimenta sua mente. Talvez você tente passar dez dias sem reclamar com ninguém. Talvez a cada dia, pelos próximos dez dias, você resolva ler o livro de Daniel.

Talvez, nos próximos dez dias, aproveitar sua vez signifique adquirir plena consciência de todas as decisões à sua disposição. Algumas delas são absurdas de tão pequenas: você pode dormir

---

[10] Apud Covey, Stephen R, op. cit.

[11] *Dare to be a Daniel.* Composição de Philip P. Bliss, 1873.

do outro lado da cama! Pode escovar os dentes *antes* do café-da--manhã. Pode escolher o que vai vestir, como penteará o cabelo, o que ler, o que ouvir, para quem telefonar, que notas tomar, que música escutar, que caminho tomar para o trabalho, que hora se levantar no sábado. Outras serão maiores. Você pode recusar a seu chefe ou cônjuge o poder de ditar qual será seu estado de espírito durante o dia baseado no modo com que ele ou ela o trata. Como Daniel, você pode escolher.

Nunca abra mão do seu espírito. Nunca ceda emocionalmente.

Aja. Faça alguma coisa – mesmo sem saber muito bem o quê. Agir evita que você resvale para a impotência.

Encontre sentido no sofrimento. Talvez por intermédio do sofrimento você seja capaz de ajudar alguém, de se fortalecer. Talvez o sentido seja apenas a convicção de que Deus tem poder para produzir o bem a partir dessa experiência, coisa que no momento você ainda não consegue enxergar.

Nunca abra mão do seu espírito. Aja.
Encontre sentido no sofrimento.

Lembre-se de Daniel e do fator "E Deus fez" (Daniel 1.9). Quando você decide em seu coração honrar a Deus, ele se torna envolvido em sua vida de modos que você é incapaz de prever.

Agora é a sua vez.

CAPÍTULO 8

LEMBRE-SE DE QUE SUAS COISAS NÃO LHE PERTENCEM

Ando por toda parte sem fazer
outra coisa senão persuadir tanto jovens quanto
velhos a não cuidarem mais do corpo
ou da saúde que da alma.
SÓCRATES[1]

É tudo coisa.

Todos nós temos coisas. Nós as vemos, desejamos, compramos, exibimos, colocamos no seguro e comparamos com as dos outros. Discutimos se eles têm ou não coisas demais; invejamos essas coisas ou proferimos julgamento sobre as coleções que as pessoas juntam. Criamos nossas próprias pilhas também. Imaginamos que se crescerem o suficiente, haveremos de nos sentir bem-sucedidos ou seguros.

É assim que marcamos pontos jogando Banco Imobiliário. É assim, via de regra, que se marca pontos em nossa cultura.

Você compra uma casa e então precisa pôr coisas dentro dela. Segue comprando mais e mais coisas até necessitar de uma casa

1 PLATÃO. **The Trial and Death of Socrates.** Indianopolis: Hackett, 1975, p. 30.

maior. Casa, segundo o comediante George Carlin, é só um monte de coisas com uma cobertura por cima. Na verdade, algumas pessoas sobrevivem sem nunca ter tido uma. Jesus, por exemplo.

Hoje em dia existem mais de 30 mil empresas prestando serviços de armazenagem nos Estados Unidos. Oferecem mais de 300 milhões de metros quadrados para as pessoas guardarem suas coisas. Na década de 1960, essa indústria não existia. Agora gastamos 12 bilhões de dólares ao ano apenas para alguém armazenar o que nos sobra! É um negócio maior que a indústria da música.[2]

O psicólogo Paul Pearsall comenta sobre pessoas que acham difícil se desfazer do que têm:

> Muita gente não consegue se livrar de nenhuma de suas coisas.
>
> Você talvez precise de um "exorcismo de armário". Um amigo de confiança pode ajudar a impedir o "fenômeno da recoisificação". Ele se dá quando, no processo de limpeza de armários e gavetas, sentimo-nos por algum motivo estimulados a comprar novas coisas. Mas cuidado com os "coisa-dependentes", que podem enxergar na limpeza do armário uma oportunidade para adquirir coisas para si a partir do seu estoque. Amigos assim têm grande probabilidade de saírem com você em expedições de recoisificação.[3]

Algumas pessoas têm dom para adquirir coisas. Há não muito tempo levei minha filha a um lugar chamado Castelo Hearst.

---

2 DE GRAAF, John et al. **Affluenza:** The All-Consuming Epidemic. San Francisco: Berrett-Koehler Publishers, 2001, p. 37.

3 PEARSALL, Paul. **Super Joy:** Learning to Celebrate Everyday Life. New York: Doubleday, 1988, p. 139.

William Randolph Hearst foi um "coisólico". Era dono de estátuas egípcias de 3.500 anos de idade, tapeçarias flamengas medievais e tetos entalhados à mão de séculos atrás, além de algumas das maiores obras de arte de todos os tempos, a maioria proveniente da Suécia.

Mandou construir uma casa de 22 mil metros quadrados para colocar suas coisas dentro. O terreno para essa casa: 265 mil acres. Originalmente, Hearst foi dono de 80 quilômetros do litoral da Califórnia. Passou oitenta e oito anos colecionando coisas. E você sabe o que ele fez depois disso?

Morreu. Que falta de visão.

Hoje as pessoas entram na casa de Hearst aos milhares. Todas dizem a mesma coisa: "Uau, ele com certeza tinha muita coisa".

As pessoas passam pela vida, adquirem bens materiais e então morrem, deixando todas as suas coisas para trás. O que acontece com elas? São motivo de briga entre os filhos. Esses filhos – que ainda estão vivos, ou seja, na verdade são apenas pessoas pré-morte – lançam-se sobre a casa dos pais. Atacam as velharias dos pais feito urubus, escolhendo o que querem levar para suas casas. Pensam: "Agora isso me pertence". Então morrem também – e novos urubus atacam suas coisas. Pessoas vêm e vão. Nações entram em guerra por causa de coisas, famílias dividem-se por causa de coisas. Maridos e mulheres brigam mais devido a coisas do que por qualquer outro motivo.

As cadeias estão cheias de bandidos de rua e CEOs que cometeram crimes para ter coisas.

Por quê? São só coisas. Casas e hotéis são as joias da coroa no Banco Imobiliário. No instante em que o jogo termina, porém, voltam para a caixa. O mesmo acontece com todas as nossas coisas.

Coisa não é tesouro

Jesus disse:

> "Não acumulem para vocês tesouros na terra, onde a traça e a ferrugem destroem, e onde os ladrões arrombam e furtam. Mas acumulem para vocês tesouros nos céus, onde a traça e a ferrugem não destroem, e onde os ladrões não arrombam nem furtam. Pois onde estiver o seu tesouro, aí também estará o seu coração".[4]

Digamos que você tenha de passar uma semana no Hotel 6. Qual a probabilidade de você pegar todo o dinheiro que tem e gastá-lo decorando seu quarto no hotel? Qual a probabilidade de zerar sua conta bancária para comprar alguns van Gogh ou pinturas do Elvis em veludo, ou seja lá o que for que esteja de acordo com o seu gosto?

Quase nenhuma. Você nem sequer se sentiria tentado a fazer isso porque o quarto do hotel *não é a sua casa*. Você só vai passar um tempo ali. Seria tolice desperdiçar o tesouro de sua vida única e exclusiva em uma residência temporária.

Jogadores experientes têm muito claro o que vale ou não a pena. Por isso Jesus diz que é inteligente acumular tesouro no que é eterno: Deus e o povo.

Jogadores experientes têm muito claro o que vale ou não a pena. Por isso Jesus diz que é inteligente acumular tesouro no que é eterno: Deus e o povo.

---

[4] Mateus 6.19-21

Isso aqui é o Hotel 6.[5] Seu "quarto" – seu lar, sua mobília, suas roupas e bens – durarão o equivalente a poucos segundos, comparados com a eternidade em que viverá sua alma. Não há mal algum em permanecer em determinado lugar e desfrutar dele enquanto se puder ou tiver de ocupá-lo. Mas Jesus diz para você não acumular tesouros no Hotel 6. Ele não é sua casa. Você ficará pouco tempo nele. Se quiser sonhar, sonhe com algo mais que melhorar um quarto de hotel.

Coisas não podem pertencer-me

O adulto acha engraçado quando uma criança de 2 anos diz "É meu".

Os adultos sabem que crianças de 2 anos não compram nada do que têm. Tudo lhes é fornecido. São presentes de alguém muito maior e mais sábio do que elas. Em geral, elas nem tomam muito cuidado com suas coisas.

Todavia, essas crianças demonstram um apego extremo ao que possuem. Se alguém tenta pegar alguma delas, de repente esse objeto torna-se o seu favorito. Crianças de 2 anos conseguem iludir-se muito fácil, não é verdade?

Pense um instante em algumas poucas afirmações das Escrituras: "Do SENHOR é a terra e tudo o que nela existe, o mundo e os que nele vivem".[6] "Mas lembrem-se do SENHOR, o seu Deus, pois é

---

[5] Analogia inspirada em ideia semelhante in ALCORN, Randy. **The Treasure Principle**. Sisters, Or: Multnomah, 2001, cap. 3.

[6] Salmos 24.1

ele que lhes dá a capacidade de produzir riqueza".[7] " 'Tanto a prata quanto o ouro me pertencem', declara o SENHOR dos Exércitos".[8]

Convivo com igrejas há um bom tempo. Sabe qual a pergunta mais frequente que me fazem sobre o dízimo? "Devo calcular os 10% sobre meu rendimento bruto ou o líquido?" Tradução: "Qual o mínimo que posso dar sem que Deus fique bravo comigo?". A questão implícita é: "Que porção das *minhas coisas* posso reter sem arranjar encrenca?". É como chegar para sua mãe no Dia das Mães e perguntar: "Mãe, qual a menor quantidade de dinheiro que posso gastar no seu presente sem abalar nosso relacionamento?".

O rei Davi certa vez indagou a Deus: "Mas quem sou eu, e quem é o meu povo para que pudéssemos contribuir tão generosamente como fizemos?".[9] Ele não quer saber "Qual a menor quantidade que devo dar sem deixar Deus irado comigo?". Mas sim "Quem sou eu para poder contribuir dessa forma? Quero usar tudo o que tenho para construir o *seu* Reino, não o *meu*".

Um dia prestaremos contas daquilo que Deus nos tem confiado. Poderá ser ocasião de grande alegria ou profundo arrependimento. Há algum tempo tomamos emprestado o carro de um amigo. Tínhamos uma garagem com espaço para dois carros, ocupada; o carro do nosso amigo teve de ficar no acesso descoberto. Somos cinco motoristas na família; três deles, adolescentes. Alguém entrou num dos carros da garagem e deu ré sem olhar pelo retrovisor. *Bam*! Prefiro não contar quem foi para não deixar a pessoa embaraçada. Mas eu não era um dos motoristas adolescentes. Nem minha esposa. Que sensação ruim experimentei quando chegou a hora de devolver o carro: "Aqui

---

[7] Deuteronômio 8.18

[8] Ageu 2.8

[9] 1Crônicas 29.14

está o que você me confiou. Não cuidei muito bem dele. Aconteceu um acidente – na entrada da garagem".

Não é um bem que me pertence. E um dia terei de prestar contas.

Uma das afirmações mais espantosas sobre a igreja primitiva é que "não havia pessoas necessitadas entre eles".[10] Quando eles tinham coisas, compartilhavam-nas. Nunca houve uma comunidade como aquela.

Coisas não podem durar

Nas palestras que dá, Randy Alcorn às vezes convida os ouvintes a um passeio fictício. Imaginamo-nos em fila atrás de cerca de uma dúzia de picapes. Todas estão cheias de mobília velha, refrigeradores enferrujados, aparelhos de TV obsoletos e retratos de Elvis em veludo. Uma a uma param no alto de uma colina; os motoristas saem e atiram as coisas da carroceria sobre a beira de um precipício sem se preocupar com o que tem lá embaixo.

Você salta do carro para observar melhor o que está acontecendo. Na encosta do precipício você não vê nada além de quilômetros e quilômetros de lixo. O lugar é residência de tudo que não presta. Já foi chamado de depósito de sucata e lixão, mas como ninguém quer viver perto de nenhum deles, agora recebeu o nome de "aterro sanitário". *Lixo, entulho* e *sucata* são palavras tristes, mas aterro dá a ideia de que se pôs terra em cima da terra, o que soa positivo. Quem não quer um mundo com mais terra?

É um lixão do mesmo jeito, aonde as velharias são levadas para morrer. Televisores de tela plana, refrigeradores subzero (na verdade, não resfriam tanto assim; "subzero" é uma referência ao estado momentâneo do QI de quem se dispõe a pagar por uma geladeira cara demais), torradeiras, embalagens de bolos

10 Atos 4.34

prontos e pedaços de velhos aviões apodrecerão um ao lado do outro em democrática decadência. Não que tais tesouros sejam *ruins*. Apenas não duram. Coisas são um investimento tolo. Uma hora, tudo voltará para a caixa.

Uma hora, tudo voltará para a caixa.

Coisas não têm o poder de libertá-lo

Paulo diz: "Os que querem ficar ricos caem em tentação, em armadilhas e em muitos desejos descontrolados e nocivos, que levam os homens a mergulharem na ruína e na destruição".[11] O fato de não ter coisas pode conduzir você a uma armadilha. Por irônico que pareça, ter mais coisas não leva a maior liberdade. Ter pode ser justamente a armadilha. Randy Alcorn[12] observa os comentários de algumas das pessoas mais ricas de várias épocas:

> Cuidar de 200 milhões de dólares é o suficiente para matar qualquer um. Não há qualquer prazer nisso.
>
> W. H. Vanderbilt
>
> Sou o homem mais miserável da face da Terra.
>
> J. J. Astor
>
> Ganhei milhões, mas eles não me trouxeram nenhuma felicidade.
>
> John D. Rockefeller
>
> Milionários raramente dão risada.
>
> Andrew Carnegie
>
> Sou mais feliz quando estou trabalhando como mecânico.
>
> Henry Ford

---

[11] 1Timóteo 6.9

[12] Alcorn, Randy. **The Treasure Principle**. Sisters, Or: Multnomah, 2001.

Coisas não podem me fazer feliz

Somos criaturas de desejos. Conseguimos parar de desejar tanto quanto parar de respirar. Mas podemos decidir a que visões e mensagens iremos expor à mente, as quais, por sua vez, nos moldarão os desejos. Em meados da década de 1970, os americanos gastavam mais tempo em *shopping centers* do que em qualquer outro lugar, tirando trabalho e casa.[13]

Você já recebeu algum catálogo de compras pelo correio? Tente adivinhar o total de catálogos de compras por correspondência que são enviados nos Estados Unidos por ano.

A resposta certa é 40 bilhões (isso mesmo, *bilhões*!).

E cada um deles é projetado com o mesmo objetivo: fazer você desejar mais. São parte de um negócio conhecido como "criar necessidades". Coisas que costumávamos inserir na categoria "desejo" são o tempo todo transferidas para a categoria "necessidade". Temos a nítida impressão de que não saberemos viver sem elas. Sofremos de "ansiedade induzida por catálogo". O problema é o seguinte: não há como ter o suficiente daquilo que não se necessita.

Você pode ter mais. No entanto, como veremos mais adiante, nunca será o suficiente.

Coisas não podem tornar-me seguro

Esse talvez seja o ponto de maior discordância entre Jesus e seus seguidores de um lado e a sabedoria convencional do outro. Paulo disse: "pois nada trouxemos para este mundo e dele nada podemos levar".[14] Jó, por sua vez: "Saí nu do ventre da minha mãe, e nu partirei".[15]

---

[13] BOTTON, Alain de. **Desejo de status**. Rio de Janeiro: Rocco, 2005.

[14] 1Timóteo 6.7

[15] Jó 1.21

Viemos nus, sem um centavo; iremos embora nus e sem um centavo. Nesse meio tempo, arranjamos alguma coisa para pôr em cima do corpo e nos bolsos, mas nada disso é de fato nosso. Tomamos emprestado por algum tempo, até o dia em que devolveremos tudo.

Meu desejo de segurança financeira desencoraja-me da doação. Cada dólar que dou deixa de estar disponível para minha proteção. Contudo, meu senso de liberdade sempre *aumenta* quando dou, porque dar é uma declaração de que minha segurança está em algum outro lugar que não o banco. Dar é um ato de confiança em Deus.

Coisas podem ajudar-me a ser rico para com Deus

Jon Haidt é um professor da Universidade de Virgínia que de repente se viu desgastado pela patologia humana. Começou então a investigar o que eleva o espírito humano na tentativa de descobrir o que gera a alegria duradoura. A essa emoção ele dá o nome de "elevação".[16] Um calouro de escola mista relata uma história típica:

> Nevara aquela noite e voltávamos do trabalho no abrigo do Exército da Salvação para casa. Passamos por uma velha senhora que limpava a entrada da garagem de sua casa com uma pá. Um dos rapazes pediu ao motorista que parasse para ele descer. Pensei que só quisesse pegar um atalho para sua casa. Mas quando o vi apanhar a pá, senti um nó na garganta e comecei a chorar. Queria contar o ocorrido para todo o mundo. Experimentei um grande amor por ele.[17]

---

[16] Conforme narrativa in SELIGMAN, Martin. **Felicidade autêntica**. Rio de Janeiro: Objetiva, 2004.

[17] SELIGMAN, op. cit.

Martin Seligman, um colega psicólogo e professor, promoveu um debate em sua sala de aula sobre se a felicidade vem mais fácil dos gestos de bondade ou dos momentos de diversão. Passou aos alunos uma única tarefa: envolver-se em uma atividade filantrópica e uma atividade prazerosa e depois escrever sobre ambas.

> "Os resultados mudaram vidas. O brilho da atividade prazerosa (sair com amigos, ver um filme ou comer um *sundae* com calda de chocolate quente) foi ofuscado pelos efeitos da ação bondosa. Quando nossos atos filantrópicos eram espontâneos e requeriam forças pessoais, o dia inteiro transcorria melhor".[18]

No começo da minha vida de casado, lecionava em um seminário e recebia por isso. Na época tínhamos bem pouco dinheiro, de forma que estabeleci uma meta financeira: resolvi que em um ano surpreenderia minha esposa sequestrando-a durante um fim de semana e dando-lhe uma nova aliança de casamento. (A que eu lhe enfiara no dedo durante a cerimônia tinha um diamante, mas visível só com o auxílio de um microscópio. Estava um degrau abaixo dos anéis que se ganha de brinde em caixas de biscoito.) Nos doze meses seguintes, poupei em meu pé-de-meia cada cheque recebido pela realização de casamentos e funerais. Meu silêncio chegou ao ponto de decepcioná-la no aspecto financeiro: "Não, acho que não vou ganhar nada com esse casamento outra vez".

Quando o sonhado fim de semana chegou afinal, providenciei para que as crianças ficassem com meus pais. Levei minha esposa ao aeroporto e nós voamos para o litoral, onde nos hospedaríamos em um hotel fabuloso. Fiz com que o garçom escondesse a aliança dela dentro de um tomate da salada que lhe seria servida.

---

[18] Ibidem.

E descobri que por maior que fosse a alegria que lhe proporcionei naquele fim de semana, a minha foi muito maior. Ocorreu-me ao vê-la olhar boquiaberta para a aliança dentro do seu tomate que: *É mesmo verdade o que Jesus disse. Dar é bem melhor realmente. Dar é a melhor coisa do mundo!*

Quando damos de vez em quando, recebemos alegria de vez em quando também. Quando damos com o suor do nosso rosto, em um gesto premeditado, criativo, recebemos imensa alegria. No Antigo Testamento, certa vez foi oferecido a Davi tudo que ele necessitava para fazer uma oferenda a Deus. Ele recusou, dizendo: "Não oferecerei ao SENHOR, o meu Deus, holocaustos que não me custem nada".[19] Davi sabia como a satisfação entra no coração humano.

Quando damos de vez em quando, recebemos alegria de vez em quando também. Quando damos com o suor do nosso rosto, em um gesto premeditado, criativo, recebemos imensa alegria.

Nancy tem um primo chamado Kenny que, na adolescência, mais ou menos cumpria também o papel de seu melhor amigo. Quando fomos apresentados, ele era um jogador de beisebol profissional, um lançador capaz de atirar a bola como se ela fosse disparada de um canhão.

Kenny machucou o braço e nunca chegou a participar dos campeonatos principais. O beisebol sempre fora sua paixão. Quando nosso filho integrou o time da quarta série, demonstrou ser um lançador com algumas limitações. Tio Kenny veio vê-lo jogar e ensinou Johnny

[19] 2Samuel 24.24. Veja também 1Crônicas 21.24.

a atirar a bola na direção da cabeça do rebatedor. Conselho que para sua felicidade nunca pôs em prática em condições de jogo.

Kenny acabou indo morar no sul, em uma comunidade onde a maioria das pessoas trabalhava muito para conseguir equilibrar as finanças até o fim do mês. Um parente seu por matrimônio ficou muito doente e morreria a menos que alguém lhe doasse um rim. Exames mostraram que nenhum dos parentes biológicos podia fazê-lo. Mas Kenny descobriu que seu rim era compatível com o dessa pessoa e doou-lhe um dos rins. Esse seu presente gerou tamanha alegria e gratidão tanto no doador quanto no receptor do órgão que a transação espiritual foi maior do que a física. Se você perguntasse a Kenny do que ele tem mais orgulho na vida, acho que ele responderia que foi essa doação.

Riqueza de ter *versus* riqueza de ser

Miroslav Volf,[20] teólogo de Yale, afirma existirem dois tipos de riqueza na vida: a "riqueza de ter" e a "riqueza de ser". A riqueza de ter é uma circunstância externa. A riqueza de ser, uma experiência interior. Via de regra nos concentramos na riqueza de ter. Achamos que a verdadeira felicidade está aí. Nossa língua reflete isso quando muitos "teres" pululam nossos pensamentos:

> Se ao menos eu tivesse a casa dos meus sonhos...
>
> Se ao menos tivesse um salário mais alto...
>
> Quando eu tiver um carro melhor...
>
> Quando eu tiver dinheiro suficiente para tirar as férias da minha vida...
>
> Se pelo menos eu pudesse ter segurança financeira/roupas mais bonitas/férias melhores/brinquedos mais reluzentes...

---

[20] VOLF, Miroslav. **Free of charge**. Grand Rapids: Zondervan, 2005, p. 109.

Buscamos a riqueza de ter, mas o que desejamos de fato é a riqueza de ser. Queremos nos sentir gratos, alegres, satisfeitos, livres de ansiedade e generosos. Lutamos pela riqueza de ter achando que ela produzirá a riqueza de ser, mas não é o que acontece.

No sentido de "ter", podemos ficar ricos trabalhando até tarde, investindo com astúcia e contando com muita sorte. Mas é possível *ter* um celeiro cheio de dinheiro, um navio carregado de talento, a beleza de uma estrela de cinema e ainda ser pobre. O poço sem fundo dos nossos desejos nunca será satisfeito. Não importa quanto tenhamos, permanecemos o que Volf chama de "pessoas insaciáveis". Para pessoas insaciáveis, não existe satisfação que perdure na alma. Vi um anúncio essa semana ostentando a seguinte mensagem: "Ontem eu não sabia que isso existia; hoje não posso viver sem ele". Essa é a doença da alma insaciável.

Por outro lado, podemos *ter* pouquíssimo e, no entanto, ser ricos. A alma rica experimenta a vida de maneira diferente. Prova um senso de *gratidão* pelo que tem recebido em vez de ressentimento pelo que não tem conseguido. Encara o futuro com esperança em vez de ansiedade. O apóstolo Paulo descobriu isso vivendo como amigo e companheiro de Jesus, o qual, "sendo rico, se fez pobre por amor de *nós*".[21] Esse mesmo Paulo conheceu a riqueza de ser. Tornou-se uma pessoa "mais-que-saciada". Descobriu que vivendo no luxo ou na prisão, tinha mais que suficiente, pois fora liberto da rotina do *ter*.[22]

A riqueza de ser está sempre disponível. A qualquer tempo posso buscar, com a ajuda de Deus, ser compassivo, generoso, grato e alegre. E os bens materiais ajudam-me nisso. Via de regra,

---

[21] 2Coríntios 8.9 (paráfrase do autor)

[22] Filipenses 4.12

no entanto, isso não quer dizer que vou procurar acumular mais bens. A riqueza de ter em geral implica obter mais coisas; a riqueza de ser costuma estar associada ao dar mais coisas. O objetivo de Jesus, de que sejamos "ricos para com Deus", envolve sempre a riqueza de ser.

Quando penso em ser rico e ter muito bens, penso em dois homens. Um deles fez parte de um ministério para jovens de vinte e poucos anos que minha esposa dirigia na Igreja da Comunidade de Willow Creek. Não é um grupo que pensa muito na morte. Quando você tem essa idade, acha que viverá para sempre. Eu costumava provocá-la dizendo que para atrair mais gente, ela só precisava ensinar sobre três assuntos: sexo, o fim do mundo e se haverá sexo no fim do mundo.

Então Larry Clarke morreu. Larry e eu frequentáramos a mesma faculdade. Com trinta e poucos anos, ele largou o emprego para que pudesse servir à igreja em período integral (sem salário). Nunca se casou, nunca teve casa, nunca tirou férias que lhe custassem muito dinheiro. Limitava-se a ajudar pessoas. Enxergava o potencial de cada uma delas. Convidava-as para participarem de grupos, aproveitando a oportunidade para fazer amigos e contribuir. Conseguia ver potencial em pessoas abatidas. Tinha um radar especial para detectar solitários. Dizia às pessoas em que acreditava que elas poderiam transformar-se.

Não muito tempo depois que Nancy assumiu o ministério, Larry, durante um retiro para líderes em Milwaukee, saíra para correr pelo centro da cidade no começo da manhã quando entrou na frente de um ônibus, foi atropelado e morreu. Sua perda foi devastadora para o grupo de líderes, mas nem eles faziam ideia do impacto que Larry vinha causando.

Larry foi velado na capela da igreja aquela semana. Ninguém sabia ao certo quantas pessoas compareceriam. Afinal de contas, Larry nunca se casara, não tinha filhos nem um emprego regular. Pois foi uma enchente de carros. O velório durou três horas. Apareceu tanta gente para passar junto ao caixão que a fila saía pela porta da capela e estendia-se por quarteirões; oitocentas pessoas enfileiraram-se ali para homenageá-lo.

No dia seguinte aconteceu o culto fúnebre. A capela de Willow Creek comporta quinhentas pessoas se abarrotada. Em pouco mais de uma década que servimos ali, vários cultos fúnebres aconteceram naquele lugar, até mesmo de pessoas consideradas importantes e conhecidas por suas grandes realizações. Só uma atraiu tanta gente que fez a capela transbordar a ponto de se ter de transferir o culto para o templo principal da igreja: Larry Clarke.

No culto e no velório, na recepção e nos corredores, pessoas e mais pessoas falavam de como sua vida fora tocada por Larry. Nenhuma das histórias relatava suas posses ou feitos. Todas falavam de sua capacidade de amar. Costumávamos nos perguntar como Larry conseguia dedicar tanto tempo aos outros sem ganhar nada. Durante o funeral, alguém mencionou tê-lo ouvido dizer certa vez que as pessoas ficariam surpresas se soubessem quanta comida boa, ainda fresca e bem embrulhada, era possível encontrar revirando os fundos do Supermercado Ralph's, onde a jogavam fora.

Naquela mesma década aconteceu o funeral de um homem chamado Armand Hammer. Aos 92 anos, presidia a Occidental Petroleum Company. Industrial e filantropo bilionário, o jornal *USA Today* chamou-o de "gigante do capitalismo e confidente de líderes mundiais". Sua história só veio a público depois que ele morreu. Edward Epstein,[23] cientista político com formação em Harvard, escreveu o livro *Dossier: The Secret History of Armand Hammer* [Dossiê: a história secreta de Armand Hammer], no qual relata que Hammer começou lavando dinheiro para o governo soviético e chegou a contratar *ghost-writers* para escrever autobiografias fictícias para ele. Ganhou muito dinheiro graças a uma série de casamentos fracassados. Deixou o pai ir para a cadeia devido a um aborto malfeito que ele próprio executara. Negligenciou o único filho e se escondeu de uma filha ilegítima. Não tinha amigos na empresa onde "mandava embora seus maiores executivos como se fossem meninos de recados".[24] Quando Victor, seu irmão, morreu, requereu na justiça seus direitos sobre 667 mil dólares do espólio de 700 mil, em vez de destiná-los aos filhos do irmão e à viúva, presa a um centro de recuperação.

Quando Hammer morreu, seu filho Julian não compareceu ao funeral do pai. Tampouco os membros das famílias de seus dois irmãos. Nem quase ninguém. Poucos dias após sua morte, a Occidental desvinculou-se dele (o sítio da empresa na *web* não o menciona em sua história). Quem carregou seu caixão foi seu motorista, seu enfermeiro e outros empregados de sua casa.

Um desses homens foi famoso, cortejado, rico, bem relacionado, poderoso, invejado e temido. O outro surrupiava comida dos fundos de um supermercado e era amado. Qual deles foi rico para com Deus?

É tudo coisa.

---

[23] In MAXWELL, John. **O sucesso de amanhã começa hoje**. São Paulo: Mundo Cristão, 2005.

[24] MAXWELL, op. cit.

Capítulo 9

Evite o arrependimento

E se na verdade minha vida,
minha vida consciente,
não tem sido o que deveria?
Leon Tolstoi[1]

Precisamos nos perguntar o que estamos fazendo (ou não) com nossas vidas agora que poderia conduzir a um profundo arrependimento. A vida segue sempre em frente; ela nunca volta. Feito um movimento, não há retorno.

Conheço poucos exemplos mais dramáticos de arrependimento que a vida do grande ensaísta e historiador escocês Thomas Carlyle.[2] Ele escreveu com eloquência sobre as ilusões de ser senhor do tabuleiro:

> Muitos homens apreciam a boa mesa, deleitam-se com as bebidas mais caras, mas, em seu coração, que incremento de bem-aventurança há? São melhores, mais belos, mais fortes, mais corajosos? São pelo menos o que denominam de "mais felizes"? Olham com satisfação para mais coisas e rostos humanos nesta Terra de meu Deus? Fazem mais coisas e rostos humanos olharem com satisfação para eles? Nada disso.

1 Tolstoi, Leon. **The Death of Ivan Ilyitch in The Works of Leo Tolstoi**, vol. 1. New York: Walter J. Black, 1928, p. 160.

2 In Botton, Alain de. **Desejo de status.** Rio de Janeiro: Rocco, 2005.

Ter consciência dessa verdade não garante que a viveremos. Poucos anos antes de redigir essas palavras, Carlyle casara-se com a secretária, Jane Welsh. Ela era muito inteligente e atraente e continuou a trabalhar para ele depois do casamento.

Algum tempo depois, Jane adoeceu. Carlyle, talvez um homem pouco tentado pelo dinheiro, tinha profunda dedicação ao trabalho. Não demonstrou perceber a saúde debilitada da esposa. Absorto nos próprios afazeres, permitiu que ela continuasse trabalhando. Acontece que Jane estava com câncer; com o tempo, acabou confinada a uma cama. Embora Carlyle a amasse de verdade, achava que não tinha muito tempo para ficar com ela, nem muita atenção para lhe dar.

Depois de vários anos assim, Jane morreu. O dia do seu enterro foi tempestuoso; transportaram-lhe o corpo ao cemitério debaixo de chuva e em meio a muita lama. Carlyle voltou então para uma casa perturbadoramente vazia de repente. Subiu ao quarto de Jane e sentou-se na cadeira junto à cama, a cadeira para a qual dispensara tão pouco tempo. Deparou com o diário da esposa repousando sobre a mesa-de-cabeceira. Pegou-o e começou a ler. Ela ocupara uma página inteira com uma única frase: "Ontem ele passou uma hora comigo e foi como se estivesse no céu; eu o amo tanto".

Uma realidade que de alguma forma fora cego demais para enxergar, agora se revelava com esmagadora clareza. Estivera ocupado demais para perceber o quanto significara para Jane. Pensou em todas as vezes em que se preocupara com seu trabalho e deixara de lhe dar atenção. Não a vira sofrer. Não a vira amar.

Thomas virou a página do diário de Jane. Leu as palavras que lhe despedaçariam o coração, que jamais seria capaz de esquecer: "Passei o dia inteiro de ouvidos atentos, procurando escutar os passos dele no corredor, mas já é tarde e acho que hoje ele não virá".

Leu um pouco mais do diário e então, devolvendo-o à mesa, saiu correndo de casa. Amigos acabaram por encontrá-lo de volta ao cemitério, ajoelhado na terra ao lado da cova de Jane, coberto de lama. Estava com os olhos vermelhos de tanto chorar; lágrimas escorriam por suas faces. "Seu eu soubesse, se eu soubesse", lamentava.

Após a morte da esposa, Carlyle ensaiou uma tentativa de voltar a escrever. O historiador viveu mais quinze anos, mas disse que os viveu "enfadado, entediado e quase recluso".

Impossível viver em modo reverso

Quando meu filho John era bem pequeno, adorava brincar com máquinas e bugigangas o tempo todo. Um dia, com 3 anos de idade, passou mais ou menos uma hora mexendo em um gravador. Por fim, ergueu os olhos para a mãe e disse:

– Mãe, você sabe qual é o problema da vida?

– Não, não sei. Qual o problema da vida?

Então aquele menino de 3 anos sentado no chão, depois de refletir muito, tanto sobre a tecnologia dos brinquedos Fisher-Price quanto sobre a condição humana, fez uma das observações mais profundas sobre a vida que já ouvi:

– O problema da vida – disse ele – é que ela não tem o botão de rebobinar.

Cada dia, cada segundo, carrega em si mesmo o próprio fim. O tempo é indiscutivelmente uma de nossas fontes não renováveis. "Onde foi parar o tempo?", perguntamos ao sentir que passamos o ano da maneira errada ou não demos muita importância a um grande presente. A resposta, claro, é que ele foi para o mesmo lugar de sempre. Ao fim de cada dia, mais um quadradinho do calendário transferiu-se da coluna do futuro para a do passado, da coluna da possibilidade para a da história. Todos os momentos podem ser lembrados, celebrados ou lamentados, jamais recuperados. A filósofa Simone Weil escreveu: "Todas as tragédias que somos capazes de imaginar podem ser reduzidas em uma apenas: a passagem do tempo".[3] A vida é desses jogos em que só se consegue andar para a frente.

A vida é desses jogos em que só se consegue andar para a frente.

O articulista especializado em medicina dr. Timothy Johnson escreve:

> Parte do prazer de se ler um romance está em não saber como ele acabará até chegarmos à última página – e então refletir em como os personagens poderiam ter vivido diferente se soubessem qual seria o final. Mas a vida real tem uma premência muito diferente da ficção; no fim, não pode ser mudada! "O *significado da vida é que ela acaba.*" Jamais conseguiremos imaginar como deveríamos ter vivido a menos que entendamos em plenitude a importância do fato de que ela terá fim. *Mas e então?*[4]

A vida não tem um botão para voltar a fita, razão pela qual precisamos tentar acertar já da primeira vez.

---

[3] WEIL, Simone, apud SERVAN-SCHREIBER, Jean-Louis. **A arte do tempo**. São Paulo, Cultura, 1991.

[4] JOHNSON, Timothy. **Encontrando Deus nas dúvidas**. Osasco: Novo Século, 2008.

Compromissos e convicções

Há algum tempo li um artigo cujo título não me saiu da cabeça: "Seus compromissos combinam com suas convicções?".[5] Todos nós temos convicções sobre o que mais importa na vida, o que nos é mais caro. Contudo, fazendo um balanço das nossas atividades rotineiras, com frequência encontramos uma lacuna entre o que valorizamos e o modo como despendemos nosso tempo, dinheiro ou energia. Ou seja, prevenir o arrependimento significa avaliar com sinceridade quais compromissos estão moldando nossas vidas.

Compromissos obrigatórios são ações ou escolhas feitas no passado que nos prendem a um determinado curso de ação futuro. Determinam a forma das nossas vidas. O compromisso supremo para o qual somos chamados é aquele em que Deus participa conosco. Todas as nossas pequenas escolhas envolvendo relacionamentos, trabalho e lazer devem ser moldadas e avaliadas levando-se em consideração de que modo eles nos ajudam a manter nosso grande e único compromisso. Com frequência, no entanto, resvalamos para outros compromissos que nos impedem de viver de acordo com nossos valores mais profundos. O apóstolo Paulo advertiu Timóteo dessa tendência: "Nenhum soldado se deixa envolver pelos negócios da vida civil, já que deseja agradar aquele que o alistou".[6]

Compromissos obrigatórios apresentam-se em sabores variados. Às vezes são *dramáticos*. Por exemplo, formar-se no ensino médio e escolher uma faculdade, casar-se e mudar de emprego ou de profissão, tudo isso envolve compromissos de grande

---

[5] Sull, Donald; Houlder, Dominic. "Do Your Commitments Match Your Convictions?". **Harvard Business Review**, janeiro 2005, p. 82-89.

[6] 2Timóteo 2.4

dramaticidade. Uma vantagem dos compromissos dramáticos é serem fáceis de reconhecer. Mas nem sempre levamos em consideração os custos neles embutidos. Às vezes a compra de uma casa representa uma hora a mais no trânsito, considerando o trajeto de ida e volta ao trabalho. As pessoas enxergam os metros quadrados a mais que essa compra proporcionará, mas não veem o custo disso, inserido na perda de tempo com a família.

Na maioria das vezes os compromissos a que nos prendemos são parte de uma *rotina*. Posso aceitar uma tarefa ou dizer sim à oferta de alguém para trabalhar em um comitê. Posso oferecer-me para servir na minha igreja ou dirigir uma classe ou assumir novas responsabilidades no trabalho. Por mais banais que os compromissos rotineiros pareçam, não subestime-lhes o poder. Qualquer pai ou mãe que já inscreveu um filho de 5 anos no time de futebol da escola conhece o potencial para aumentar as viagens de carro desse compromisso rotineiro. Existem cultos que demandam menos tempo das pessoas que os campeonatos de futebol.

Alguns compromissos são *não-verbais*. Dentre eles pode-se citar o compromisso com a ambição, o conforto ou o aprendizado. Talvez com jogar golfe, andar de motocicleta ou passar tempo em uma sala de bate-papo. Os vícios são todos formas de compromisso não verbal. Uma das descobertas mais surpreendentes na recuperação de viciados é como a dependência lhes consome um tempo enorme, quer esteja relacionada ao sexo, compras ou o uso de substâncias químicas. Os vícios roubam as horas não só em que a pessoa se entrega a eles, mas também quando fantasia com eles, quando os financia, encobre ou lamenta. Não são apenas hábitos que nos envergonham; privam-nos de nossas vidas.

Nosso principal compromisso não verbal, claro, é ver TV. De acordo com as estatísticas, nos Estados Unidos os adultos passam em média quatro horas por dia assistindo à TV.[7] Maridos e mulheres gastam três ou quatro vezes mais tempo com a TV do que conversando um com o outro. Acaba tornando-se um hábito levemente viciante.

Talvez em nenhuma outra parte seja maior a distância entre convicções e compromissos do que no ambiente familiar. Os pais gastam, em média diária, quatro horas vendo TV, uma hora fazendo compras e seis minutos brincando com os filhos.[8]

Os compromissos dramáticos recebem a maior parte da nossa atenção, mas a rotina e os compromissos não verbais são aqueles que dirigem a nossa vida. Por serem muitos, diários e parecerem pequenos quando considerados um a um, não sentimos a lacuna que começa a se formar entre o que dizemos ser importante para nós e o que de fato estamos fazendo com nossa vida. Jesus deixou claro o objetivo do jogo ao dizer para amarmos o Senhor nosso Deus de todo o nosso coração, alma, entendimento e força, e amarmos o próximo como a nós mesmos. Deus e as outras pessoas são o que importam.

Para nos ajudar a "cair na real", vejamos as quatro categorias de arrependimento comuns quando as pessoas chegam ao fim de suas vidas. (Lembre-se, estamos participando de um jogo que não tem volta para ninguém.) E então poderemos perguntar onde é mais necessário reajustarmos nossa vida à prevenção do arrependimento:

---

7 PUTNAM, Robert. **Bowling Alone**. New York: Simon & Schuster, 2000, cap. 13.

8 *All-Consuming Passion: Waking Up from the American Dream*. New Road Map Foundation. Disponível em <http://www.scn.org/earth/lightly/karvsacp.htm>. Acesso em: 20 mar. 2007.

- Teria amado mais profundamente.
- Teria dado risada com mais frequência.
- Teria sido mais generoso.
- Teria sido mais ousado na vida.

Teria amado mais profundamente

Patrick Morley escreve que, quando jovem executivo, cultivava o hábito de perguntar aos mais velhos do que se arrependiam. No topo da lista vinha sempre: "Vivi tão ocupado tentando melhorar o padrão de vida da minha família que, quando dei por mim, meus filhos tinham crescido e partido, sendo que não tive nem a chance de conhecê-los. Agora estão ocupados demais para me darem atenção".[9]

Alguns fatos trazem embutido um senso de urgência. Um telefone tocando. O prazo final para entrega da declaração de IR. Um nível de colesterol na casa dos 413. Já o chamado para amar raras vezes é urgente. Será que perdi a oportunidade de me sentar no chão com meu filho e jogar com ele, ou ler um livro, ou ouvir seu relato de como foi o dia na escola? Haverá tempo para isso quando as coisas acalmarem. Faz algum tempo que tive a última conversa profunda com um amigo de verdade? Sempre posso dar um jeito nisso amanhã. Existe uma habilidade que adoraria adquirir, um presente que me sinto chamado a dar? Confortaria o coração dos meus pais se reservasse um tempo para expressar-lhes meu amor? Uma voz dentro de mim sussurra um chamado para conhecer melhor a Deus, ou orar em maior profundidade, ou dedicar algum

---

9 MORLEY, Patrick. **The Man in the Mirror**. Grand Rapids: Zondervan, 1997, p. 111.

tempo e energia a uma causa maior do que eu mesmo? *Um dia*, reflito, *quando minha vida não estiver tão ocupada.* E então o dia passa. "Por que não lhe ensinam que o tempo é um estalar de dedos e um piscar de olhos, e que você não deveria deixar nem um momento sequer passar sem tomar nota dele, cheio de alegria e êxtase, sem perder um único instante de sua desabalada carreira?".[10]

Um dia, reflito, quando minha vida não estiver tão ocupada.

Você dispõe do dia de hoje. Mary Jean Irion escreveu "Gift from a Hair Dryer [O presente de um secador de cabelo]", reflexões de uma mãe ao pentear o cabelo da filha de 7 anos após o banho:

> Pentear e secar, secar e pentear. *Logo não poderei mais fazer isso*, você pensa, sabendo que esse cabelo reto e liso dará lugar a feios bobes e penteados refinados de uma mulher adulta. Que aparência ela terá aos 14 anos? Por onde seu cabelo balançará ao vento então? E aos dezesseis ou dezoito? Imagina que os rapazes adorarão ver-lhe o cabelo balançar como acontece com você hoje. Alguns deles o sentirão contra o rosto, e um se casará com ela, e o cabelo dela ficará perfeito debaixo do véu, e se espalhará por cima do travesseiro dele... Ó, você já o odeia um pouco enquanto tenta imaginar onde andará neste momento e se será bom para com sua filha... Eles envelhecerão juntos... O cabelo castanho dourado ficará grisalho. Você já terá partido e depois será a vez dela... O mesmo cabelo que agora seus dedos alisam...

---

[10] Conroy, Pat. **A última temporada**. Rio de Janeiro: Record, 2005.

> Por um instante, todas as lágrimas do mundo nadam em seus olhos enquanto você desconecta o plugue da tomada de repente e a toma em seus braços, enterrando o rosto nos cabelos quentes como se pudesse imortalizar esse momento.[11]

Claro que não pode. Os momentos passam correndo, os anos voam – e é impossível controlá-los. Um dia o fim chegará e nem isso conseguimos controlar. Mas a boa notícia é que, à luz da eternidade, cada dia que vivemos, cada gesto de amor, passa de bem potencial para bem realizado e jamais se perde, por toda a eternidade.

Com frequência grande demais a lucidez só vem com a idade. Já um homem velho, Malcolm Muggeridge escreveu:

> Hoje em dia, quando olho para trás, o que mais me impressiona é que o que na época parecia mais importante e sedutor agora parece mais fútil e absurdo. Por exemplo, o sucesso em seus vários matizes; ser conhecido e elogiado; os prazeres ostensivos como ganhar dinheiro ou seduzir as mulheres... Em retrospecto, todos esses exercícios de autogratificação parecem pura fantasia, aquilo que Pascal chamou de "lamber terra".[12]

Mas o amor você pode levar consigo.

Teria dado risada com mais frequência

Uma de minhas cenas favoritas do filme *Amigos, Sempre Amigos* mostra Billy Crystal desanimado na frente da classe do filho,

---

11 Publicação desconhecida.

12 MUGGERIDGE, Malcoln, apud COVEY, Stephen R. **Os 7 hábitos das pessoas altamente eficazes**. São Paulo: Best Seller, 2005.

decidido a dar-lhes uma lição que talvez aqueles alunos não estejam prontos para aprender.

> Valorizem essa época de suas vidas, crianças, porque esta é a época em que vocês ainda têm escolhas, e tudo passa depressa demais. Quando você é adolescente, acha que pode fazer qualquer coisa, e faz mesmo. Aos 20 anos, tudo é mais confuso. Aos 30, você constitui uma família, ganha algum dinheiro e pensa: *O que aconteceu com os meus 20 anos?* Aos 40, você desenvolve uma pequena barriga, ganha mais um queixo. A música começa a tocar alto demais e uma de suas ex-namoradas do segundo grau já é avó. Aos 60, você passa a maior parte do tempo perambulando pelas lojas a procura da última palavra em iogurte e resmungando: "Por que será que as crianças nunca telefonam?". Alguma pergunta?

A descrição talvez lhe soe familiar porque é uma lição do Eclesiastes. Um Salomão pesaroso apresenta-se diante da classe e indaga:

> O que o homem ganha com todo o seu trabalho em que tanto se esforça debaixo do sol? Gerações vêm e gerações vão, mas a terra permanece para sempre. [...] Os olhos nunca se saciam de ver, nem os ouvidos de ouvir. [...] Tenho visto tudo o que é feito debaixo do sol; tudo é inútil, é correr atrás do vento!".[13]

Alguma pergunta?

Mas existe uma outra possibilidade: pecado, morte e culpa têm sido vencidos mesmo, mas não graças a nós. *Evangelho* significa "boas-novas" de verdade. A alegria do Senhor é mesmo nossa força. Frederick Buechner assim explica:

---

[13] Eclesiastes 1.3-4,8,14

> A piada boa é aquela que pega você de surpresa – como Deus faz, por exemplo. Quem haveria de imaginar que Israel, dentre todas as nações, seria aquela que Deus escolheria, ou que Sara teria Isaque aos 90 anos, ou que o Messias apareceria em uma manjedoura? Quem seria capaz de prever a existência do ornitorrinco de bico de pato, ou de São Simeão Estelita, que passou trinta e sete anos em cima de uma torre para ficar mais perto de Deus, ou da figura que hoje ocupa o púlpito da Primeira Igreja Presbiteriana? [...] Quando Deus se move de verdade, até as estrelas da manhã prorrompem em cantos e todos os filhos dele produzem grande alarido de alegria.[14]

Teria sido mais generoso

Thomas Lynch, um agente funerário/poeta, escreveu um livro surpreendentemente arguto chamado *The Undertaking: Life Studies from the Dismal Trade* [Serviços funerários: estudos sobre a existência a partir de um comércio sombrio].[15] Ele conta que as pessoas costumam instruí-lo quanto ao tipo de funeral que desejam. Sua reação costuma ser sempre a mesma: "Morto não se importa". Uma dessas pessoas é um sacerdote irlandês rico e sofisticado, acostumado a circular de carrão e que vive de olho no emprego do cardeal. "Nada de caixão de bronze para mim", disse ele a Lynch no cemitério certo dia. "Nada de orquídeas ou rosas ou limusines. Quero um caixão de pinho simples, uma missa tranquila e breve, e uma cova de indigente. Nada de pompa e circunstância".

O sacerdote imagina o próprio cadáver como um modelo de piedade e simplicidade. Comove-se com a ideia de ter escolhido

---

[14] BUECHNER, Frederick. **Beyond Words**. San Francisco: HarperSanFrncisco, 2004, p. 162.

[15] LYNCH, Thomas. **The Undertaking:** Life Studies from the Dismal Trade. New York: Penguin, 1997.

uma despedida tão humilde e austera, na verdade. Lynch salienta que não precisa esperar até morrer; pode adotar um pouco de simplicidade na vida hoje mesmo. Abandonar o *country club* e diminuir um pouco as conexões públicas; trocar o carrão por um Chevrolet usado; abrir mão das botas de pelica, dos *cashmeres* e do filé mignon. Lynch se oferece para ajudá-lo com isso, a distribuir suas economias e cartões de crédito entre os pobres da paróquia que o mereçam. Depois, quando o dever chamar, por mais triste que seja, enterrá-lo de graça de um modo ao qual, até lá, estará acostumado. Sua sugestão não foi recebida com entusiasmo.

"Eu só estava tentando dizer ao sujeito que, claro, ser um santo morto não é mais vantajoso que ser um peixe morto. Viver é o que interessa, e sempre será. [...] Esse é o fato central do meu negócio – não há nada que se possa fazer para ou com você, depois que você morreu, que lhe faça algum bem ou mal. [...] *Morto não se importa.*"[16]

Faça-se a seguinte pergunta: "Se eu fosse morrer, será que teria algum arrependimento relacionado aos meus bens materiais?". A hora de começar é agora.

Teria sido mais ousado na vida

Um amigo meu trabalha como músico profissional. Durante anos ganhou a vida na estrada, apresentando-se aqui e ali. Estava alcançando um sucesso cada vez maior quando, há três anos, tornou-se pai. Continuou passando metade do tempo na estrada. Quando sua filha completou um ano de idade, percebeu que ela mal o conhecia. Sabia que precisava mudar isso, mas a ideia o assustava. E se o trem da sua carreira descarrilasse? E se ficar em casa mais tempo tornasse a vida mais difícil?

[16] Idem, ibidem, p. 7.

Arranjou emprego como chefe do departamento de música de uma universidade. Ainda se apresenta, mas agora viaja bem menos do que fazia em outras épocas. Seu relacionamento com a filha tem se tornado fonte de orgulho e uma alegria que de outra forma jamais teria conhecido. Precisou sim abrir mão de alguns sonhos antigos, mas desde então já gravou um CD campeão de vendas e foi indicado para o Grammy. Acima de tudo, reconhece que a filha crescerá um ser humano diferente agora do que aconteceria se tivesse um buraco no coração, no lugar que deveria ser ocupado pelo pai. No fim da vida, terá um título que significa muito mais do que o de Estrela do Rock. O título de pai.

Não espere por uma crise

Um dos motivos pelos quais a maioria de nós precisa se perguntar como reordenar nossas vidas para evitar o arrependimento é que sofremos de "aversão a compromisso". Compromissos asquerosos são uma praga que infestam o gramado da nossa vida. Multiplicam-se sem a nossa permissão ou consciência. Não são biodegradáveis; não se decompõem como folhas caídas no meio da floresta. Duram gerações, como as sacolas plásticas e os copinhos de isopor.

Compromissos asquerosos são uma praga que infestam o gramado da nossa vida. Multiplicam-se sem a nossa permissão ou consciência.

Esse problema, por sua vez, cria uma condição denominada "inércia ativa". As pessoas tendem a se apegar a antigos compromissos, mesmo quando já deixaram de fazer sentido; mesmo quando se tornaram prejudiciais para nossa saúde ou bem-estar, até para nossa alma. Em geral isso segue assim até entrarmos em uma crise. Só então achamos tempo para mudar.

O pai ocupado demais, cuja filha negligenciada foge de casa e é tragada pela drogas, de uma hora para outra encontra tempo para correr o país a procura dela. São semanas despendidas na busca de clínicas e centros de reabilitação.

O casal ocupado demais um para o outro de repente encontra quantidades enormes de tempo para se aconselhar e consultar advogados e pagar custas judiciais e procurar um apartamento quando um casamento acaba.

O homem ou mulher de negócios que foi "obrigado" a tomar atalhos e aparar arestas para se manter competitivo, desconsiderando por completo a ética, de súbito acha tempo para refletir sobre o que é certo e errado e tentar imaginar porque estava vivendo debaixo de tanta pressão quando o mandaram embora por má administração.

O viciado em trabalho, o viciado em correria, alguém que precisa conquistar coisas por compulsão, de repente encontra 24 horas no dia para questionar qual o verdadeiro significado da vida quando o resultado de um exame laboratorial requisitado por seu médico traz impressa a palavra "maligno".

Um dia, claro, enfrentaremos a crise definitiva. Nossa vida terrena acabará e nos apresentaremos diante de Deus. A história de Jesus sobre o rico tolo é um relato da vida de um homem que ruma para a crise sem prestar atenção, do capitão que admira a beleza de seu iate de cinco metros antes de mergulhar nas cataratas do Niágara. Se esperarmos tempo suficiente, a crise virá. Ela sempre vem. Mas é melhor não esperar.

Temos o momento presente

Uma verdade é incontestável: o tempo não diminuirá a velocidade e nós nunca seremos capazes de repetir o que passou. Não conseguimos tocar de novo, Sam.

Lembro quando viajávamos de carro e minha avó contava histórias de muitos anos antes em St. Francisville. Costumava falar de uma velha senhora da igreja em que fora criada; vovó pegava a pele flácida do pescoço e balançava de modo que pudesse imitar o vibrato da mulher que estava descrevendo. Lembro-me que ficava pensando: A *vovó não sabe que* ela *também é uma velha?*

Avanço rápido por quarenta anos. (A vida não tem botão de avanço rápido.) Estou em um avião para o Canadá e no assento ao lado vai um menino de 4 anos chamado Bobby, falante como ele só. Bobby se vira para mim e diz:

– Ei, meu senhor... O senhor é velho!

– Sim – respondi –, tem razão. E se você continuar falando com as pessoas desse jeito, esse é um problema que nunca terá.

Os dias passam devagar mas os anos, rápido demais. A vida não tem o botão de rebobinar.

COMO JOGAR

CAPÍTULO 10

SIGA AS REGRAS

O primeiro passo para avançar
é deixar alguma coisa para trás.
GEORGE MACDONALD[1]

Todo jogo vem acompanhado de um conjunto de regras. Proibido cuspir na bola antes de arremessá-la. O jogo deve seguir de onde a bola cair. O jogo está circunscrito ao perímetro das bases. Proibido golpear abaixo da cintura. Proibido surrupiar dinheiro do banco quando ninguém estiver olhando. Nada de dar as cartas a partir da parte de baixo do monte. Não jogue areia no juiz. Quebrar as regras sempre traz consequências. Dois cartões amarelos e você está expulso. Jogar sujo dentro da grande área lhe custará uma cobrança de pênalti.

Às vezes as pessoas extrapolam um pouco os limites das regras, em especial quando envolvem outras pessoas. Alguns adeptos do golfe vivem para descobrir uma violação na TV e ligar para denunciar o transgressor aos juízes do torneio. O livro de regras do críquete tem uma interessante (item 10 da regra 42 – para provar que não estou inventando): "10. DESPERDÍCIO DE TEMPO: O desperdício de tempo será considerado injusto".[2] Tendo em vista que

[1] MACDONALD, George. **Knowing the Heart of God**. Minneapolis: Bethany House, 1990, p. 116.

[2] BRONSON, Eric (ed.). **Baseball and Philosophy**. Chicago: Open Court, 2004, p. 73.

uma única partida de críquete pode durar décadas, isso parece difícil de ser levado em consideração. Teddy Roosevelt, para quem quase toda escolha continha implicações morais, opunha-se ao beisebol por acreditar que lançar uma bola em curva era enganoso e, portanto, antiético. Jogadores honestos atiram-nas retas.

Com frequência bem maior encontramos modos de contornar as regras. Revestimos de cortiça o taco de beisebol, tomamos esteróides, contamos histórias absurdas envolvendo a pontuação que alcançamos no golfe e desaparecemos com peças de Palavras Cruzadas sem que ninguém veja. Tentamos ocultar nossa desonestidade, às vezes até de nós mesmos. Sempre os jogos testam nossa integridade. Temos palavras para quem alcança a vitória: *vencedor, campeão.* Mas não temos nem sequer uma para quem respeita as regras. Essas regras nos conduzem a uma questão mais profunda – a questão do caráter. Se formos espertos o bastante, talvez consigamos achar um jeito de passar à margem das regras – o que não impede que violemos nosso caráter.

Penny Baxter descobriu um modo engenhoso de mentir dizendo a verdade. Ele é o herói do romance *The Yearling* [O filhote] de Marjorie Rawlings. Tinha um cão de caça inútil do qual queria se livrar. No vale do rio Ocklawaha, todos se vangloriavam do cachorro que tinham. Assim, quando Penny Baxter começou a falar em tom de desprezo do cachorro na loja da cidadezinha, cabeças se voltaram em sua direção. Ninguém nunca ouvira alguém dizer a pura verdade sobre seu cão.

Lemm Forester concluiu que Penny só podia estar tentando esconder que na verdade tinha um grande cão de caça. Por isso foi até a casa de Penny no dia seguinte com uma bela espingarda para propor uma troca. Penny protestou dizendo que o cachorro não valia nada; Lemm insistiu: "Não discuta comigo. Aceite a arma por ele ou virei roubar seu cachorro".

Tudo funcionou exato como Penny previra, mas ele se sentiu culpado. Seu filho tentou tranquilizá-lo: "Ora, pai, o senhor só disse a verdade".

"Sim, filho, minhas palavras foram honestas, mas minha intenção foi tortuosa como o rio Ocklawaha".[3]

Podemos usar de artifícios na tentativa de contornar as regras se quisermos e até podemos nos dar bem com isso. Talvez consigamos convencer até a nós mesmos. Mas não há como lançar mão de artifícios para evitar a integridade. Aristóteles disse há muito tempo que a questão central não é apenas "O que devo fazer?" mas "Que tipo de pessoa devo me tornar?".

Quando jogo, sou o tipo de pessoa em que os outros sabem poder confiar? Confiam em mim — não porque sei ganhar-lhes a confiança, mas porque me comporto realmente de modo digno de confiança? "SENHOR, livra-me dos lábios mentirosos e da língua traiçoeira!".[4]

Problemas com a integridade começam cedo e vão fundo

Há algum tempo, vivemos um momento de conflito dentro do carro. Eu tinha certeza de que um dos meus filhos se excedera em determinada questão, mas eles negavam. Não tinha uma prova concreta, mas a evidência circunstancial era esmagadora.

---

[3] In SMEDES, Lewis. **A Pretty Good Person**. Grand Rapids: Eerdmans, 1990, p. 78,79.

[4] Salmos 120.2

Promovi uma acareação cruzada, tentando fazer com que aquele filho cedesse, mas ele foi bastante astuto. Em determinado momento voltou-se para mim, olhar vago revelando mágoa profunda, e disse-me com voz trêmula:

– Papai, o senhor não acredita que eu seria capaz de mentir para o senhor, não é?

Minha reação foi responder que essa ideia nem me passara pela cabeça. Mas então parei e, pensando melhor, disse:

– Se eu acredito nessa hipótese? Claro que sim. Eu minto. Sua mãe também mente. Todo o mundo que conheço mente. Até na história americana há um relato famoso em que George Washington corta uma cerejeira. Quando o pai lhe perguntou quem tinha feito aquilo, dizem que ele respondeu: "Não posso mentir; fui eu". Essa história constou de uma biografia escrita por Parson Weems no século XIX – só que não passava de invenção. O mais famoso relato nos Estados Unidos sobre a importância de não mentir nunca era uma mentira. Qualquer pessoa que diz não mentir nunca está mentindo. Em linhas gerais, acho que vocês dizem a verdade a maior parte do tempo, mas lógico que acredito que também são capazes de mentir.

O banco traseiro ficou em profundo silêncio.

Questões de integridade surgem o tempo todo. Políticos inventam promessas; operadores de *telemarketing* tentam ludibriar os velhinhos, funcionários de escritório cometem todo tipo de crime; quem procura emprego recheia demais o currículo; lojas de reparos incrementam as contas que apresentam; estudantes roubam trabalhos da Internet para a escola; cônjuges mentem um para o outro sobre dinheiro ou fidelidade; adolescentes mentem para os pais para não revelar onde estiveram, e pais descumprem promessas feitas aos filhos. As pessoas fazem essas coisas embora saibam o que as Escrituras dizem: "Portanto, cada um de vocês deve abandonar a mentira e falar a verdade ao seu próximo".[5] "Não mintam uns aos outros, visto que vocês já se despiram do velho homem com suas práticas."[6] "O SENHOR repudia balanças desonestas, mas os pesos exatos lhe dão prazer."[7]

Grande parte das vezes estamos tão ocupados declarando nossa inocência – "O senhor não acredita que eu seria capaz de *mentir*, não é?" – que nem percebemos nossa falta de integridade.

Estamos tão ocupados declarando nossa inocência — "O senhor não acredita que eu seria capaz de *mentir*, não é?" — que nem percebemos nossa falta de integridade.

Quando diz para alguém "Pode deixar, orarei por você", não acontece sempre de você se esquecer de fazê-lo?

Você nunca pôs a culpa por chegar tarde no trânsito ou em uma demora inevitável quando você apenas não saiu cedo o suficiente de casa?

Já aconteceu de dar uma desculpa no trabalho quando na verdade você estava apenas enrolando?

Já assumiu um compromisso e não o cumpriu até o fim?

Já levou material da empresa para casa, ou pediu para emitirem uma nota a ser ressarcida em valor maior do que você de fato gastou, ou declarou ao imposto de renda menos do que recebeu no ano

5 Efésios 4.25

6 Colossenses 3.9

7 Provérbios 11.1

anterior? O especialista financeiro Larry Burkett avalia que no mínimo 50% das pessoas que afirmam ser cristãs costumam trapacear na declaração do imposto. O IR mantém uma conta informalmente conhecida como "conta dos fraudadores", para a qual quem se sente com a consciência culpada pode mandar dinheiro que sabe dever. Uma história antiga conta que a receita federal americana certa ocasião recebeu uma carta com os seguintes dizeres: "Minha consciência está me incomodando por causa dos impostos fraudados, por isso estou lhes enviando 10 mil dólares. Caso minha consciência não melhore, mandarei o resto que devo".

Queremos seguir as regras, mas estamos prontos para quebrá-las se acreditarmos que não seremos pegos e que basta fazer isso para sermos vencedores. Estamos prontos para trapacear se for preciso para "nos darmos bem". A viagem rumo à integridade requer o cultivo de um desejo: tenho de querer ser bom mais do que me dar bem. Isso exige uma decisão: escolherei jogar com integridade e perder em vez de trapacear e vencer. Isso requer uma crença: não posso ser bem-sucedido no que faço e fracassar no que sou. O psicólogo Martin Seligman escreve:

> A crença de que podemos contar com atalhos para a felicidade, alegria, enlevo, conforto e êxtase, em vez de nos qualificar para esses sentimentos pelo exercício de forças e virtudes pessoais, conduz-nos às legiões de pessoas que, em meio a grande riqueza, passam fome espiritual. A emoção positiva alienada do exercício do caráter leva ao vazio, à inautenticidade, à depressão e, à medida que envelhecemos, à percepção inquietante de nos remexeremos até morrermos.[8]

---

[8] Seligman, Martin. **Felicidade autêntica**. Rio de Janeiro: Objetiva, 2004.

Integridade não é o mesmo que saber as regras

Nosso problema em geral não é o desconhecimento das regras, mas o fato de não vivermos o que sabemos. Um homem vai no seu carro seguido muito de perto por uma mulher com pressa. Aproximando-se de um cruzamento, o semáforo fica amarelo e ele aciona o freio. A mulher atrás dele perde a cabeça. Buzina, grita sua frustração em termos incertos, faz um discurso bombástico e gesticula.

Ela está no meio da altercação quando alguém bate em sua janela. Ergue os olhos e depara com um policial. Ele a convida a sair do carro e a leva até a delegacia, onde a mulher é investigada e colocada em uma cela, não sem antes lhe colherem as digitais. Duas horas mais tarde ela é libertada e o policial que a prendeu entrega-lhe os pertences pessoais dizendo: "Sinto muito pelo engano, senhora. Parei atrás do seu carro quando a senhora estava buzinando, fazendo gestos ofensivos e gritando palavrões. Vi o adesivo 'O que Jesus faria?' no seu parachoque, o suporte para a placa com os dizeres 'Escolha a vida', outro adesivo, 'Siga-me até a escola dominical', e o emblema do peixe cristão na porta do porta-malas. Presumi então que a senhora havia roubado aquele carro".

O mundo está cansado de pessoas com adesivos cristãos no carro, sinais do peixe cristão na porta do porta-malas, livros cristãos na estante, estações cristãs tocando no rádio, joias em forma de símbolos cristãos no pescoço, vídeos cristãos para os filhos e revistas cristãs sobre a mesa do centro sem na verdade ter a vida de Jesus impregnada nos ossos ou o amor de Jesus em seus corações.

Integridade não é o mesmo que reputação

Fomentar uma reputação de integridade não é o mesmo que tê-la. Jesus é a única pessoa do Novo Testamento a usar a palavra *hipócrita* (do grego *hypocritos*) para descrever quem não pratica o que prega. Existe uma imagem por trás dessa palavra.

Há pouco tempo arqueólogos escavaram uma grande cidade chamada Séforis, construída em grande parte por Herodes quando Jesus era menino. Podia ser vista da colina sobre a qual estava localizada a pequena aldeia de Nazaré. Abrigava um anfiteatro gigantesco, o qual Jesus pode bem ter ajudado a construir quando jovem.

Os atores que encenavam peças ali eram chamados de *hipócritas*. Usavam máscaras para que a plateia identificasse os personagens que representavam. No final da peça, despiam-nas e perguntavam se o público gostara da encenação o suficiente para aplaudi-los enquanto se retiravam do palco.

Judeus devotos não compareciam a tais espetáculos por considerá-los pagãos. De modo que a palavra *hipócritas* não aparece em nenhum outro lugar das Escrituras. Quando jovem, no entanto, é provável que Jesus tivesse familiaridade com a cena. E o tormento que ela significava para os líderes religiosos que se consideravam piedosos – e por isso jamais iriam ver uma peça dessas – era duplamente doloroso.

Entendo de *hipocrisia*. Lutei contra ela a vida inteira. Às vezes, quando jovem, ficava sozinho em casa vendo TV. Se ouvia um carro estacionar na entrada da garagem, mais que depressa desligava o aparelho, de modo que quando algum membro da minha família entrasse, tivesse a impressão de que eu me dedicava a algo mais produtivo. Digo "quando jovem" mas a verdade é que ainda ajo assim. Na adolescência, fingia para minha família que não estava tão interessado assim em garotas e em namorar, que andava ocupado com coisas mais importantes. Aparentava ser muito mais confiante do que na verdade me sentia, quase como se não me preocupasse com a possibilidade de ser rejeitado pelas garotas.

Quando disputava torneios de tênis, queria tanto vencer que às vezes alegava ter visto a bola quicar fora da quadra, mesmo sabendo que batera dentro. Lembro-me de um grande torneio em que tínhamos um juiz capaz de se deixar influenciar por afirmações controversas. Sustentei que uma bola batera fora da quadra quando sabia que fora dentro, mas meu oponente confiava demais em mim para questionar o que eu dizia.

Lembro de ficar sentado em sala de aula fazendo provas e querendo tanto obter uma boa nota que era capaz de colar da colega do lado para conferir a resposta que ela dera. Uma vez, em uma aula de matemática, o professor me pegou e mandou que eu continuasse na sala depois que a aula terminasse para conversarmos sobre o assunto. Respondi de um jeito que até hoje me parece estranho: argumentei que mesmo se tivesse errado aquela resposta em particular, a nota da minha prova permaneceria a mesma. Ao que ele retrucou, lógico, dizendo não ser essa a questão. Achava que deveria me preocupar mais com o fato de ter trapaceado. Senti-me humilhando quando disse isso. Mas até hoje não tenho certeza se me doeu mais o que fiz ou o fato de ter sido apanhado. Acho que como as pessoas me viam importava mais para mim do que quem eu era de fato por dentro. Talvez preferisse trapacear em segredo e desfrutar das vantagens de ser considerado mais inteligente do que era a agir com honestidade e correr o risco de tirar notas um pouco mais baixas. Até hoje não consigo falar sobre esses acontecimentos sem sentir uma dor no peito pelo que tais acontecimentos revelam sobre o meu caráter. A hipocrisia, alguém já disse, é a homenagem que o vício presta à virtude. É também a dor que os atores sentem quando o aplauso morre.

Quebramos regras – violamos a vontade de Deus – por considerarmos que isso nos ajudará as vencer, ou pelo menos nos eximirá da dor. No entanto, não vemos que justo o fato de quebrar essas regras nos transforma no tipo de pessoa cada vez mais incapaz da gratidão e pureza de coração necessárias para se alcançar a felicidade duradoura e o sentido possível. Estritamente falando, não posso quebrar as *regras*. Elas resistem, pois refletem o modo como as coisas são. No máximo consigo quebrar a mim mesmo contra elas.

Estritamente falando, não posso quebrar as *regras*.
Elas resistem, pois refletem o modo como as coisas são.
No máximo consigo quebrar a mim mesmo contra elas.

"Evitar o pecado" não é o mesmo que integridade

O melhor discurso já proferido sobre o aspecto da bondade foi o de Jesus naquele se que tornou conhecido como o Sermão do Monte. Ele começa com uma seção chamada de bem-aventuranças: "Bem-aventurados os pobres em espírito, pois deles é o Reino dos céus. Bem-aventurados os que choram, pois serão consolados" e assim por diante.[9] As pessoas adoram isso. Gravam essas palavras em placas e penduram-nas em seus lares.

Em seguida Jesus descreveu a humanidade redimida: "Vocês são o sal da terra. [...] Vocês são a luz do mundo".[10] As pessoas adoram isso. Gravam essas palavras em quadros e penduram-nas em suas casas.

[9] Mateus 5.1-12

[10] Mateus 5.13,14

Depois falou da ira e da luxúria presentes no coração humano, e advertiu: "Se o seu olho direito o fizer pecar, arranque-o e lance-o fora. [...] E se a sua mão direita o fizer pecar, corte-a e lance-a fora. É melhor perder uma parte do seu corpo do que ir todo ele para o inferno".[11] Esse é difícil ver pendurado em uma parede. Ficaria estranho. Mas vale a pena meditar no que Jesus está querendo dizer aqui. Está propondo de verdade a amputação de partes do corpo como estratégia para o crescimento espiritual?

Às vezes as igrejas têm cerimônias de apresentação de novos membros como parte do culto. Deveriam ter cerimônias de "desmembramento" também? "Andei fofocando um pouco demais — na semana que vem minha língua será arrancada".

Acho que não. Acho que Jesus está envolvido em uma discussão mais básica sobre o que torna alguém bom aos olhos de Deus. As pessoas costumam definir bondade em termos de evitar o pecado. Para escribas e fariseus, significava não desobedecer a Torá. Não quebrar as regras.

De modo que se integridade quer dizer evitar o adultério, basta que eu fuja de todas as mulheres. Nos dias de Jesus, essa era a estratégia de um grupo conhecido como "mestres cegos e sanguinolentos", porque eles além de jamais dirigirem a palavra a uma mulher, também fechavam os olhos quando uma delas entrava em seu campo visual. Passavam o tempo todo caindo das calçadas e trombando contra as edificações.

No plano de modificação comportamental, defino integridade como "evitar o pecado". Enquanto não me envolver em comportamentos proibidos, creio estar no rumo certo. Jesus diz: "Se o objetivo de Deus para sua vida é que você evite o pecado,

---

[11] Mateus 5.29,30

eis aqui uma boa ideia: arranque fora toda parte do seu corpo capaz de cometer qualquer tipo de erro e você fará entrar no céu um toco mutilado".

Essa abordagem me faz lembrar de uma cena de um filme chamado *Monty Python e o cálice sagrado*. O rei Artur é abordado pelo Cavaleiro Negro, que tem a morte no coração. Eles lutam e um a um o Cavaleiro Negro perde braços e pernas. Mesmo assim grita para Artur voltar e lutar. "O que você pretende – sangrar em cima de mim?", pergunta Artur. O Cavaleiro Negro é um toco mutilado. Não tem como violar o mandamento "não matarás". Mas há morte em seu coração. Mataria – se pudesse.

Meus olhos, mãos e pés não são o problema. O problema é meu coração. Integridade é muito mais do que só evitar quebrar regras. É tornar-se o tipo de pessoa que faz a coisa certa. Integridade não significa tornar-se bom em não fazer coisas que na verdade tenho vontade de fazer. Não é usar muita força de vontade para passar por cima dos meus desejos. Significa tornar-me o tipo de pessoa que deseja fazer o que é certo.

Achar que tudo vai bem comigo não garante a integridade

Meu problema não se limita a minha falta de caráter; não sou capaz nem de enxergar a enorme falta que ela me faz. Os seres humanos têm capacidade quase ilimitada para a autodecepção. Por exemplo, os psicólogos falam de um ponto cego muito grande para a integridade na natureza humana chamado de propensão para a autossatisfação. Fazemos de nós mesmos heróis da nossa história de modo que exageramos o papel que desempenhamos em nossas vitórias e absolver-nos de culpa pelo fracasso e erro.

Meu problema não se limita a minha falta de caráter;
não sou capaz nem de enxergar a enorme falta que ela me faz.

Durante uma pesquisa, indagou-se a 800 mil estudantes do ensino médio se estavam acima ou abaixo da média em habilidades sociais. Se fossem precisos, deveriam dizer 50%. Quer apostar qual o percentual de alunos que se classificou abaixo da média? Zero! E mais, 25% deles se considerou no topo da pesquisa, local que deveria ser ocupado por 1% apenas!

Essa tendência à autossatisfação estende-se para todas as áreas.[12] A maioria das pessoas hospitalizadas devido a acidentes automobilísticos causados por elas próprias consideram-se motoristas acima da média! Seria de se imaginar que a educação nos faria mais autoconscientes. Engano nosso: 88% dos professores universitários classificam-se acima da média; 25% consideram-se excepcionais de verdade. Outra pesquisa realizada com duzentos sociólogos descobriu que metade acreditava que se tornaria um dos dez maiores do mundo. Não admira serem tantos os conflitos envolvendo estabilidade no emprego e promoções.

Os levantamentos nacionais mostram que afirmamos nos sentir nove anos mais jovens do que de fato somos, e parecermos cinco anos mais novos que outras pessoas da mesma idade.[13]

A igreja não é exceção. George Barna realizou uma pesquisa entre pastores — pessoas pagas para ensinar baseadas em textos

---

[12] IRVINE, William B. **On Desire: Why We Want What We Want**. Cambridge: Oxford University Press, 2005, p. 35. As pesquisas citadas nesta página, exceto com sociólogos, são de MCMINN, Mark. **Why Sin Matters**. Wheaton: Tyndale, 2004, cap. 5-7.

[13] BRIM, Gilbert. **Ambition**. New York: HarperCollins, 1992, p. 78.

como o mandamento de Paulo à igreja de Roma: "Ninguém tenha de si mesmo um conceito mais elevado do que deve ter; mas, ao contrário, tenha um conceito equilibrado".[14] Em nosso meio, 90% considera-se pregadores acima da média.

E talvez o mais irônico de tudo: quando as pessoas ouvem uma cuidadosa explicação sobre a propensão para a autossatisfação, a maioria se diz bem acima da média em sua capacidade de lidar com ela!

Outro problema que temos relacionado com a integridade chama-se "erro de atribuição fundamental". Funciona assim: se algo bom acontece na minha vida, tendo a explicá-lo assumindo o crédito por ele. Por outro lado, se fracasso, tendo a justificar o ocorrido culpando as circunstâncias. Se vou bem em uma prova, acho que sou inteligente; se vou mal, alguma coisa me distraiu. Se as pessoas gostam da minha mensagem, sou bom pregador; se não gostam, são obstinadas ou têm a capacidade de concentração de uma drosófila.

O que piora ainda mais o erro de atribuição fundamental é o modo como explicamos o comportamento alheio. Tendemos a explicar nosso mau comportamento em termos de circunstâncias atenuantes; tendemos a explicar o mau comportamento dos outros em termos de falhas de caráter. Se *eu* grito com *meu* filho dentro de uma loja, ele se portou tão mau que até Jó teria perdido a paciência. Se *você* grita com *seu* filho dentro da loja, é evidente que muito em breve enfrentará um surto de raiva. Aliás, antes de mais nada, nunca deveriam ter-lhe concedido licença para ser pai. Se sou multado por excesso de velocidade, o policial precisava completar a cota de multas do dia, de modo que armou uma armadilha quando deveria estar perseguindo

[14] Romanos 12.3

criminosos. Se *você* é multado por excesso de velocidade, isso demonstra todo seu descuido como motorista.

Se quiser mais provas da nossa capacidade de autoengano, leia sobre a pesquisa feita pela revista *U.S. New and World Report* de 1997, quando se perguntou às pessoas: "Quem você acha que tem mais chances de ir para o céu?".[15]

Madre Teresa	79% (parece que 21% dos entrevistados eram muito exigentes!)
Oprah	66%
Michael Jordan	65%
Colin Powell	61%
Dennis Rodman	28%
O. J. Simpson	19%

Um candidato superou até a madre Teresa. Ele obteve 87% das apostas de que passará pelos portões de pérola. Adivinha quem foi? Cada pessoa que respondeu a pesquisa. Parece que todas observaram o seguinte critério: *Das pessoas famosas do mundo inteiro, eu poria Madre Teresa no topo, mas há alguém que sou obrigado a dizer que tem melhores chances do que ela* – eu!

Quando quebramos as regras

O caminho de volta para os infratores de regras é o caminho da graça por meio do arrependimento. Necessitamos da ajuda divina para enxergar a verdade sobre nossa vida e caráter. Com

[15] In GARDNER, TIM Alan. **The Naked Soul:** God's Amazing, Everyday Solution to Loneliness. Colorado Springs: WaterBrook, 2004.

frequência ele nos ilumina não só por momentos de reflexão, mas por outras pessoas que nos veem e conhecem bem. E então nos caberá redirecionar-mos nossas vidas.

O caminho de volta para os infratores de regras
é o caminho da graça por meio do arrependimento.

Recentemente falei na faculdade em que minha filha Laura estuda. Almoçamos juntos, então fui para o aeroporto pegar o avião de volta para casa. Nancy e eu passaríamos a noite sozinhos em casa, de modo que planejáramos algo muito especial. Estava ansioso por isso. A caminho do aeroporto, a estrada que contorna o sopé de uma montanha em Santa Barbara levou-me ao cruzamento em que, segundo Laura, eu deveria virar à esquerda para chegar ao meu destino. Acontece que era uma estradinha bem estreita e encontrava-me em uma rodovia larga. Contornada a montanha, pude ver o Oceano Pacífico em toda sua imensa beleza. De modo que raciocinei: "Vou pelo caminho largo. Se for pelo estreito, perderei essa linda paisagem. Prefiro seguir a rota panorâmica. É o caminho que me parece certo".

Assim fiz. A estrada larga prosseguiu serpeante, sem me levar aonde eu precisava ir. O tempo passava; eu poderia perder meu voo. Uma vozinha dentro de mim dizia: *Dê a volta. Tome o sentido contrário. Pegue a estrada estreita.*

– Eu me sentiria um idiota –, respondi.

A vozinha insistiu: *Você é um idiota.*

Eu sabia que ela tinha razão. Mas não daria meia-volta. Puro orgulho. Obstinação.

O relógio tiquetaqueava.

Cheguei ao aeroporto. A essa altura, corria. A moça do portão do embarque me comunicou:

– Sinto muito. O portão já foi fechado. As portas estão trancadas. O avião está partindo. O senhor ficou para trás.

Houve choro, gemido e ranger de dentes. Por mais que os rangesse, no entanto, o avião não voltaria.

A boa notícia é que o verdadeiro arrependimento nunca nos leva ao desespero, e sim para casa. Para a graça. Jack Nicholson trava um diálogo maravilhoso com Helen Hunt no filme *Melhor é impossível*: "Você me faz querer ser um homem melhor". Quando as pessoas têm esse efeito sobre nós, tornam-se vasos de graça.

Melhor que todo o resto é viver com o Doador da Graça, o único que compreendeu e viveu plenamente as regras. Nas palavras do grande pregador escocês James Stalker, "A parte mais importante do treinamento dos Doze na época talvez tenha sido pouco notada, embora produzisse resultados esplêndidos – a influência silenciosa e constante do caráter [de Jesus] sobre eles. Foi isso que fez deles os homens que se tornaram".[16]

---

[16] STALKER, James. **The Life of Christ**. 1880, reimpressão em Grand Rapids: Zondervan, 1984, cap. V.109.

CAPÍTULO 11

PREENCHA AS CASAS COM O QUE MAIS IMPORTA

Quem corre muito
chega primeiro à cova.
PROVÉRBIO ESPANHOL

O tabuleiro que você e eu usamos para jogar tem a forma de um calendário. É cheio de casas e cada uma representa um novo dia. Vivemos uma casa por vez. Um holandês muito sábio chamado Lewis Smedes escreveu sobre isso há décadas.

> Comprei uma agenda novinha em folha ontem, do tipo que uso todos os anos – de espiral, capa em imitação de couro protegendo páginas e mais páginas de casas vazias. Cada uma delas ostenta um número que me diz em que dia do mês estou no momento. Cada casa emoldura um episódio da minha vida. Antes de chegar ao fim da agenda, preencherei as casas com aulas que terei dado, pessoas com quem terei almoçado, com intermináveis reuniões de comitê das quais participarei. E essas são apenas as coisas que não posso me dar ao luxo de esquecer. Preencho as casas também com coisas que não anoto para lembrar: milhares de xícaras de café, algum namoro, um pouco de oração e, espero, gestos em auxílio a meu próximo. O que quer que eu faça, tem de caber nas casas da minha agenda. Vivo uma casa por vez. As quatro linhas que a formam são as paredes do

> tempo a me organizar a vida. Cada casa tem uma porta invisível que leva para a próxima. Como se diante de uma batida silenciosa, a porta se abre e sou tragado pela passagem, como por um ímã, sugado para dentro da próxima casa da fila. Dentro dela mais uma vez preencherei a moldura do tempo que me encerra — com minhas ocupações, como fiz na casa anterior. À medida que envelheço, as casas parecem diminuir. Um dia entrarei em uma casa sem porta. Não haverá nenhuma abertura misteriosa, nem nada de passar para a casa adjacente. Uma delas será a derradeira. Só não sei qual.[1]

Vivemos todos a preencher casas. A maioria de nós tem a impressão de que nossas casas são caóticas demais, abarrotadas de atividades em excesso, mas de que daremos atenção ao que mais importa um dia, *quando as coisas acalmarem.*

Participei de uma pesquisa que indagou a mil pessoas o que as impedia de conhecer e amar a Deus melhor. A resposta número um foi: "estou ocupado demais". É irônico pensar que os primeiros seguidores de Jesus não puderam ser detidos pela perseguição, nem pela pobreza, nem pelo encarceramento, nem pelo martírio. Mas nós estamos impedidos por algo trivial como ter coisas demais para fazer.

De vez em quando dou palestras usando objetos de apoio para ilustrar o que Smedes estava dizendo: uma jarra de vidro vazia, um cântaro cheio de areia e quatro bolas de tênis. A ideia original não é minha mas não sei ao certo onde ela começou. A jarra de vidro vazia, mais ou menos do tamanho de uma caixa de leite de dois litros, representa sua vida. Algo finito. Existem limites para ela. De um

---

1 SMEDES, Lewis. **How Can It Be All Right When Everything Is All Wrong?** New York: HarperCollins, 1982, p. 147-148.

jeito ou de outro, no entanto, ela será cheia. As bolas de tênis são marcadas com as letras *D*, *P*, *C* e *A*. Voltaremos a elas mais tarde.

Os "tenho de"

A areia no cântaro representa os "tenho de" da sua vida, ou seja, tudo que você se sente compelido a fazer. São obrigações que você tem para cumprir no trabalho, escola ou em casa. Há um chefe a administrar, reuniões às quais comparecer, projetos para finalizar. Você tem de gerenciar o caos. O dr. Richard Swenson afirma que, em nossa sociedade, o escriturário médio tem o equivalente a 36 horas de trabalho empilhado em sua mesa e gasta três horas na semana só vasculhando essas pilhas, a procura de alguma coisa.[2] Você passa 52 minutos por dia falando ao telefone e mais quinze minutos aguardando.[3] As horas que dedicamos ao trabalho só aumentam, apesar da previsão de Benjamin Franklin de que, graças aos avanços tecnológicos, um dia trabalharíamos quatro horas por semana.[4] Cada uma das tarefas acima é representada por um pouco mais de areia derramada dentro da jarra da sua vida.

Você tem ainda de cuidar dos afazeres de caráter pessoal. Precisa dormir – o que lhe toma seis a oito horas por noite. Precisa tomar banho, escovar os dentes, passar fio dental (durante pelo menos uma semana após a visita a seu dentista que ficou enojado com toda a imundície que encontrou acumulada em seus dentes). Precisa se exercitar vez ou outra e se não for ao médico

---

2 SWENSON, Richard A. **Como conviver bem com as pressões**. Belo Horizonte: Betânia, 2001.

3 GLEICK, James. **Acelerado**. Rio de Janeiro: Campus, 2000.

4 In HONORÉ, Carl. **Devagar**. Rio de Janeiro: Record, 2007.

de vez em quando, pagará por isso no longo prazo. Mais areia dentro da jarra.

Você também tem trabalhos domésticos para executar. Alguém precisa comprar comida, prepará-la e lavar tudo depois. E, claro, todos nós temos de reservar tempo para comer. Compramos fornos de micro-ondas para ganhar tempo, embora as pesquisas indiquem que os micro-ondas só nos poupam quatro minutos ao dia. "Somos a nação que grita para o micro-ondas andar mais rápido", escreve a contadora Joan Ryan.[5] O comediante Steve Wright brinca: "Pus meu café instantâneo dentro do micro-ondas e quase voltei no tempo".[6] Alguém precisa lavar a roupa e aparar a grama. As caldeiras da calefação necessitam de manutenção e as calhas, de limpeza. Contas devem ser pagas. Os cheques emitidos têm de ser contabilizados. Você pode ganhar algum tempo abrindo uma segunda conta e esperando que a primeira zere. Enquanto isso, o banco que tente adivinhar quanto você de fato tem.

Quando Nancy e eu nos casamos, eu lhe perguntei de que tarefa doméstica ela menos gostava. Sua resposta foi imediata: limpar o banheiro.

– Bem, vou tirar essa incumbência das suas costas – anunciei. – Você nunca mais terá de se preocupar com isso.

E não teve mesmo. Em mais de vinte anos de casamento, ela nunca limpou o banheiro. Nem eu. Está uma bagunça. Mas, pelo menos, ganhamos tempo.

A tecnologia que deveria nos poupar tempo torna-se parte do fardo. Juliet Shor observa em *The Overworked American* [O

---

5 In DE GRAAF, John et al. **Affluenza:** The All-Consuming Epidemic. San Francisco: Berrett-Koehler Publishers, 2001, p. 38.

6 WRIGHT, Steve, apud GLEICK, op. cit.

americano sobrecarregado] que quando lavadoras e secadoras automáticas foram introduzidas, a quantidade de tempo que as pessoas passaram a gastar com a roupa *aumentou* porque nossos padrões do que deve ser considerado "limpo" só fez crescer.[7]

Você gasta tempo com a tecnologia que deveria poupá-lo. Recentemente meu dentista me deu uma escova elétrica para que eu escovasse os dentes com maior eficiência. Veio com um manual de instruções de 31 páginas e a recomendação de que deveria ser lido *com atenção* antes de usar a escova pela primeira vez.

A tecnologia que deveria nos poupar tempo torna-se parte do fardo.

Quando os aparelhos de videocassete chegaram ao mercado, tornaram-se uma febre, em parte por prometerem controle sobre o tempo: enfim as pessoas podiam registrar o que bem entendessem e assistir ao que quisessem. O único problema era que se levava tanto tempo para compreender todas as instruções que os compradores do videocassete morriam antes de conseguir dominá-las. Quando isso acontecia, os paramédicos que lhes transportavam o corpo de casa para o necrotério anotavam sempre que o óbito ocorrera às 12h, por causa do relógio piscando na frente do videocassete.

Outras obrigações

Precisamos reservar algum tempo também para os nossos relacionamentos. Temos obrigações sociais. Se você tem filhos, significa que tem de levá-los para a escola, para as aulas de música, para

[7] SHOR, Juliet. **The Overworked American**. New York: Basic Books, 1992, p. 88-89.

os campeonatos esportivos e a casa dos amigos onde passarão a noite. Sem falar nos parentes. Areia, areia, areia.

Se você se incluir na média, passa 31 minutos por dia cuidando de seus filhos. Gasta também 7 minutos ao dia com as plantas ou os animais de estimação, e 16 minutos por dia (mais ou menos um ano da sua vida) procurando objetos perdidos. São 29 minutos ao dia visitando outras pessoas – número que vem sofrendo diminuição drástica com o passar das décadas. Você gasta ainda 4 minutos por dia preenchendo formulários para o governo.[8] Areia, areia, areia. Sua jarra está se enchendo.

Então há o tempo do carro. Você passa seis meses da vida na frente de semáforos. Para poupar tempo, aproveita a oportunidade para fazer outras coisas. As segunda e terceira atividades mais perigosas de que as pessoas se ocupam enquanto dirigem são falar em telefones celulares e se maquiar (você sabe em qual se enquadra). A primeira é ler. (Se estiver dirigindo neste momento, por favor, não leia mais.)

Depois tem a recreação, porque precisamos fazer alguma coisa para relaxar: nessa categoria entram os filmes, a televisão, os jornais, os *hobbies* e as férias. Acrescente a isso o imprevisto. Acontecem coisas não planejadas, complicando ainda mais nossas vidas já tão cheias. Alguém fica doente, o carro quebra, tia Edna vem fazer uma visita, surge uma emergência na escola, um filho perde o ônibus escolar. Gostaríamos de acreditar que o imprevisto pode ser eliminado. Um anúncio médico tentou atingir as "mulheres que não têm tempo para pegar infecções", deixando de fora todas as preguiçosas que andam por aí com espaço suficiente na agenda para contrair tudo que aparecer pela frente.[9] Mais areia.

---

8 GLEICK, James. **Acelerado**. Rio de Janeiro: Campus, 2000.

9 Idem, ibidem.

Anos atrás li um artigo de jornal cujo autor perguntava a especialistas em diferentes campos (estudo do sono, treinamento vocacional, planejamento financeiro, preparo físico, terapia familiar e assim por diante) quanto tempo as pessoas precisavam dedicar por dia à área específica de cada um deles apenas para ir levando a vida — sem se sobressaírem, apenas sobreviverem. Tudo somado, os "requisitos mínimos" para administrar a vida totalizavam 36 horas diárias.

A essa altura, os pequenos grãos de areia praticamente encheram a jarra da minha vida. O contorcionismo necessário para administrar todos os "tenho de" já representa um desafio e tanto; existem, porém, outras coisas que quero para minha vida. Coisas que são até mais importantes.

Jesus disse: "Busquem, pois, em primeiro lugar o Reino de Deus e a sua justiça, e todas essas coisas lhes serão acrescentadas".[10] O que nos leva às quatro bolas de tênis. Representam atividades a que devo me dedicar enquanto busco viver no Reino de Deus. Como a jarra é a única vida de que disponho, de algum modo preciso forçar a entrada das bolas de tênis nela.

D

A primeira bola de tênis traz escrita a inicial D, de Deus. Claro, Deus não é uma dentre outras prioridades; ele é *a* prioridade. Contudo preciso fazer certas coisas que me ajudem a lembrar dele. Não quero "passar por cima" de Deus. Não quero chegar ao fim da vida sem tê-lo conhecido. Não quero que todas as minhas orações sejam "Socorro!".

---

10 Mateus 6.33

Gostaria de crescer antes de partir deste planeta. Existem pecados e hábitos na minha vida em que gostaria de fazer algum progresso. Tenho uma espécie de legado que gostaria de deixar para meus filhos. Mas outros padrões não quero transmitir, por isso desejaria progredir em relação a eles.

Gostaria de imergir minha mente na Bíblia. Considero-a o livro mais fascinante da raça humana. Penso no salmo 1, que descreve um homem comparando-o à árvore plantada junto a águas da vida, cuja vida é marcada pela prosperidade, cuja satisfação está na lei do Senhor. Assim Deus afirma que nossas vidas deveriam ser vividas. Eu gostaria de ter uma vida como essa.

Sei que isso significa que terei de arranjar tempo para me afastar do convívio humano, do barulho e dos muitos afazeres da vida, e abrir espaço para ficar a sós com Deus. Sei que Jesus organizou sua vida de modo que ficar sozinho com Deus era parte regular dela. "De madrugada, quando ainda estava escuro, Jesus [...] foi para um lugar deserto, onde ficou orando".[11]

Lembro-me da primeira vez em que resolvi tentar consagrar um dia inteiro a ficar sozinho. Pensei: "O próximo dia livre que aparecer passarei a sós com Deus".

Sabe quanto tempo esperei? O tal dia livre não apareceu nunca. Precisei marcá-lo em minha agenda com antecedência. E é o que tenho sido obrigado a fazer desde então.

Passar um dia inteiro a sós com Deus pode parecer assustador ou uma ideia difícil de se pôr em prática. Mas pense como seria se você *nunca* fizesse isso. Imagine chegar aos 70 anos, tendo recebido mais de 25 mil dias de presente de Deus, e não

---

[11] Marcos 1.35

ter devolvido nem um único para ele porque você vivia sempre "ocupado demais".

Passar um dia inteiro a sós com Deus pode parecer assustador ou uma ideia difícil de se pôr em prática. Mas pense como seria se você *nunca* fizesse isso.

P

A segunda bola de tênis foi marcada com um *P*, representando as *pessoas*. Quero estar muito presente na vida das pessoas que me rodeiam. Quero prestar atenção em minha esposa, em Laura, Mallory e Johnny, tratá-los como preciosidades. Quero estabelecer algumas amizades profundas. Gostaria de ser um bom vizinho. Quero apreciar as pessoas com as quais trabalho. Gostaria que algumas pessoas sentissem minha falta quando eu partir. Não quero que se lembrem apenas de uma valise, uma porta fechada e uma lista de coisas para fazer.

Um dos aspectos mais notáveis da vida de Jesus é o modo como conseguia prestar atenção em quem quer que estivesse em sua companhia. Havia sempre várias demandas sobre sua vida, mas ele nunca se distraía ou se preocupava com isso. Quando alguém lhe fazia uma pergunta, nunca respondia: "Hein? Eu não estava ouvindo".

Pessoas exigem tempo. Relacionamentos não podem ser preparados no micro-ondas. A intimidade nunca é algo simples.

Anos atrás, Nancy e eu levamos nossos três filhos, então em idade pré-escolar, a uma loja da rede Kinderphoto para tirar uma foto de toda a família. Não sei quem inventou essa rede mas seja quem for, deveria ser trancafiado por um bom tempo. Nossos filhos ficaram aterrorizados com a experiência e não gostaram nem um pouco do estranho homem atrás da câmara. Os três foram embora chorando e bastante agitados.

Eu passei por uma série de estágios. O primeiro foi do otimismo ingênuo:

– Ora vamos, crianças, vai ser divertido.

Foi um estágio curto. O segundo envolveu suborno:

– Tem uma loja de biscoitos Mrs. Field no *shopping*. Se forem bonzinhos e sorrirem, levamos vocês até lá para comer.

A ideia não os convenceu por muito tempo. O suborno deu lugar ao estágio da ameaça:

– Vocês só querem saber de chorar? Pois então vou lhes dar um bom motivo para chorar.

Palavras como essas nunca induziram um bom sorriso em crianças na fase pré-escolar. A essa altura, crianças de outras famílias estavam chorando na sala de espera, só de olhar para nós. Eu começava a sentir-me envergonhado. Puxei Mallory de lado porque era a mais agitada dos nossos filhos.

– Mallory, você está triste, não está?

Lágrimas grossas. Cabeça fazendo que sim.

– Mallory, aposto que sei o que você quer neste exato momento. Aposto que, mais do que qualquer coisa, você gostaria que o bebê Tweezers estivesse aqui.

Bebê Tweezers foi a primeira boneca de Mallory, sua predileta. Ela própria a batizara. Bebê Tweezers. Nunca soubemos por quê.[12]

---

12 *Tweezers* são pinças. [N. do T.]

Mallory não nascera com a ajuda de fórceps. Seja como for, de novo ela me respondeu fazendo que sim com a cabeça – era isso mesmo o que queria.

– Bem, Mallory – continuei –, se você quer tornar a ver o bebê Tweezers com vida outra vez...

Naquele instante eu não estava nem um pouco preocupado com o bem-estar eterno das três almas imortais que me acompanhavam. Só queria delas um comportamento condescendente. Não estava disposto a dedicar o tempo e o esforço necessários para compreender-lhes os medos. Sentia-me irritado e com pressa.

Quando a jarra da minha vida se enche demais de obrigações inadiáveis, descubro-me com pouco tempo para as pessoas. Não é o que quero. Sei que toda vida humana é um milagre. Quero prestar atenção nas pessoas que estão feridas. Quero prestar atenção no pobre. Quero servir e aprender de pessoas de diferentes culturas e cores. Quero um coração compassivo. Mas nada disso pode acontecer se a casa da minha vida estiver repleta de "tenho de".

C

Minha terceira bola de tênis ostenta a letra C de *chamado*. Eu gostaria que o mundo fosse um pouco diferente porque passei algum tempo nele. Queria acrescentar-lhe algum valor. Como os Irmãos Cara-de-Pau, eu gostaria de ter uma missão divina.[13]

A *Thousand Clowns* [Mil palhaços] é uma peça sobre um sujeito excêntrico que cria o sobrinho de 13 anos de idade. Em determinado

---

[13] Referência a mote repetido ao longo do filme *Os Irmãos Cara-de-Pau* [*The Blues Brothers*], de 1980, dirigido por John Landis e estrelado por John Belush e Dan Aykroyd. [N. do T.]

momento o pessoal da assistência social pensa em levar o menino embora e o tio explica porque ainda não pode abrir mão do sobrinho:

> Quero ter certeza que saiba quando estiver acovardando-se. Quero que tenha a noção exata do quanto é especial, ou nunca descobrirá isso quando começar a deixar de ser assim. Quero que demonstre um pouco de coragem antes de deixá-lo ir embora. Quero ter certeza de que enxergue todas as suas incríveis possibilidades. Quero que saiba que vale a trabalheira de incomodar um pouco o mundo quando se tem a chance. E quero que conheça o motivo ardiloso, sutil, fundamental porque nasceu um ser humano e não uma cadeira.[14]

Quero saber mais sobre esse motivo ardiloso, sutil e fundamental porque Deus me fez do jeito que fez. Quero ser sincero acerca dos meus dons e limitações. Quero usar o que me tem sido dado para fazer a obra de Deus no mundo. Paulo escreveu a Timóteo: "Dedique-se à leitura pública da Escritura, à exortação e ao ensino. *Não negligencie o dom que lhe foi dado*".[15] Quero desenvolver quaisquer que sejam os dons que Deus me deu, mas o desenvolvimento de um dom quase nunca acontece na minha vida se permito que minha agenda fuja ao meu controle.

Também sei que quando sigo à deriva apenas, meu "chamado" transforma-se depressa em autossatisfação. Há algum tempo, Nancy e eu viajávamos de avião e eu lia um livro chamado *Heroism*

[14] Gardner, Herb. **Herb Gardner:** The Collected Plays. New York: Applause, 2000, p. 58-59.

[15] 1Timóteo 4.13,14, grifo nosso.

and the Christian Life [Heroísmo e a vida cristã][16] em preparação para uma conferência que daria. Uma menininha de uns 12 anos de idade, sentada atrás de mim, chutava ritmadamente meu assento. Comecei a ficar irritado. Ela era uma de três crianças pequenas viajando com os pais. Seu irmão de 6 anos gritava sem parar. Queria perguntar à comissária de bordo se eles não poderiam ir brincar lá fora.

Foi quando o pensamento me ocorreu: *Estou lendo um livro sobre heroísmo cristão, sobre missionários e mártires, e me sinto irritado por causa de uma criança de 2 anos.* Virei-me para a mãe dela e disse:

– Sabe, não faz muito tempo minha esposa e eu tínhamos três crianças da idade dos seus filhos. Lembro-me de como era difícil. Se houver algo que minha esposa possa fazer por você neste voo..."

Vai demorar um pouco para me acostumar a viver como um missionário.

A

Na quarta bola de tênis desenhei um A e ele representa *alegria*. Certa vez Jesus meio que declarou a missão do seu ensino: "Tenho lhes dito estas palavras para que a minha alegria esteja em vocês e a alegria de vocês seja completa".[17] Baseados apenas nessa afirmação, podemos concluir que ele tinha uma evidente propensão para a alegria que atraía as pessoas. Seu plano para quem o seguia era de que compartilhasse dessa alegria. Paulo fez disso um mandamento: "Alegrem-se sempre no Senhor. Novamente direi: Alegrem-se!".[18]

---

16 HOOK, Brian S.; RUSSELL R.; HOOK. **Heroism and the Christian Life**. Louisville, KY: Westminster John Knox Press, 2000.

17 João 15.11

18 Filipenses 4.4

Uma das principais barreiras que impedem as pessoas de querer conhecer a Deus é representada pelos cristãos deficientes em matéria de alegria. No tempo de Jesus, uma tradição talmúdica dizia que o judeu devoto bendizia a Deus no mínimo cem vezes por dia. Começava com uma aclamação: "Bendito és tu, ó soberano do Universo, por me teres libertado da escuridão e aberto os meus olhos".[19]

Uma das principais barreiras que impedem as pessoas de querer conhecer a Deus é representada pelos cristãos deficientes em matéria de alegria

Eu gostaria de chegar ao número de cem ações de graças por dia. Quero celebrar o nascer do sol. Quero comemorar o cheiro de grama recém aparada. A torta de creme de banana. A bondade de Deus e seu incrível, maravilhoso, misterioso, santo dom da vida. O médico Bernie Siegel escreveu:

> Andei pesquisando e odeio ter de lhe dizer isso, mas todo o mundo vai morrer um dia – amantes, corredores, vegetarianos e não fumantes. Digo isso para que alguns de vocês que saem para correr às 5 da manhã e só comem vegetais de vez em quando durmam tarde e tomem um sorvete de creme.[20]

Arrependimento pelo que deixamos de fazer

A essa altura, a jarra da minha vida está repleta de "tenho de". Não há espaço para as bolas de tênis. Na vida, como de costume, não sobra espaço para o que dizemos ser mais importante.

---

[19] De um sermão proferido por Kim Engerlmann na Igreja Presbiteriana de Menlo Park em 6 de novembro de 2005.

[20] SIEGEL, Bernie, apud MAXWELL, John. **O sucesso de amanhã começa hoje**. São Paulo: Mundo Cristão, 2005.

O problema, que parece tão trivial, logístico apenas, é talvez o maior desafio espiritual com que deparamos. Imagino que se você está lendo este livro, significa que não está vivendo em uma atitude de desafio coerente para com Deus. Na minha opinião, o maior perigo, como diz Paulo, é nos amoldarmos "ao padrão deste mundo".[21] É você levar uma vida respeitável, decente, livre de escândalos, cheia de afazeres, sempre cansada, movida pela energia humana. Isso é de uma tristeza indescritível. Todos queremos buscar o Reino de Deus. Só não temos tempo para isso.

O que o famoso jornalista Sidney Harris escreveu é verdade: "O arrependimento pelo que fizemos pode ser mitigado pelo tempo; já o arrependimento pelo que deixamos de fazer é inconsolável".[22] Muita gente pensa: "Voltarei a essas prioridades quando tiver mais tempo. Na situação atual, ando tão atarefado que chega a ser uma aberração. Necessito de mais horas no meu dia".

Deus, contudo, determinou o número de horas que cada jarra conterá. E as jarras só são fabricadas em tamanho 24. Não há como fazê-las em tamanho especial. Jesus disse "Quem de vocês, por mais que se preocupe [ou por mais que corra, ou por mais que se mantenha ocupado, ou por mais café que beba], pode acrescentar uma hora que seja à sua vida?".[23] As jarras não aumentam. E as bolas de tênis não estão cabendo.

Esperando, espremendo, preparando no micro-ondas

Algumas pessoas esperam que suas vidas passem a exigir menos delas. Via de regra, ficarão longo tempo esperando isso.

---

21 Romanos 12.2

22 Harris, Sydney J., apud McWilliams, Peter. **Do it!** Allen Park, MI: Prelude, 1991, p. 1.

23 Mateus 6.27

Jesus apresenta seu prognóstico em Mateus 6.34: "Portanto, não se preocupem com o amanhã, pois o amanhã trará as suas próprias preocupações. Basta a cada dia o seu próprio mal". Qual o prognóstico dele? Problemas hoje, problemas amanhã. Vivemos em um mundo decaído. Se ficar esperando dias melhores antes de se voltar para o que importa, você enfrentará uma longa espera.

Algumas pessoas se acham capazes de enfiar tudo dentro da jarra, basta que se esforcem bastante nesse sentido. Não querem pagar o preço de *não fazer nada*, portanto passam o tempo todo lutando para enfiar mais coisas em suas agendas. Cedo ou tarde acabam experimentando a paz e a serenidade de um funcionário do correio enfadado.

Às vezes as pessoas experimentam uma abordagem diferente. Tentam preparar no micro-ondas todas as suas prioridades, transformando-as em compromissos do tamanho de bolas de gude, de modo que possam enfiá-las na jarra com tudo mais. Oram correndo, atropelam relacionamentos, servem quando podem, buscam uma risada ocasional vendo um filme ou durante uma festa. Muita gente não vive de fato suas prioridades. Procuram apenas administrar o sentimento de culpa.

Um velho ditado afirma: "Se o Diabo não lhe puder fazer mal, no mínimo o manterá ocupado". De um jeito ou de outro você perderá a oportunidade de viver a vida que Deus planejou para você.

A igreja primitiva não explodiu do jeito que explodiu porque as pessoas descobriram como reduzir adoração, oração, serviço e comunidade a minicompromissos do tamanho de bolas de gude que coubessem em torno da vida costumeira. A vida costumeira precisava ser esquecida. E ser substituída por algo melhor. Na verdade, os primeiros seguidores de Jesus eram chamados de "povo do Caminho" por seguirem o modo de vida que Jesus estabelecera. Uma das grandes ilusões dos nossos dias é achar que podemos ter a vida de Jesus sem seguir o caminho de Jesus. Às vezes vivemos como se ele tivesse dito "Busquem, pois, em primeiro lugar todas essas coisas, e o Reino de Deus lhes será acrescentado".

A ideia radical é esta: pegue a jarra da sua vida e despeje toda a areia. Comece o dia com a jarra vazia. Comece dedicando seu tempo a honrar os compromissos mais profundos. Confie que se Deus quer que a grama seja aparada e a neve, removida, ele o ajudará a encontrar um jeito de conseguir que essas tarefas sejam realizadas. Talvez algumas fiquem sem fazer. A atriz/comediante Roseanne Barr certa vez disse: "Acho que se as crianças ainda estão vivas quando meu marido volta do trabalho para casa, ei, eu fiz o meu trabalho. Se a Sears lançar um aspirador de pó que se possa montar em cima, então eu limparei a casa". O ator e escritor inglês Quentin Crisp recomendava: "Não há necessidade alguma de fazer nenhum serviço doméstico. Depois dos primeiros quatro anos fica impossível piorar a sujeira. É tudo questão de não se perder a cabeça".

A ideia radical é esta: pegue a jarra da sua vida e despeje toda a areia. Comece o dia com a jarra vazia.

Deus nunca dá a ninguém coisas demais para fazer.

Nesse momento da demonstração, tiro toda a areia da jarra e coloco em seu interior as bolas de tênis. Em seguida despejo a areja de volta para dentro, e ela preenche os espaços vazios. A plateia sempre aplaude nessa hora. Não sei por quê. Talvez por parecer mágica. Na verdade, trata-se apenas de ter certeza que você começará a partir do que mais importa. Isso não significa que se honrar as prioridades, posso fazer o que *eu* quiser. Mas sim que Deus me dá tempo suficiente para me dedicar ao que ele quer que eu faça. Deus nunca nos chama para fazer algo e depois falha em nos conceder o tempo necessário para isso.

Se você tem dúvidas a esse respeito, dê uma olhada no décimo capítulo de Josué. Israel travava uma batalha e o tempo começava a ficar escasso. Josué clamou a Deus, que respondeu fazendo o sol parar no céu e demorar quase um dia inteiro para descer. Nunca houve um dia como aquele. Além do mais, assim como Deus multiplicou cinco pães e dois peixes por ser senhor de todas as coisas, ele pode multiplicar minutos e horas por ser senhor do tempo. Diferente do seu chefe, Deus nunca dá a ninguém tarefas demais para executar. Se nos encontramos nessa situação, a culpa não é de Deus.

"Cada casa é moldura para um episódio da minha vida", Lewis Smedes escreveu. Ninguém sabe quantas casas lhe serão concedidas durante a vida, mas cada um de nós deve escolher como as preencherá. *Você* tem de fazer essa escolha – não seu chefe, não a empresa em que trabalha, não seus pais, não seus amigos, não seu marido ou esposa, não seus filhos, não seus colegas. É tentador pensar que vivemos atarefados demais por causa do nosso emprego, ou porque nossa família exige demais de nós, ou porque os anos passam muito rápido. Na verdade eles seguem na mesma velocidade de sempre. O tempo é implacavelmente democrático. Peões e reis, de igual modo, contam com número idêntico de segundos todos os dias. Deus tem dado a cada um de nós um dia com a mesma quantidade de tempo, e ele é suficiente para realizar o que Deus quer que façamos.

A última casa

"Vivemos uma casa por vez", disse Smedes. "À medida que envelhecemos, elas parecem menores. Uma delas será a última. Mas não sabemos qual."

Poucos anos atrás, aos 81 anos de idade, Smedes subiu em uma escada de mão, do lado de fora de sua casa, para pendurar luzes de Natal. Acabou escorregando, batendo a cabeça e entrando em coma. Morreu poucos dias depois. A última casa, sobre a qual escrevera décadas antes, enfim chegara para ele.

A vida de Smedes não se parecera nada com o que ele esperava no início. Integrante de uma família de ferreiros, não tinha a estrutura física adequada para esse trabalho. Contava com 1,85 de altura e 54 quilos na época da formatura do ensino médio. Tentou se alistar no exército quando eclodiu a II Guerra Mundial, mas o médico limitou-se a rir e a lhe dizer que o país precisava de soldados, mas nem tanto assim. No caminho para casa, Smedes parou na Cruz Vermelha para doar sangue; quando tirou a camisa, disseram-lhe que precisava mais de sangue que qualquer outra pessoa. Como nunca se tornaria soldado nem ferreiro, resolveu preencher suas casas dando aulas, escrevendo e fazendo amizades, acabando por tocar a vida de milhares.

Em se tratando da última casa, ela só nos oferece duas opções, escreveu ele. A primeira é o caixão. "Talvez eu tenha me pavoneado com meu andar mesquinho por todas as outras casas, fingindo ser alguém especial; agora posso compartilhar o leito com os ratos."[24] Ou seja, pode ser que, ao morrermos, apaguemos como

---

[24] SMEDES, Lewis. **How Can It Be All Right When Everything Is All Wrong?** New York: HarperCollins, 1982, p. 148.

acontece a tantas velas que o vento sopra e então um dia, dentro de um milhão ou bilhão de anos, tudo escureça.

A segunda opção é que ao entrarmos na última casa, ela nos apresente uma porta. As quatro paredes que por um instante nos confinaram se dissolvem e o tempo não mais existe. Nossa vida real, longe de ter acabado, está apenas começando.

O evangelho cristão resume-se na promessa de Jesus de que a segunda opção é a verdadeira. A última casa é uma passagem para um novo mundo onde Deus ajustará tudo. Um dia você entrará nela, e eu também.

Enquanto isso, preencha suas casas com sabedoria.

CAPÍTULO 12

LANCE O DADO

O tédio deveria ser
um dos sete pecados capitais.
FREDERICK BUECHNER[1]

Eis a verdade irrefutável sobre jogos que minha avó tentava me ensinar ao mesmo tempo em que arriscava tudo pelo Calçadão, enquanto eu me apegava ao meu pequeno tesouro: quando começa a jogar, você nunca sabe qual será o resultado final. Quem joga sempre pode perder. Mas quem nunca joga, é certo que jamais ganhará.

E quem joga, tem de lançar o dado.

Qual objeto você acredita ser mais perigoso em sua casa?

Larry Lauden, professor de filosofia da Universidade do Havaí, escreveu um livro sobre o risco, do qual dedica um capítulo inteiro aos perigos domésticos.[2] Alguns são o que você já esperava: 460 mil pessoas por ano se ferem com facas de cozinha; serras manuais e elétricas respondem por 100 mil ferimentos ao ano. Mas outros são surpreendentes. Você tem cortinas em casa? A cada ano, 20 pessoas morrem nos Estados Unidos estranguladas por cordões

---

1 BUECHNER, Frederick. **Beyond Words**. San Francisco: HarperSanFrancisco, 2004, p. 49.

2 LAUDEN, Larry. **Danger Ahead**. New York: John Wiley, 1997, p. 40.

de cortinas. Cerca de 4 mil dentre nós machuca-se gravemente com travesseiros.

No entanto, acho que o objeto mais perigoso presente em nossas casas nem é citado por Larry Lauden. Trata-se de uma pequena armadilha mortal de encosto reclinável e acolchoada em profusão chamada poltrona do papai (nos Estados Unidos costumamos nos referir a elas como EZ porque o uso de apenas duas letras requer menos esforço).[3] Não compramos essas poltronas pela beleza. Ninguém as associa à ideia de desafio ou aventura. São feitas para relaxar e nós as adquirimos por um único motivo: conforto.

Quero lhe apresentar um quadro do que essa poltrona é capaz. Imagine-se de moletom, chinelo e abrindo um pacote do seu alimento predileto – criado para o seu conforto: biscoitos de chocolate Oreos. Acompanhados, ainda por cima, de um copo de leite gelado.

Qual o dispositivo individual mais importante que alguém sentado nessa poltrona precisa ter na mão? O controle remoto. Estive na casa de um amigo há pouco tempo e descobri que os fabricantes de TV inventaram um controle remoto para crianças chamado "E-moto" (juro que não estou inventando isso). Os pequenos viciados começam cedo a usar o controle.

Imagine-se agora refestelado na sua poltrona à meia-luz, guloseimas na bandeja ao lado, o controle remoto na mão, o mundo trancado do lado de fora da sua porta. Você acha que está pronto para saltar em ação? Sente-se posicionado para viver uma explosão

---

[3] No original, *easy chair*. A pronúncia das letras EZ e da palavra *easy* é indicada por fonemas idênticos. [N. do T.]

de crescimento e desenvolvimento? Se Deus lhe pedir para fazer algo difícil, qual a probabilidade de você dizer sim?

Se sua vida é isso – a busca pelo conforto e a tentativa de minimizar os problemas e o estresse, maximizando ao mesmo tempo a segurança e a tranquilidade – essa ideia faz seu coração bater mais rápido? Você se sentiria animado para sair da cama a cada manhã e ir direto para a sua poltrona? Acredita que seria capaz de permanecer acordado até o final deste capítulo?

O que há de tão perigoso na poltrona do papai não é o que você faz enquanto está sentado nela. É o que você não faz, os relacionamentos que nunca aprofunda, as pessoas necessitadas às quais nunca serve – nem mesmo enxerga. São as grandes orações que você nunca faz, os pensamentos elevados que nunca tem, as aventuras em que nunca se envolve. São as corridas de que você nunca participa e as batalhas em que nunca luta, as risadas que nunca dá e as lágrimas que nunca verte. Você é feito para algo mais do que a vida nessa poltrona. Ela pode ser o objeto mais perigoso da sua casa.

Cientistas da universidade de Berkeley realizaram um estudo há alguns anos: introduziram uma ameba em um ambiente ideal – temperatura perfeita, umidade perfeita, luminosidade perfeita, condições alimentares perfeitas. A pequena ameba não tinha estresse algum, problema algum, nenhum desafio. Sabe o que aconteceu com ela? Morreu. Conforto demais é letal.

A pequena ameba não tinha estresse algum, problema algum, nenhum desafio. Sabe o que aconteceu com ela? Morreu. Conforto demais é letal.

A gente não pode ficar só sentado

Larry Walker sempre quis voar, mas sua visão fraca o desqualificou como piloto da aeronáutica. De modo que teve uma ideia.

Resolveu prender 45 balões usados para a medição da temperatura, cheios de gás hélio, à cadeira que mantinha em seu jardim, amarrando-se depois em cima dela munido de alguns sanduíches, uma espingarda de pressão e um pacote de seis latinhas de cerveja *light* (o suficiente para nos dizer muito sobre Larry.) Seu plano era pairar mais ou menos a cerca de 10 metros acima do quintal por algumas horas, depois atirar na quantidade certa de balões para fazê-lo descer.

Acontece que 45 balões para medição de temperatura contendo 3 metros cúbicos de hélio cada um não se contentam em subir 10 metros. Quando os amigos cortaram a corda que ancorava a cadeira de jardim ao chão, o voo de Larry não se estabilizou em 10 metros. Nem em 30. Nem em 300. Ele parou de subir aos 4.800 metros (isso aconteceu em Los Angeles!).

A uma altura dessas relutou em atirar nos balões. Foi arrastado, com sua cerveja e seus sanduíches, para o espaço aéreo do Aeroporto Internacional de Los Angeles. (Certa vez contei essa história em uma reunião de que participava um piloto da Delta que voara naquele dia. Ele me disse que todos os informes por rádio transmitidos da torre para avisar da presença de um homem pairando sobre o aeroporto começaram com as mesmas palavras: "Você não vai acreditar, mas...".)

Várias horas depois, Larry resolveu correr o risco de atirar em uns poucos balões e acabou descendo o suficiente para se enroscar em fios da rede elétrica, de onde foi resgatado. O porta-voz do Departamento de Aviação Federal declarou: "Sabemos que ele violou algum item do Código de Aviação Federal e tão logo descubramos que item foi, daremos entrada em uma acusação formal contra ele na justiça". Enquanto o conduziam algemado, um repórter perguntou a Larry porque fizera aquilo.

– A gente não pode ficar só sentado –retrucou.[4]

Larry talvez não alcance uma marca muito alta na escala do bom senso. Sua história mereceu inclusão em *O prêmio Darwin*, livro sobre pessoas que, por perpetrarem gestos incríveis de tão estúpidos, elevam o QI da raça humana quando deixam de contribuir com seus genes. Larry só obteve uma menção honrosa porque sobreviveu. Mas tinha razão em um ponto. A gente não pode ficar só sentado.

Precisamos do desafio, do risco, da aventura.

Deus é especialista em distribuir problemas

Quando digo que a vida é curta demais para se jogar na retranca o tempo todo não me refiro a tomar atitudes impulsivas ou estúpidas. A ideia não é descer as Cataratas do Niágara dentro de um barril nem apostar as economias de uma vida inteira no Chicago Cubs. Na verdade, trata-se de fazer da vida uma intrépida parceria com Deus.

Encontramos na Bíblia inúmeras "narrativas de chamados", ou relatos em que Deus "chama" pessoas comuns para se desincumbir de tarefas específicas. O chamado de Deus acontece antes de lançarmos o dado. Estudiosos identificaram um padrão constante nessas histórias. Convido você a percorrer comigo algumas delas e entender o que significam para nós.

---

[4] In NORTHCUTT, Wendy. **O prêmio Darwin**. Rio de Janeiro: Frente, 2001.

1. *Chamado inicial*

Deus chama alguém para servi-lo. Talvez você já tenha notado que, na Bíblia, raras vezes Deus se dá ao trabalho de interromper o curso natural da vida de alguém para pedir-lhe que realize uma tarefa fácil. Ele não chamou Moisés para junto de uma sarça ardente para lhe perguntar se poderia cuidar de um número um pouco maior de ovelhas. Um capítulo inteiro da Bíblia, Hebreus 11, é dedicado a uma série de encontros em que Deus convida pessoas a se envolverem em atividades de alto risco. Deus pediu a Noé que construísse uma arca enquanto o povo o ridicularizava, a Abraão que deixasse tudo que lhe era familiar e se tornasse pai aos 99 anos de idade, a José que fosse fiel na escravidão e na prisão, e a Moisés que desafiasse um faraó.

Veja como o autor de Hebreus descreve o povo que diz sim a Deus:

> Não tenho tempo para falar de [...], os quais pela fé conquistaram reinos, praticaram a justiça, alcançaram o cumprimento de promessas, fecharam a boca de leões, apagaram o poder do fogo e escaparam do fio da espada; da fraqueza tiraram força, tornaram-se poderosos na batalha e puseram em fuga exércitos estrangeiros. [...] Uns foram torturados e recusaram ser libertados [...]; outros enfrentaram zombaria e açoites; outros ainda foram acorrentados e colocados na prisão, apedrejados, serrados ao meio, postos à prova, mortos ao fio da espada. [...] O mundo não era digno deles.[5]

Até que ponto você diria que Deus está preocupado em se certificar de que o povo que o segue leve uma vida confortável?

---

5 Hebreus 11.32-38

Parece que Deus quer nos usar, nos fazer crescer, que sejamos fortes, sábios e corajosos. Não parece muito interessado em nos ver confortáveis. Ele não daria um bom comissário de bordo.

2. *Resposta*

Nessas narrativas de chamados, a pessoa a quem Deus chamou sempre dá sua resposta direto para ele. Se está familiarizado com a Bíblia, pare um pouco e pense se alguma vez você leu em algum lugar as seguintes respostas da parte de quem Deus atribuiu tarefas difíceis: "Que oportunidade maravilhosa! Desafiar o faraó! Vingar-me dos midianitas! Passar a noite na cova dos leões! Entrar em uma fornalha ardente! Casar-me com uma moça grávida que afirma ser virgem! Enfrentar zombaria e açoites, correntes e prisão! Fabuloso! Grandes desafios – não dá para aumentá-los um pouquinho?".

Quase sempre a reação inicial é o medo. Digo isso porque às vezes as pessoas apregoam coisas como "Deus jamais me pediria para fazer algo de que tenho medo", ou "Deus nunca me pediria para fazer algo com que não sou capaz de lidar". Uma das passagens mais citadas equivocadamente da Bíblia é da carta de Paulo à igreja em Corinto. Ele afirma: "[Deus] não permitirá que vocês sejam tentados além do que podem suportar".[6] O que o apóstolo está querendo dizer é que jamais podemos fugir rastejando feito vermes da responsabilidade pelo pecado dizendo que a culpa é de Deus. As pessoas deturpam essa declaração dizendo que ele nunca nos dará mais do que somos capazes de suportar. É mesmo? Olhe ao seu redor, mundo afora: holocausto, morte, tortura, câncer, guerra. Quer seja uma atribuição especial, quer seja apenas viver em um mundo caído, às pessoas de todas as épocas tem sido dado fardos que não conseguem suportar.

---

[6] 1Coríntios 10.13.

> Quer seja uma atribuição especial, quer seja apenas viver em um mundo caído, às pessoas de todas as épocas tem sido dado fardos que elas não conseguem suportar.

Quando Deus chama as pessoas para fazerem algo, a reação inicial delas é quase sempre o medo. Se houver um desafio à sua frente, um curso de ação que poderia levá-lo ao crescimento e ser útil para quem está a sua volta, mas você se descobre com medo de abraçá-lo, há uma chance muito boa de que Deus esteja nesse desafio. Dê um passo à frente. Se *não* estiver se defrontando com nenhum desafio grande demais para você e se já faz tempo que não sente medo, existe uma chance muito boa de que você esteja sentado em uma poltrona do papai há tempo demais.

Um dia a netinha do meu amigo Max perguntou-lhe se ele gostaria de vê-la correr. Ele ficou surpreso porque, até então, ela não se entusiasmara muito para andar, embora parecesse à vontade com as quedas. De modo que Max disse sim, claro, gostaria de vê-la correr.

Ela se posicionou de um lado da sala e disparou para o outro, direto para a geladeira. Caiu para trás, braços e pernas esticados no chão. Max correu até ela e disse: "Querida, você precisa aprender a parar". Ela olhou para ele com um grande sorriso e disse: "Mas vovô, eu estou aprendendo a correr".

Deus faz o chamado, nós lançamos o dado.

3. Renovação da confiança

Outro aspecto impressionante desses relatos: embora a reação inicial das pessoas quase sempre seja de resistência, Deus nunca responde dizendo "Ó, entendo porque você está achando a ideia assustadora. Tudo bem, deixe para lá. Vou arranjar outra pessoa".

Deus sabe que as pessoas se apavoram, de modo que lhes faz uma promessa. Para Josué ele disse: "Não fui eu que lhe ordenei? Seja forte e corajoso! Não se apavore, nem desanime, pois o SENHOR, o seu Deus, estará com você por onde você andar".[7] A Gideão, declarou: "O SENHOR está com você, poderoso guerreiro".[8] Ninguém nunca chamara Gideão de poderoso guerreiro até então.

Esse tipo de promessa significa que nada de ruim acontecerá? Pelo contrário! Mas a gente não pode ficar só sentado. A promessa é de que nada pode separá-lo do amor de Deus. Você pode sofrer. Pode se machucar. Pode morrer. No final, todos morreremos, de qualquer forma. O jornalista cristão Greg Levoy afirma que Jesus prometeu àqueles que o seguissem três coisas apenas: uma felicidade absurda, uma intrepidez absoluta e uma vida metida em encrencas. O problema é que a maioria de nós se contenta com o cumprimento de duas em três promessas.

4. Decisão

O que interessa de verdade quando Deus o chama para fazer alguma coisa não é se você se sente ou não inadequado. Claro que acontecerá isso; você é inadequado. Eu também. Por isso Deus promete ir conosco. O que importa é sua decisão. Só pessoas que dizem sim ao desafio, à necessidade premente e ao risco vivem de fato em plenitude.

Fizemos uma excursão de canoagem nas corredeiras no rio Squamish, na Columbia Britânica, Canadá. Contornamos uma

---

7 Josué 1.9

8 Juízes 6.12

curva do rio chamada "Cotovelo do Diabo" e a guia avisou que aquela parte do rio era classificada como nível de dificuldade 4 (sendo que os níveis 5 ou 6 não contavam com cobertura de seguro) porque oito pessoas haviam se afogado ali fazia pouco tempo. Isso nos pôs em alerta. Levamos nossa embarcação até um pequeno tanque de águas tranquilas, seguido de uma queda d'água de cerca de 5 a 6 metros de altura. A guia disse que quem assim o desejasse poderia saltar. E emendou que ninguém vive uma experiência *com* o rio enquanto não tiver uma experiência *no* rio.

Deus faz o chamado; nós lançamos o dado; nós agimos.

O que não se podia avistar muito bem da água era um enxame de cerca de vinte abelhas perto dali. Aquele não era um local para se passar muito tempo. Além disso, o rio Squamish é formado por água de degelo. Toda aquela água fora gelo ou neve apenas 24 horas antes. Ouvíramos dizer que estava com cerca de 3 graus. Johnny e eu pesamos nossas alternativas por um breve momento – um enxame de abelhas de um lado, uma queda livre de seis metros à frente, ao fim da qual mergulharíamos dentro de água gelada. Eu me senti muito vivo naquele instante... Até que Johnny deu impulso em nossa canoa rumo à queda d'água.

De que rochedo Deus está pedindo para você saltar neste exato momento?

Deus faz o chamado; nós lançamos o dado; nós agimos.

5. *Vida transformada*

Toda vez que alguém diz sim para Deus, o mundo se transforma um pouco. Nos primeiros dias da igreja, as autoridades constituídas aprisionaram Pedro e João por ensinarem sobre Jesus. Embora fizessem de tudo para intimidá-los, nem Pedro nem João deixariam de falar sobre Deus. Lemos que "vendo a coragem de Pedro e de João, e percebendo que eram homens comuns e sem instrução, ficaram admirados e reconheceram que haviam estado com Jesus".[9]

Às vezes as pessoas dizem não. Toda vez que você diz não para Deus – você se transforma um pouco. Seu coração torna-se um pouco mais duro. Seu espírito morre um pouco. Seu vício em conforto se fortalece um pouco.

Não é o tamanho do risco que conta

O que representa um risco significativo para você pode ser igual para os outros. Pesquisas deixam claro que algumas pessoas têm forte predisposição genética para a ansiedade.

Imagine uma curva em forma de sino: as pessoas mais à direita têm uma predisposição genética para correrem riscos. Seu cérebro não é muito sensível à adrenalina e outros reguladores de estresse. Apresentam grande quantidade de uma substância chamada GABA – ácido gama-aminobutírico, em inglês. Precisam correr muitos riscos só para não se sentirem entediadas. Sentem-se atraídas por saltar de paraquedas ou *bungee-jump*, andar na corda bamba, lutar contra crocodilos e cantar em bares de caraoquê.

Pessoas no meio da curva estão preparadas parar viver uma quantidade moderada de ansiedade, ao passo que aquelas na extrema esquerda são predispostas pela genética para evitar os riscos. O cérebro delas apresenta sensibilidade extrema à adrenalina e têm baixos níveis de GABA. Lutam mais contra a preo-

[9] Atos 4.13

cupação. Podem experimentar maior ansiedade comparecendo a uma festa em que terão de fazer um pequeno discurso do que as pessoas à direita da curva saltando de um avião. O simples fato de estar à direita do sino não significa que você tem mais fé! Talvez tenha apenas mais GABA.

Da mesma forma, o simples fato de estar à esquerda não quer dizer que você seja inferior, em termos espirituais, a quem vive buscando novas emoções. Esse é um dos motivos pelo qual Jesus disse "Não julguem". Nem a você mesmo. Só Deus enxerga cérebro e neurônios e conhece a matéria-prima contra a qual todos lutamos. O objetivo é você tomar o que conta como risco para *você*, um passo de cada vez, a começar de onde está.

Deus faz o chamado. Nós lançamos o dado. Nós agimos. Começamos a aventura.

Onde é possível provar, é impossível ter fé

Tive a oportunidade de testemunhar a fé que lança dados bem de perto e em nível pessoal. Papai morou na mesma casa em Rockford, Illinois, até ir para a faculdade. Pertencia a uma família 100% sueca e os suecos não são um povo impulsivo. Tornou-se contador e os contadores, como grupo, costumam ser mais racionais e prudentes do que, digamos, pilotos de *stock-car* ou domadores profissionais de leões.

Ao completar 50 anos, papai recebeu um telefonema perguntando se estaria interessado em se mudar para a Califórnia, onde se juntaria à equipe de uma igreja para ajudá-la nas áreas financeira e administrativa. Era uma posição compatível com sua formação. Pediu para alguns de nós orarmos em seu favor face à necessidade de tomar uma decisão. Todos concordamos que aquela poderia ser uma mudança revigorante. Mas era uma decisão difícil porque ele passara a vida inteira em uma mesma comunidade, exercendo a mesma profissão. Deixar tudo parecia loucura. Ele disse não.

Mas não conseguiu se livrar da sensação de que dera a resposta errada. Havia um desassossego em seu espírito do qual não conseguia se libertar. Enfim, um dia ele ouviu um sermão fundamentado nas seguintes palavras: "Onde é possível provar, é impossível ter fé".

Todos nós gostaríamos de ser pessoas de fé, mas preferiríamos a antecipação de uma garantia. Serei mais generoso, Deus, desde que o senhor aumente minha renda primeiro. Enfrentarei essa injustiça desde que tenha o patrocínio dos poderes do alto.

Todos nós gostaríamos de ser pessoas de fé,
mas preferiríamos a antecipação de uma garantia.

A fé funciona ao contrário disso. Deus explica para o povo de Israel: "Dividirei as águas do Jordão, mas primeiro vocês terão de dar um passo em direção ao rio. Se ficarem na margem até terem prova de que as águas se abrirão, ficarão um bom tempo parados no lugar".

Justo o fato de o resultado ser desconhecido dá coragem, esperança e sentido à coisa. Se fosse sempre previamente conhecido, não faria sentido jogar. Não saber é nosso medo e nosso crescimento.

Por fim meu pai disse sim. Lançou o dado. Hoje diz que os anos mais emocionantes da sua vida foram os últimos vinte. Sente-se motivado, vive aprendendo coisas novas e está mais entusiasmado com o trabalho agora do que jamais o vi a vida inteira.

A gente não pode ficar só sentado.

CAPÍTULO 13

JOGUE COM GRATIDÃO

Que dádivas o Universo está me dando hoje?
E se não servirem ou se não gostar da cor?
SHANTI GOLDSTEIN[1]

É provável que o discurso mais famoso da história de quem gosta de jogo tenha sido proferido por um taciturno jogador de beisebol, ocupante da primeira base, chamado Lou Gehrig. Ele se postou diante do microfone em um dia em que o homenageavam pela carreira fabulosa, sofrendo de uma terrível enfermidade que lhe tiraria a vida em questão de meses. Aproveitou a oportunidade para agradecer os vendedores de ingressos, o pessoal que arrecadava os bilhetes e todos os profissionais que nunca eram aplaudidos, mas que tornavam possível o seu trabalho. E então pronunciou palavras que ainda ecoam no ar: "Hoje considero-me o homem mais sortudo sobre a face da Terra".

Suponho que parte da razão pelo qual tais palavras mexem conosco seja por expressarem a gratidão de alguém que imaginaríamos ter todos os motivos do mundo para se sentir amargurado. E porque, hoje em dia, esperarmos que a maioria das pessoas famosas envolvidas com os esportes falem mais sobre os próprios

---

1 GOLDSTEIN, Shanti. **I Am My Own Best Casual Acquaintance.** Chicago: Contemporary Books, 1993, p. 16.

direitos que de gratidão. Vemos atletas milionários em litígio contra clubes bilionários porque "minha primeira obrigação é para com minha família", como se 20 milhões de dólares não fossem suficientes para quebrar o galho.

Fico aqui pensando se o velho Lou Gehrig, seu corpo já devastado pela doença que o aleijaria e acabaria por matar, considerava-se de fato o "mais sortudo" dos homens. Mal posso imaginar o caráter necessário para alguém sentir toda essa gratidão naquele momento. Mas sei que os sortudos, os felizardos, são aqueles que jogam imbuídos de sentimento de gratidão.

A grande alegria secreta da vida – o prêmio que acreditamos que o fato de enriquecermos nos traria – é o êxtase da gratidão. É assim que jogam aqueles que são ricos para com Deus – rico em *ser*, não apenas em *ter*: com gratidão.

Gratidão: habilidade para experimentar a vida como uma dádiva

No filme sobre a Guerra Civil intitulado *Shenandoah*, James Stewart faz o papel de chefe de uma grande família rural. Viúvo e mal-humorado, é dono de um senso aguçado de autossuficiência. No começo do filme, ora antes de cada refeição (cumprindo promessa que a esposa o induzira a fazer no leito de morte), mas sua oração é muito petulante: "Senhor, nós carpimos a terra, aramos, plantamos nela, colhemos os seus frutos e preparamos a comida. Trabalhamos até nos sentirmos mortos de cansaço. Nada disso estaria aqui não fosse por nós, mas obrigado do mesmo jeito. Amém".

Se é assim que ele dá "graças", detestaria ouvi-lo reclamar.

Então vem a guerra. Ele perde tudo. Sua família desintegra-se. Irmãos lutam contra irmãos. Sua filha dá à luz uma menina chamada Martha em homenagem à esposa dele, mas morre durante o parto. Um de seus filhos é morto diante dos seus olhos por um jovem sentinela assustado. Seu filho mais novo, a quem amava por fazê-lo lembrar-se muito da esposa, é levado embora como prisioneiro de guerra e perdem o contato por vários anos.

No meio da guerra, os remanescentes da família reúnem-se em volta da mesa para comer. James começa a recitar a mesma oração de sempre: "Senhor, carpimos a terra, aramos...". Mas de repente engasga e não consegue terminar. Sofrimento e perda, nascimento e morte despedaçaram-lhe a ilusão de autossuficiência. Ironicamente, a perda e a dor que abrem a porta para a gratidão. Quase no final da história, contrariando todas as expectativas, James Stewart está sentado dentro de uma igreja quando seu filho mais novo retorna e entra mancando pelo corredor. Levantam-se e cantam juntos a doxologia: "Louvado seja Deus, de quem as bênçãos vêm...".

O personagem de Stewart aprende que costumava enxergar tudo errado. Na realidade, seu corpo era uma dádiva; seus filhos, uma dádiva; as sementes, a terra, a chuva, o sol e o crescimento eram dádivas; seu trabalho era uma dádiva; a vida em si era uma dádiva.

Ou seja, Deus lhe concede uma dádiva mais: a capacidade para a gratidão. A gratidão é a habilidade de experimentar a vida como um dom. Abre-nos para o maravilhamento, o encanto e a humildade. Torna nosso coração generoso. Liberta-nos das cadeias da preocupação conosco mesmos.

A gratidão é a habilidade de experimentar a vida como um dom. [...] Liberta-nos das cadeias da preocupação conosco mesmos.

Há alguns capítulos analisamos a história contada por Jesus sobre o rico insensato. Um dos detalhes mais reveladores dessa história aparece no começo, quando Jesus ressalta: "A terra de certo homem rico produziu muito".[2] Ele não diz que o *homem* produziu a colheita porque, claro, homem algum seria capaz disso. A colheita era uma dádiva. Acontece que o tal homem não enxergou isso. Ele a chamou de "sua". Tinha esse direito.

Gratidão não é algo que oferecemos a Deus por ele querer certificar-se de que temos consciência de todo o trabalho a que se deu por nossa causa. Gratidão é o dom que Deus nos confere de modo que estamos aptos para sermos abençoados por todas as outras dádivas que ele dá. É como nossas papilas gustativas, que nos permitem desfrutar da dádiva da comida. Sem a gratidão, nossas vidas degeneram-se em inveja, insatisfação e reclamações, levando embora o que entendemos ser automático e querendo sempre mais.

Há um relato na Bíblia sobre dez leprosos que clamam por socorro a Jesus. Leprosos tinham de usar roupas rasgadas, deixar o cabelo desgrenhado e gritar "Impuro! Impuro!", a fim de evitar que alguém tivesse um contato acidental com eles. Por isso aqueles dez conservaram-se à distância e bradaram "Jesus, Mestre, tem piedade de nós", a exclamação tradicional do mendigo. Talvez esperassem um milagre. Ou talvez apenas algum dinheiro e um pouco de comida.

O coração de Jesus comoveu-se. Mandou-os ir e mostrarem-se aos sacerdotes, o que é interessante em dois aspectos. Em ocasião anterior, purificara um leproso tocando nele. Agora ordenava aos dez que se apresentassem diante dos sacerdotes *antes* de serem curados, talvez com o intuito de testar-lhes a fé. Mais que isso,

---

[2] Lucas 12.16

ordenou-lhes que se mostrassem aos "sacerdotes", no plural. Um deles era samaritano. Os samaritanos seguiam crenças e sacerdotes diferentes. Curiosamente, Jesus não lhe disse para primeiro consertar suas práticas doutrinárias equivocadas. Abençoou-os do jeito que os encontrara.

Os dez leprosos deixaram Jesus e algo aconteceu a seus corpos enfraquecidos. À medida que seguiam, foram curados. Onde antes havia carne viva a pele fora restaurada. Deram-se as mãos e perceberam que tinham todos cinco dedos para apertá-las. Riram e em vez de produzir o ruído gutural ocasionado pela lepra, o riso saiu como doce melodia. Saltaram no ar e aterrissaram em cima de pés graciosos. Correram cada qual para sua casa, gritando os nomes de suas famílias.

Exceto um. Um deles virou-se e voltou correndo pelo caminho que acabava de percorrer. Avistou Jesus e atirou-se em terra em um gesto de gratidão.

Gratidão é sempre um ato de humildade. O pregador batista Joel Gregory[3] escreve que quando a tribo massai da África ocidental quer manifestar sua gratidão, eles encostam a testa no chão e dizem: "Minha cabeça está no pó". Membros de outras tribos expressam-na permanecendo sentados longo tempo na frente da pessoa a quem se sentem gratos e dizem: "Sento-me no chão diante de você".

Dez homens foram purificados. Dez homens receberam de volta a própria vida. Só um retornou. Nove correram no sentido errado. Só um voltou para agradecer ao Doador da dádiva. Quando leio a história de Jesus e os leprosos, fico pensando porque razão o único que se sentiu grato a esse ponto foi o samaritano.

---

[3] In ROWELL, Edward K. (ed.). **Fresh Illustrations for Preaching and Teaching.** Grand Rapids: Baker, 2000, p. 206.

Tento imaginar se o fato de ser samaritano e Jesus, judeu, tornou-o muito mais consciente de quão graciosa fora a dádiva recebida.

Ter demais pode fazer da pessoa uma ingrata.

A ilusão da gratidão é que a experimentaremos mais se obtivermos algo novo muito desejado. Na realidade, certificar-se de que uma criança ganha tudo que deseja é o caminho mais seguro para embotar-lhe o sentido de gratidão. Dan Baker escreve contando como um homem saudável disse-lhe que ele e seus amigos ricos chamavam os filhos de "'A Real Ordem do Clube do Esperma de Sorte'. Nasceram no meio do jogo e consideram-se responsáveis por todos os gols".[4] Às vezes não entendemos o quanto temos de nos sentir gratos a não ser quando tudo é ameaçado.

Às vezes não entendemos o quanto temos de nos sentir gratos a não ser quando tudo é ameaçado.

Trabalhar demais faz com que não percebamos as coisas pelas quais deveríamos nos sentir gratos.

James Dobson escreveu um livro muito comovente chamado *Final Rounds* [Rounds finais], sobre os últimos meses da vida do seu pai. Ambos eram ávidos jogadores de golfe, de modo que quando diagnosticaram uma doença terminal em seu pai, James o levou para a Escócia, onde poderiam jogar em um dos campos mais famosos do mundo. Em determinado momento, o pai de James perguntou-lhe sobre seu casamento e família. A resposta foi evasiva; estava tão concentrado no trabalho que lhe sobrava pouco tempo. Essas foram as palavras de um pai moribundo ao filho:

---

[4] BAKER, Dan; STAUTH, Cameron. **What Happy People Know**. Emmaus, PA: Rodale, 2003, p. 10.

"Gostaria de poder diminuir o ritmo de vocês dois... O perigo da grande ambição é que você trabalha tão duro que um dia desses pode acordar e descobrir que as coisas que de fato desejava eram as que já tinha o tempo todo".[5]

O homem mais sortudo do mundo

A filha mais nova da minha avó casou-se com tio Dale. Era o tipo de homem que toda criança quer como tio porque entendia mais de carro do que qualquer um no mundo. Na minha infância, ele trabalhava em empregos comuns como outros pais, mas sempre mantinha um projeto paralelo envolvendo carros. Comprava e vendia com regularidade os carros mais exóticos que já se viu.

Na década de 1960 teve um carro anfíbio capaz de andar na terra como um carro esporte comum e navegar na água. Na igreja em que cresci, quem levasse mais crianças para a escola bíblica de férias podia dar uma volta no carro anfíbio do tio Dale. Levava o ganhador até o rio Rock onde bastava acionar um botão para o carro transubstanciar-se em barco. Era como ser James Bond por um dia.

Em diversas ocasiões foi dono de um carro de bombeiros, do menor carro do mundo (com um assento conjugado ainda menor) e da primeira limusine Cadillac que tínhamos visto — completa, incluindo os vidros elétricos. Teve carros que venceram prêmios em exibições automobilísticas e carros com nomes de que nunca se ouvira falar; caminhonetes e alguns Ford T; os carros mais velozes, maiores, mais barulhentos e estranhos de que qualquer pessoa em Rockford já tivera notícia. Cite um carro e tio Dale chegou a ter e dirigir um. Comprei meu primeiro carro dele quando

---

5 DODSON, James. **Final Rounds.** New York: Bantam, 1996, p. 199.

estava na pós-graduação, um Volkswagen Super Beetle de 13 anos de idade, fabricado no final da década de 1960.

No último outono tio Dale subiu no telhado de um depósito para podar galhos de árvores. Seu pé escorregou e caiu do telhado ao chão. Um grande galho aterrissou em cima dele. Meu primo Buddy estava junto. Buddy é um homem grandalhão e conseguiu erguer o galho tempo suficiente para liberar uma das pernas de Dale, mas então teve de baixá-lo outra vez.

Os paramédicos correram com ele para o hospital. Tio Dale sentia dores atrozes. Quebrara ambos os punhos, o esquerdo em quinze lugares. Quebrara também o ombro esquerdo, além de estilhaçar a bacia e algumas costelas. Seria mais fácil enumerar os ossos que escaparam inteiros do acidente. Sendo ele quem era, no caminho para o hospital foi dando diversas instruções: rasgara o macacão de trabalho, mas podia ser remendado, de modo que não deveriam jogá-lo fora. Também quis se certificar de que alguém recuperara a serra elétrica.

Quando chegaram ao hospital, Dale se sentia atordoado. Ninguém sabia àquela altura que a situação dos seus ossos era tão ruim que parte do seu tecido adiposo estava escorrendo da medula. Um acontecimento bastante raro; centenas de coágulos de gordura foram liberados e passaram por sua corrente sanguínea feito chumbo grosso de uma arma de fogo, abrindo caminho rapidamente até para seus pulmões, envolvendo-lhe então o cérebro e interrompendo o fluxo de oxigênio. Algo até certo ponto semelhante a um grande infarto. Buddy assistiu os olhos do pai se fecharem e ele deixar de reagir.

Quando tia Becky chegou no hospital, Dale entrara em coma. Tiveram de passar uma sonda por sua garganta para mantê-lo alimentado e precisou ser colocado em um respirador artificial ou deixaria de receber oxigênio. Essa situação permaneceu dia após dia.

Meus pais voaram três mil quilômetros para vê-lo e ninguém duvidava que seria para dizer adeus. Um membro da equipe médica disse a tia Becky que logo seria hora de tomar algumas decisões difíceis. Se o colocassem em aparelhos capazes de sustentar-lhe a vida indefinidamente, poderia continuar vivendo daquele jeito durante meses ou anos. Depois seria necessária uma ordem judicial para interromper o processo. Por outro lado, se removessem a sonda e o respirador, morreria.

Não sei ao certo quais eram as chances de meu tio se recuperar e não quero fazer tudo soar mais dramático do que já era. Pelo que tenho lido, a maioria das pessoas que sofre de embolia por gordura recupera-se, embora não seja comum que entrem em coma. Só sei que as expectativas da família na época eram as piores possíveis.

Hora após hora, dia após dia, a esposa de Dale, Becky, permaneceu sentada junto ao leito dele, cantando, conversando com ele, orando e chorando. Uma manhã sentou-se ao lado da cama dele e pediu:

– Dale, acorde. Preciso que você cuide de mim. Preciso lhe dizer que o amo.

A cabeça dele se virou bem devagar na direção da voz dela. Becky achou que talvez fosse coincidência, resultado de um reflexo. De modo que foi e sentou-se do outro lado da cama.

– Dale, acorde. Preciso que cuide de mim. Preciso lhe dizer que o amo.

Mais uma vez, a cabeça dele virou na direção da voz dela.

Foi assim que começou.

Mais uma vez, como acontecera sessenta anos antes, quando nascera, o milagre da vida retornava ao corpo do tio Dale. Seus olhos se abriram e conseguiu enxergar. Sua boca se abriu e conseguiu falar. (Suas primeiras palavras soaram quando lhe retiraram a sonda da garganta – um procedimento bastante desconfortável.)

Após dias em coma e meses de reabilitação, tio Dale retornou para casa na semana passada. Voltou a andar e a dirigir. Não é, nem para melhor nem para pior, a mesma pessoa. Uma coisa está muito mais clara para todos: a vida é uma dádiva e cada dia, um milagre inestimável, cada segundo, uma prorrogação. Não sei porque minha vida acontece do jeito que acontece. Não sei porque algumas pessoas se recuperam e outras morrem. Não sei porque algumas orações são respondidas e outras (parecem) passar despercebidas. Mas sei que a vida é uma dádiva. Sei que não a merecemos, criamos, controlamos ou sustentamos. Sei que uma verdade a nosso respeito é que esquecemos que vamos morrer.

Outra verdade é que esquecemos que estamos vivos.

Sei que uma verdade a nosso respeito
é que esquecemos que vamos morrer.
Outra verdade é que esquecemos
que estamos vivos.

Pesquisadores concluíram que pessoas gratas têm o que denominam de baixo limiar de gratidão. Ou seja, assim como o sussurro precisa atingir um certo nível de decibéis para que o ouçamos, a bondade tem de atingir um certo nível de experimentação antes que a percebamos. Isto é, assim como alguns de nós têm dificuldades para ouvir, há quem tenha dificuldade para agradecer. Necessitamos de uma dádiva de proporções épicas (ganhar na loteria ou comprar um carro novo) antes que nos sintamos gratos de verdade. As pessoas com alta capacidade de gratidão, por outro lado, têm baixo limiar de gratidão. Entendem que um pôr-do-sol ou o sorriso de um amigo bastam para disparar o senso de que foram abençoadas com uma dádiva imerecida.

Não consigo fazer de mim mesmo uma pessoa grata. Mas posso abrir a janela do meu coração nesse sentido, de modo que quando a gratidão passar pela vizinhança, a probabilidade de apoderar-me dela seja maior. Por isso quero encerrar este capítulo com uns poucos modos de abrir a janela.

Manter-se consciente ajuda a construir o sentimento de gratidão

A gratidão pode ser aprendida. Os pesquisadores Robert Emmons e Mike McCullough[6] escolheram aleatoriamente algumas pessoas para manter um diário durante duas semanas. Nele deveriam registrar tanto os acontecimentos pelos quais se sentiam gratas quanto as lutas e os episódios mais banais da vida. Alegria, felicidade e satisfação com a vida, tudo isso foi de pronto considerado pelo grupo da gratidão.

O formato que usaram é simples. Mantenha uma caneta e o diário ou um pedaço de papel na cabeceira da cama. À noite, antes de dormir, reserve alguns minutos para refletir sobre cinco acontecimentos do dia que o induziram à gratidão. Pode ser algo simples como acordar pela manhã, ver o rosto de alguém de quem se gosta, comer um taco maravilhoso, ouvir palavras de afeto de um amigo ou concluir uma tarefa desafiadora no trabalho.

---

6 In SELIGMAN, Martin. **Felicidade autêntica**. Rio de Janeiro: Objetiva, 2004.

À medida que for anotando, lembre-se de que cada evento chegou até você pelas mãos de Deus. Use-os para refletir no quanto Deus deve ser bom para conceder tais dádivas. Reconheça que cada uma delas é uma expressão do amor desse Deus por você. Sussurre para ele o quanto você se sente grato pelas dádivas que ele lhe concedeu.

Organize uma noite de gratidão

O pesquisador Martin Seligman, ex-presidente da Associação de Psicologia Americana, desejando achar um modo de dar uma aula sobre a diferença entre fazer algo divertido e fazer algo altruísta, teve a ideia de encenar uma "Noite de Gratidão". Seguem as suas instruções:

> Escolha uma pessoa que no passado tenha feito grande diferença em sua vida, e a quem você nunca manifestou de verdade toda sua gratidão. (Não confunda essa escolha com o amor romântico recém encontrado, nem com a possibilidade de lucro futuro.) Prepare uma declaração por escrito das virtudes dessa pessoa. Que seja longa o suficiente para ocupar uma página. Componha sem pressa — leve semanas se for preciso.
>
> É importante agir face a face, não por telefone. Não conte para a pessoa o propósito da sua visita; um simples "quero ver você" é suficiente. Leve uma versão impressa do seu testemunho para oferecer de presente. Quando tudo se acalmar, leia seu testemunho em voz alta, com expressão na voz e muito contato visual. Deixe que a outra pessoa reaja sem pressa. Converse com ela sobre acontecimentos concretos do passado e que a tornaram tão importante para você.[7]

---

[7] In SELIGMAN, Martin. **Felicidade autêntica**. Rio de Janeiro: Objetiva, 2004.

Aprecie as dádivas imperfeitas

No próximo dia de Ação de Graças é provável que você se sente à mesa com sua família e agregados. Talvez sejam todos verdadeiros modelos de saúde mental e inteligência emocional. Ou não. Rick Warren diz que em toda família e em todo grupo há pelo menos uma pessoa a exigir graça extra. Se você olhar em volta da mesa e não encontrar essa pessoa, significa que ela é você.

Talvez sentir-se grato requeira um aprendizado que lhe permita sentir-se grato pelas pessoas problemáticas e pelas dádivas imperfeitas. Sinta-se grato quando seu filho quiser arrumar a cama, embora o desempenho dele fique muito longe da perfeição. Sinta-se grato quando seu cônjuge expressar afeição, apesar dele ou dela ser desajeitado. Sinta-se grato por seu corpo continuar andando para todo lado, embora fique um pouco mais enrugado e roliço a cada dia.

A parte do sentimento na gratidão é importante. Mas não espere sentir-se grato antes de agradecer. Em geral, o pensar e o fazer conduzem às emoções. C. S. Lewis[8] certa vez afirmou que existe uma linha tênue entre fingir que se sente algo e começar a senti-lo. Existe um bom motivo pelo qual o feriado é chamado *Ação* de Graças, não *Sentimento* de Graças.

O apóstolo Paulo escreveu: “Desperta, ó tu que dormes, levanta-te dentre os mortos e Cristo resplandecerá sobre ti”.[9] Deus ordena à raça humana: “Acorde, preciso lhe dizer que a amo”.

Vez ou outra, as pessoas acordam mesmo. Quando isso acontece, despertam para a gratidão. Com gratidão: assim jogam os ricos de verdade.

---

[8] In SMEDES, Lewis. **A Pretty Good Person**. Grand Rapids: Eerdmans, 1990, p. 19.

[9] Efésios 5.14

CAPÍTULO 14

DESCUBRA SUA MISSÃO

Esta é a verdadeira alegria da vida; ser usada com um propósito tido por você mesmo como poderoso, ser uma força da natureza em vez de uma nuvenzinha febril e egoísta de pequenos males, a reclamar que o mundo não quer saber de se dedicar a fazê-lo feliz.

GEORGE BERNARD SHAW[1]

Ninguém é selecionado para integrar uma equipe e pede para ficar sentado no banco. Ninguém dedica anos de trabalho a uma empresa achando insignificante o que faz. Ninguém quer pensar que no próprio funeral as pessoas discursarão declarando que sua vida não teve importância.

Queremos fazer diferença e não apenas para nós mesmos. Ninguém acalenta a esperança de que em sua memória alguém se levante e diga: "Ele deu duro para ser bem-sucedido. Fez um bom trabalho amealhando poder e dinheiro. Era um homem ansioso, impetuoso, educado, respeitável, vivia preocupado consigo mesmo, deixou muita gente impressionada".

Queremos ter transformado um pouco o mundo quando o deixarmos. Na hora de irmos embora, gostaríamos que alguém

---

[1] SHAW, George Bernard. **Man and Superman**. New York: Airmont Publishing, 1965, p. 27.

dissesse: "Minha vida ficou um pouco mais rica; meu mundo está um pouco maior; sou uma pessoa melhor porque este ser humano existiu sobre o planeta. Fez diferença. Transformou minha vida!".

Não queremos ser esquenta-bancos. Não queremos viver em segundo plano. Não me importo de perder, tampouco sinto a necessidade de ser a estrela, mas quero tomar parte no jogo. Essa vontade é maravilhosa. Nossa sede de importância indica quem somos e porque fomos criados. Mais profunda que a necessidade de comida, ar ou água é nossa necessidade de sentido, de saber que nossas vidas valem para alguma coisa. Essa necessidade pode acabar sendo distorcida pelo ego. Pode ser desviada para o narcisismo ou para o egoísmo. Mas somos todos feitos para ter sentido, como os Porsches são feitos para correr.

A busca por uma missão

Permita-me contar minha história predileta sobre a busca por uma missão. É a história de Johnny, o empacotador.[2] Johnny trabalha em um pequeno supermercado. Um dia participou de um treinamento conduzido pela palestrante Barbara Glanz. Ela falou a 3 mil empregados experientes de uma cadeia de supermercados – motoristas de caminhão, caixas e estoquistas.

Barbara discorreu sobre as maneiras pelas quais as pessoas podem fazer diferença. Descreveu como toda interação com o

---

[2] Ken Blanchard contou-me essa história pela primeira vez via telefone; hoje ela está relatada no livro que ele e Barbara Glanz escreveram intitulado **The Simple Truths of Service** [As verdades simples do serviço]. Colorado Springs: Simple Truths Press, 2005.

outro é uma oportunidade para criar uma memória, para abençoar a vida de alguém. Falou sobre como é importante procurar essas oportunidades. Relatou algumas histórias e então foi embora, não sem antes deixar seu número de telefone. Incentivou os presentes a lhe telefonarem se quisessem conversar mais sobre alguma coisa que dissera.

Cerca de um mês depois, Barbara recebeu o telefonema de um participante daquela reunião, um empacotador de 19 anos chamado Johnny. Ele a informou todo orgulhoso que tinha síndrome de Down e em seguida contou-lhe porque ligara.

– Barbara, gostei do que você disse. Mas a princípio não pensei que fosse capaz de fazer algo especial para os nossos clientes. Afinal, sou só um empacotador.

Até que ele teve uma ideia: resolveu que toda noite, quando voltasse do trabalho para casa, procuraria um "pensamento do dia" para o próximo turno. Algo positivo, um lembrete de como era bom estar vivo, ou do quanto as pessoas eram importantes, ou de como são inúmeras as dádivas das quais estamos rodeados. Se não encontrasse nenhum, inventaria alguma coisa.

Toda noite seu pai o ajudava a colar o pensamento escolhido em uma página de computador. Isso feito, Johnny imprimia cinquenta folhas. Com uma tesoura, recortava com grande cuidado trezentas cópias e assinava cada uma delas.

Johnny deixou então a pilha de pensamentos junto ao local em que trabalhava. Cada vez que acabava de empacotar as compras de alguém, colocava um pensamento por cima do último pacote. Em seguida parava, olhava o cliente bem nos olhos e dizia:

— Pus um pensamento maravilhoso dentro da sua sacola. Espero que o ajude a ter um bom dia. Obrigado por comprar conosco.

Um mês depois, o gerente da loja telefonou para Barbara:

— Você não vai acreditar no que vem acontecendo por aqui. Estava circulando pela loja quando cheguei aos caixas. Vi que a fila no caixa do Johnny era três vezes mais comprida que a de todos os outros. Estendia-se até o corredor dos congelados.

Mais que depressa o gerente recorreu ao alto-falante para mandar que mais caixas fossem abertos, mas não conseguiu fazer com que nenhum cliente mudasse de fila. Diziam: "Não tem problema, vamos esperar. Queremos ficar na fila do Johnny". Uma mulher chegou para ele, segurou-lhe a mão e confessou:

— Eu costumava fazer minhas compras na sua loja uma vez por semana. Agora entro sempre que passo por aqui – quero receber o pensamento do dia do Johnny.

Johnny fazia mais do que encher sacolas de compras; enchia vidas de esperança.

Existe um motivo para as filas de Johnny serem três vezes mais compridas que a de qualquer outro caixa da loja. Nossa alma precisa ser alimentada, assim como nosso corpo. O corpo se alimenta de proteína e carboidratos; a alma, de palavras. O que as pessoas mais necessitam de nós não é informação adicional, e sim palavras que lhes alimentem a alma. Às vezes, palavras simples como "obrigado" ou "espero que você tenha mesmo um bom dia" conseguem alimentar uma alma.

O que as pessoas mais necessitam de nós
não é informação adicional, e sim
palavras que lhes alimentem a alma.

Claro, o que dá tanto significado a palavras escritas em um pedaço de papel é saber de quem elas procedem. Só palavras podem vir dentro de um biscoito da sorte. Mas quando vêm de Johnny, as pessoas são lembradas da beleza de alguém esquecer-se das próprias limitações e buscar fazer da própria vida uma bênção para os outros. Sejam quais forem os fardos que Johnny carrega, tornam sua dádiva mais resplandecente.

Sabe quem é a pessoa mais importante dessa história?

Johnny, o empacotador.

Alguns meses mais tarde, o gerente voltou a ligar para Barbara, contando que Johnny transformara a loja inteira. Antes, quando encontravam na seção de jardinagem uma flor com defeito ou um ramalhete murcho, costumavam jogá-lo fora. Agora saem pelos corredores até achar uma senhora de idade ou uma menininha e lhe entregam ou prendem a sua roupa. Os açougueiros começaram a colocar fitas nos cortes de carne que embrulham para os clientes. O pessoal que fabrica os carrinhos de compras para o supermercado está tentando fazer carrinhos cujas rodas funcionem de verdade.

E *todas* as pessoas da loja *serão abençoadas por intermédio de Johnny.*

Se pode acontecer em um supermercado, pode acontecer em qualquer lugar.

Por falar nisso, sabe quem é a pessoa mais importante da sua família, do seu bairro e do seu local de trabalho? Você.

Você pode ser um Johnny, o empacotador. O que Johnny fez não foi engenhoso, complicado ou muito planejado. Ele é apenas um empacotador que deu vazão a seus sentimentos. Você pode ajudar isso acontecer onde quer que esteja.

A missão começa onde você está, não onde acha que deveria estar

Às vezes nos sentimos tentados a acreditar que nossa atual posição, situação ou emprego são uma barreira para a missão que temos a cumprir. Na verdade, são justamente onde nossa missão começa.

Ser importante não é o mesmo que *parecer* importante. Às vezes a importância da contribuição de uma pessoa passa despercebida até que cesse. Minha esposa gosta de contar a história de determinado marido que volta do trabalho para casa. Encontra-a um verdadeiro desastre. O bebê chorando, pratos imundos espalhados pelo balcão da cozinha, roupa suja pendendo de maçanetas de portas, a TV no último volume, camas sem arrumar, tapetes não aspirados, a poeira intocada e o jantar por fazer. Quando ele tenta saber o que houve, a esposa lhe diz: "Você não vive me perguntando o que fiquei fazendo o dia inteiro? Pois bem, hoje eu não fiz nada".

Paulo disse: "Cada um continue vivendo na condição que o Senhor lhe designou e de acordo com o chamado de Deus".[3] Isso não quer dizer que nunca deveríamos trocar de emprego ou mudar de casa, claro. Mas sim que se minha missão não pode começar aqui, onde me encontro, não terá como começar nunca, e ponto final.

A ideia de Jesus era que quando alguém começasse a segui-lo, haveria de se tornar boas-novas para todo o mundo nas proximidades, no escritório ou na escola. Seus seguidores passariam a ser mais generosos e verdadeiros, e por meio deles "todos os povos da Terra" seriam abençoados, como Deus prometera a Abraão.

---

[3] 1Coríntios 7.17

Sua ideia é que o evangelho seja a boa-nova para todo o mundo — até mesmo para as pessoas que não acreditam nele. Como escreveu o pastor Rob Bell: "Se o evangelho não for boas-novas para todos, então ele não é boas-novas para ninguém".[4]

O foco da sua missão não é você

Jesus disse: "Vocês são o sal da terra".[5] Acontece que o sal não existe por si mesmo. Quando foi a última vez que você almoçou ou jantou na casa de alguém e comentou: "Meu amigo, esse sal está ótimo. Querida, por que a gente não tem desse sal em casa? Precisamos trocar de marca".

O sal é chamado para se perder em algo muito maior e mais glorioso; aí sim cumpre seu destino. Fomos criados para fazer diferença. Fomos criados para ser sal. Mas a busca de sentido é um bailado delicado. Se ajo *sozinho* e *para* mim, é morte. Se ajo *com* Deus e *para* os outros, é vida, pois o que quer que faça com Deus para os outros nunca volta para a caixa.

Se ajo *sozinho* e *para* mim, é morte.
Se ajo *com* Deus e *para* os outros, é vida,
pois o que quer que faça com Deus para
os outros nunca volta para a caixa.

Cem anos atrás existiu um animado pregador de avivamentos chamado Billy Sunday. Ex-integrante de grandes times de beisebol,

---

[4] **Bell, Rob. Repintando a igreja: uma visão contemporânea. São Paulo: Vida, 2008, p. 193.**

[5] Mateus 5.13

costumava vir correndo e atirar-se no chão, escorregando em cima da plataforma com os pés apontados para frente, de modo que demonstre o drama de uma alma salva. Billy costumava dizer que a melhor coisa que podia acontecer a alguém era ir a um de seus avivamentos, ser salvo, sair para a rua, ser atropelado por um caminhão gigantesco e ir direto para o céu. Mas "ser salvo e morrer" não era a opção A para Jesus. Seu plano é que você tenha uma missão e um destino a partir deste momento e lugar – e essa missão nada tem a ver com a edificação do seu pequeno reino particular, mas sim, pura e simplesmente, como fato de você tornar-se rico para com Deus.

Sua missão tirará proveito de suas forças

Quando Deus deu uma missão a Moisés, uma das perguntas que lhe fez foi: "Que é isso em sua mão?".[6] Moisés segurava uma vara. Essa vara representava seu meio de subsistência, o que ele sabia fazer, aquilo em que era bom. Representava seus recursos; seu rebanho era sua riqueza. Representava sua segurança. Deus lhe pediu para se dispor a abrir mão dela.

Ainda hoje ele pergunta: "Que é isso em sua mão?". O que Deus lhe deu? Seus dons, temperamento, experiência, relacionamentos, mente, educação – tudo isso ajuda a determinar sua missão.

Deus lhe deu o que Martin Seligman chama de "forças demarcadas".[7] Seligman analisou diversas culturas e descobriu que em geral as habilidades humanas enquadram-se em certas categorias:

---

[6] Êxodo 4.2

[7] SELIGMAN, Martin. **Felicidade autêntica**. Rio de Janeiro: Objetiva, 2004.

- Sabedoria e conhecimento (incluindo habilidades como curiosidade, amor pelo aprendizado, a capacidade de julgar e a inteligência social).
- Coragem (perseverança e integridade).
- Humanidade (incluindo aptidões para a gentileza e a expressão de misericórdia).
- Justiça (a capacidade de agir com imparcialidade e liderança).
- Temperança (qualidades como autocontrole, prudência, humildade).
- Transcendência (a valorização da beleza, a expressão de gratidão, a capacidade de acalentar esperança, de alegrar-se).

Todos temos a capacidade de cada uma dessas forças. Mas umas poucas delas repercutem mais fundo em você; são suas "forças demarcadas".

Seligman diz que podemos optar pela vida aprazível,[8] pela busca de sentimentos positivos por intermédio da psicologia. Podemos buscar a boa vida usando nossas forças demarcadas. Contudo, a vida melhor – a vida cheia de significado, em missão – acontece quando usamos nossas forças demarcadas a serviço de algo maior que nós mesmos.

Sua missão tirará proveito de suas fraquezas

Às vezes as pessoas acham que lhes é roubada qualquer chance de ter uma missão significativa na vida por causa de suas fraquezas. Na verdade, o que acontece é o oposto disso. Deus jamais desperdiça uma ferida. Ninguém melhor para ajudar alcoólicos do

---

8 Idem, ibidem.

que alcoólicos em recuperação. Ninguém melhor para falar a quem chora a morte de um ente querido que quem sofreu profunda perda. Chuck Colson era advogado e atuava na Casa Branca, mas só depois de condenado estava preparado para dar início à Prison Fellowship.[9]

Subestimamos o papel desempenhado pela adversidade na vida. A biografia de George Washington escrita por Joseph Ellis conta a história do enteado de Washington, Jackie. Ele foi criado com todos os privilégios e vantagens que faltaram ao próprio Washington: criado particular, tutor pessoal residindo em Mount Vernon, os brinquedos mais recentes, as melhores roupas, seus próprios cavalos e cães para caçar raposa – tudo que era considerado desejável para se criar um cavalheiro de sucesso na cultura da época. Ellis faz este comentário memorável: "O único detalhe que lhe foi negado foi a adversidade, e o resultado previsível logo veio à tona".[10] Uma vida acabou sendo desperdiçada.

Johnny, o empacotador, não tinha uma missão *apesar* de suas limitações. Por outro lado, não fosse por essas limitações, seu dom não teria tido o mesmo peso. O maior dos seus fardos tornou-se o seu maior dom.

Sua missão se relacionará com suas inquietações mais profundas

O que mais o incomoda?

Para Moisés, era a opressão do seu povo. Odiou ver um de seus irmãos sendo espancado por um egípcio. De modo que

---

[9] Organização de apoio à comunidade cristã no ministério com presidiários, ex-presidiários, vítimas e suas famílias. [N. do T.]

[10] ELLIS, Joseph J. **His Excellency:** George Washington. New York: Knopf, 2004, p. 43.

Deus usou a agonia do seu espírito para chamá-lo a conduzir o povo à liberdade.

Para William Wilberforce, era a escravidão. Consagrou uma vida inteira a vê-la erradicada da Inglaterra, coisa que enfim aconteceu, não muito antes de sua morte.

Para Martin Luther King Jr, era a injustiça de uma sociedade que primeiro escravizou e depois oprimiu os afro-americanos. Até que um dia teve um sonho e então marchou e organizou e boicotou, inflamando o movimento pelos direitos civis.

Para Millard Fuller, era ver centenas de milhões de pessoas ao redor do globo terrestre sem um simples lugar decente para viver. Então Millard Fuller pegou um martelo e começou a construir casas, e a associação humanitária Habitat for Humanity nasceu.

Se deseja ter um senso de missão ardendo em brasa no seu interior, passe algum tempo alimentando sua inquietação divina. Via de regra, tentamos evitar os dissabores, mas se você sentir que sua missão tem a ver com ajudar os pobres, passe tempo em meio a essa pobreza. Permita a suas emoções um envolvimento profundo e leve consigo esse fogo, de que as coisas precisam mudar.

Frederick Buechner escreve que, via de regra, Deus chama você para um tipo de trabalho

> (a) que você deve fazer e (b) que o mundo precisa que seja feito. Se você de fato sente-se estimulado com seu trabalho, presume-se que tenha atendido às expectativas (a), mas se seu trabalho for redigir anúncios publicitários para cigarros, é provável que você tenha ficado aquém das exigências (b). Por outro lado, se seu trabalho é atuar como médico em uma colônia de leprosos, provavelmente você atendeu às expectativas (b,) mas caso sinta-se entediado e deprimido com isso,

> indica que você tem não apenas negligenciado (a) seus pacientes como também não os está ajudando. Nem o instrumento de penitência nem o leito macio bastam. O lugar para o qual Deus chama você é o lugar onde sua profunda alegria e a fome profunda do mundo se encontram.[11]

Para Johnny, o empacotador, encontram-se no fim de uma fila de caixa. Onde encontram-se para você?

Sua missão significa que Deus acredita em você

Ned Colletti é o administrador geral do time de beisebol Los Angeles Dodgers. Trabalha com novos talentos. Descobrir um talento com potencial para chegar aos grandes times – ao "espetáculo" – é seu trabalho. Passou a vida inteira de adulto caçando talentos.

Todo ano Colletti vai à República Dominicana observar jovens jogadores. A maioria, diz ele, só tem um dos pais. A maioria não conhece o pai nem recebeu educação além da quinta série. No último ano, um jogador em particular pareceu-lhe bastante promissor, mas era tímido por ter medo de fracassar. Ned puxou-o de lado e explicou que o fracasso faz parte do beisebol – que os grandes Roberto Clemente, Barry Bonds e Roger Clemens fracassavam. Também explicou que Deus o abençoara com um talento especial criado só para ele. Esse atleta talentoso de 1,89 m e 95 kg olhou para Ned com lágrimas nos olhos e não queria soltar a mão de Ned quando ele o cumprimentou já prestes a ir embora.

---

[11] BUECHNER, Frederick. **Beyond Words**. San Francisco: HarperSanFrancisco: 2004, p. 405-406.

Imagine-se um garoto de 15 anos na República Dominicana: você nunca viu seu pai; não recebeu nenhuma educação formal, não tem dinheiro nem perspectiva; está destinado à pobreza. Então um dia o olheiro de um grande time chega e lhe diz: "Siga-me, e eu o farei um jogador de beisebol profissional".

De quanto tempo você precisaria para tomar uma decisão?

Do mesmo modo, Jesus apareceu e convocou discípulos. Eles sabiam que não eram material para jogar nos times da primeira divisão. Na época deles, se alguém pretendia tornar-se seguidor de um mestre, em geral fazia isso muito antes. Os mestres não recrutavam jamais; eles aceitavam candidatos.

Exceto esse único. Aproximou-se de pescadores e coletores de impostos e disse a cada um: "Eu acredito em você. O que sei, lhe ensinarei. O que faço, você também pode fazer".

Não admira que aqueles homens abandonassem suas redes!

Jesus enviou seus seguidores a fazer o que ele fazia. E é isso que chama você a fazer hoje. Ele o convida a sair em missão, a apresentar-se para o grande espetáculo, a participar do verdadeiro jogo. Você é o sal da Terra. Ele pode fazer da sua vida uma bênção.

Talvez você tenha a impressão de não acreditar o suficiente em Jesus. Tudo bem. Ele acredita em você.

PERIGOS

Capítulo 15

Cuidado com a missão-sombra

O homem que não descobriu
algo pelo qual morrer
não está preparado para viver.
Martin Luther King Jr[1]

Você e eu fomos criados para ter uma missão na vida. Para fazermos diferença. É assim que se participa do jogo.

Mas se não buscarmos a missão para a qual Deus nos criou, encontraremos um substituto. Não podemos viver na ausência de propósito. Se não vivermos a missão designada por Deus, viveremos o que poderia ser chamada de missão-sombra, tomando parte de um jogo que não nos compete jogar.

Há alguns anos um amigo convenceu-me a participar de um fim de semana cujo lema seria "libere o guerreiro bárbaro existente dentro de você". Aconteceu em um acampamento remoto e privado, quase militar. Se lhe dissesse onde é, seria obrigado a matar você depois. Chegamos na calada da noite. Homens silenciosos que com certeza tinham assistido ao filme *Apocalypse Now* mais vezes do que deveriam conduziram-nos, empunhando lanternas, a uma sala de

[1] Luther King Jr., Martin, apud Winokur, John (ed.). **In Passing**. Seattle: Sasquatch, 2005, p. 57.

preparação. Nossas mochilas foram revistadas e todos os itens proibidos (petiscos, material de leitura, sinalizadores de emergência), confiscados. Designaram-nos números que deveriam ser usados no lugar dos nomes para nos identificarmos durante a maior parte do fim de semana. Conduziram-nos vendados por um corredor enorme onde aqueles que tinham chegado tarde ou tentado contrabandear mercadorias receberam a ordem de permanecer de pé ("Número 17. De pé.") e a dizer ao restante do grupo, em linguagem isenta de qualquer emoção, que nosso comportamento indicava um profundo desdém pelo mundo inteiro exceto nós mesmos.

Entoamos cantilenas. Marchamos nus no meio da neve. Durante dois dias comemos casca de árvore e frutinhas. Fomos privados de sono. Uivamos para a lua. Permanecemos de cócoras dentro de uma tenda/sauna de guerreiro indígena, purificando nossas almas na confraria glandular do suor; trinta homens evaporando dentro de um espaço em que não mais de seis guerreiros da tribo chippewa teriam tentado acotovelarem-se.

Usamos psicodrama para restabelecer a busca pela virilidade em nós. Na maior parte das vezes isso envolveu nosso anseio pelo pai. Cada um de nós teve de lutar para levar a própria virilidade para longe do pai. Nossa virilidade foi masculinidade quase sempre representada por duas laranjas, as quais tínhamos de arrancar das mãos implacáveis do pai, lutando, esperneando e gritando muito. Não se conquista a virilidade facilmente. Como tenho cabelos grisalhos, fui escolhido por um número impressionante de homens para representar o pai. Era perigoso ser o pai. Depois de algum tempo, limitei-me a ficar olhando fixo para a frente, atirando laranjas para meu interlocutor sem que me pedissem nada. ("Tome, filho, assuma sua virilidade. Quero que fique com ela.")

Foi uma tolice, uma manipulação que violava quase tudo que aprendera com o treinamento clínico sobre consentimento baseado em informação. Em situações assim, costumo proteger-me optando, sem dizer uma palavra, por tornar-me um observador. Finjo até para mim mesmo que sou saudável e forte, e que estou acima da necessidade de participar de tais jogos. Que só estarei presente para analisar pessoas mais carentes do que eu. No entanto, houve momentos em que, apesar de mim mesmo, senti profunda comoção.

Um dos exercícios que fizemos implicava cada um falar a todos os demais sobre sua vida sexual. Homens levantaram-se e discorreram sobre arrependimentos, vergonha, fracasso e sofrimentos com a maior sinceridade que eu já vira. Um rapaz chorou ao contar que dormira com uma mulher na semana anterior cujo nome desconhecia. Um após o outro, os maridos narraram que se levantavam no meio da noite para se conectar na Internet em busca de *sites* de conteúdo sexual explícito. Embora isso fizesse mal ao casamento deles e os levasse a experimentarem um enorme vazio, pareciam não conseguir parar. No Novo Testamento, Tiago diz: "confessem os seus pecados uns aos outros".[2] Fiquei imaginando porque isso acontecia com mais transparência em um ambiente secular entre estranhos absolutos do que já vi acontecer em décadas de vida de igreja.

O lado sombra

A parte da discussão que mais me chamou atenção envolveu a ideia de que cada um de nós tem uma "missão-sombra". Carl Jung (cujo pai era pastor) costumava falar do nosso lado sombra: padrões de pensamento e ação que traem nossos valores mais

---

2 Tiago 5.16

profundos, que levam ao arrependimento e culpa.[3] Sei que Jung usou o conceito de modo secularizado, não invocando a presença de Deus ou nossa necessidade de perdoar. Mas considero útil a imagem da sombra. Ela descreve o senso do oculto, da coisa vaga e de confusão que meu pecado causa.

Assim como temos todos uma missão – um modo de contribuir para com o Reino de Deus, para o qual fomos desenhados e recebemos talentos – temos também o que poderia ser chamado de uma missão-sombra. Minha missão-sombra é o que farei da vida se me deixar levar pelo piloto automático. Consiste nas atividades para as quais gravitarei se permitir que minhas tentações e egoísmo naturais tomem o controle. Todo o mundo tem uma missão-sombra.

Assim como temos todos uma missão — um modo de contribuir para com o Reino de Deus, para o qual fomos desenhados e recebemos talentos — temos também uma missão-sombra.

Como ilustração, um dos membros da equipe nos disse:

– Minha missão-sombra é ver TV e masturbar-me enquanto o mundo vai para o inferno.

Risos nervosos percorreram o círculo de homens.

– Vou dizer de novo – insistiu o homem –, só que desta vez, quero que vocês ouçam e não riam. – E então repetiu: – Minha missão-sombra é ver TV...

[3] Carl Jung (1875-1961), na Teoria do Inconsciente Coletivo, traçou os contornos de cinco arquétipos, dentro os quais o da sombra. Seria o oposto da imagem do ego, a energia instintiva fora do domínio da consciência para a qual representa perigo. [N. do T.]

O silêncio agora foi solene. Cada um de nós pensava a mesma coisa: com que facilidade nossa vida consegue escorregar para uma busca autocentrada demais, banal até. Aquele homem não se sentia tentado a ser um Adolf Hitler ou um Saddam Hussein. Lutaria contra esse tipo de mal escancarado. Era a banalidade de sua missão-sombra que tornava tudo possível.

Em parte, nossas missões-sombra são moldadas pela cultura em que nos encontramos inseridos. O rico insensato da história bíblica tinha uma missão-sombra muito clara: construir celeiros maiores e acumular bens por muitos anos. Levar uma vida fácil: comer, beber e divertir-se.[4]

Na trilogia O *Senhor dos anéis*, a missão de Frodo é ser o portador do anel, abençoar a Terra Média destruindo o anel no fogo da perdição. A parte mais difícil da missão não é vencer os inimigos externos. A parte mais difícil é renunciar à missão-sombra de preferir reivindicar a propriedade do anel e buscar poder e glória para si próprio.

Conhecer com clareza minha missão-sombra e ser capaz de nomeá-la tem enorme serventia porque, quando a vejo pelo que de fato é, percebo o quanto não quero dedicar-lhe minha vida. No fim do jogo, todas as nossas missões-sombra significam o mesmo resultado: desespero.

A missão-sombra na Bíblia

O livro de Ester, entre outras coisas, trata de missões e missões-sombra, e como entrelaçam-se com a grandiosa missão divina. No início do livro, o rei Xerxes está dando uma festa.

---

[4] V. Lucas 12.18-20

Seu reino estendia-se da Ásia Menor até a África, incluindo porções do norte da Índia. Não era um personagem admirável. O escritor usa de habilidade, sátira e exagero para nos apresentar o retrato de um rei soberbo que quer exibir sua grandeza mas na verdade não tem a menor força de caráter e precisa o tempo todo de outras pessoas para influenciá-lo.

O livro começa com o rei em um banquete com 180 dias de duração (três banquetes são descritos só no primeiro capítulo; um modo de dividir o livro é como uma série de banquetes) — seis meses de pura farra. Em seguida dá outra festa para a capital inteira, aberta à gente comum. O povo bebeu o quanto quis,[5] sem comedimento, sem ter de escolher alguém para permanecer sóbrio que pudesse dirigir depois. No sétimo dia, "quando o rei Xerxes já estava alegre por causa do vinho", mandou chamar a rainha, Vasti. Até o momento exibira suas posses; agora queria ostentar sua última aquisição.

O que você imagina que queria mostrar da rainha? A inteligência — venha cá, resolva essas equações matemáticas? A personalidade — sustente uma animada discussão sobre o declínio do império babilônico?

Não, queria que Vasti viesse "mostrar aos seus súditos e aos nobres a beleza dela, pois era de fato muito bonita".[6]

Então um fato extraordinário aconteceu. Ela mandou dizer que muito obrigada, não; ficaria em casa, lavando o cabelo.

Talvez você ache que o rei então desconfiou da posição embaraçosa em que a pusera, mas está enganado. "O rei ficou furioso e indignado".[7]

---

[5] V. Ester 1.8,10

[6] Ester 1.11

[7] Ester 1.12

Vasti ameaçara a missão-sombra do rei de impressionar a nação. Ele agora parecia fraco. De modo que se voltou para os "especialistas em questões de direito e justiça"[8] – a versão da época para o Supremo Tribunal. Se não conseguia controlar a rainha, transformaria o problema em questão de estado: "O que faço com minha mulher? Ela lavou o cabelo e não me obedece". Xerxes não estava preocupado com a justiça; só queria mostrar quem mandava ali. Era uma questão de gerenciamento de imagem.

O tribunal supremo de Xerxes aconselhou-o a promulgar um decreto dizendo que Vasti não teria permissão para comparecer diante do rei nunca mais (o que não deve ter-lhe despedaçado o coração, já que foi esse o seu crime, antes de mais nada) e que ele arrumaria nova rainha.

Xerxes gostou da ideia. Recorreu a seus "criados pessoais" para o aconselharem quanto à melhor maneira de empreender essa busca. Agora não se tratava da suprema corte, mas sim de guarda-costas, rapazes com alto nível de testosterona a darem-lhe ideias do que procurar em uma nova rainha. Quer tentar adivinhar o critério número um proposto por eles? Sugeriram que o rei realizasse um concurso de beleza "Miss Média e Pérsia" em que cada província – 127 ao todo – contribuiria com uma finalista para o harém real. Então cada competidora seria submetida a rigorosos tratamentos de beleza, uma versão da antiguidade dos programas de televisão que promovem a reconstrução física por meio de cirurgia plástica. No final, "a moça que mais agradasse o rei" seria a vencedora e assumiria o papel de esposa definitiva.

Uma das concorrentes era uma jovem judia de nome Ester, adotada e criada pelo primo, Mardoqueu. É-nos dito que ela era

---

8 v. 13

"atraente e muito bonita".[9] Passou pelas preliminares e foi uma das finalistas escolhidas para apresentar-se diante do rei. Não ficamos sabendo quais eram seus sonhos até então. Desconhecemos se ela inscreveu-se por vontade própria na competição ou se foi obrigada. A princípio, a história soa um pouco como a de Cinderela ou Branca de Neve. Talvez o *glamour* e as oportunidades oferecidas pelo fato de ser rainha a entusiasmassem profundamente. Ou pode ser que a perspectiva de se casar com o rei fosse assustadora. Fosse qual fosse o caso, quaisquer que fossem os sonhos que tinha para a própria vida até então, eles foram interrompidos de uma hora para outra. Sua única certeza era não fazer a menor ideia do que o futuro lhe reservava. Como você e eu.

Ester não fazia a menor ideia do que
o futuro lhe reservava. Como você e eu.

Ester começou a se preparar para comparecer diante do rei. Antes de chegar sua vez, as moças tinham de cumprir 12 meses de tratamentos de beleza prescritos para as mulheres, segundo nos é relatado; seis meses de óleo de mirra e seis meses de perfumes e cosméticos (graças a Deus a lipoaspiração e o silicone ainda não tinham sido inventados). Tudo isso era pressão demais para um primeiro encontro. Se alguém não se sentir atraído por você depois de doze meses de preparação, é provável que isso nunca venha a acontecer.

Ester, modelo de humildade e comedimento, ganhou o concurso e foi nomeada a nova rainha. O rei promoveu mais uma

---

[9] V. Ester 2.7

festa. A missão de Ester parecia ser de beldade de plantão ao lado do homem mais poderoso da Terra — até novo acontecimento mudar os rumos de sua vida pela segunda vez.

"*Para um momento como este...*"

O chefe da equipe do rei, Hamã, fora mortalmente ofendido pelo guardião de Ester, Mardoqueu, que se recusara a curvar-se na sua presença e prestar-lhe honra.[10] Obcecado pelo poder, Hamã não faria vistas grossas nem ao menor indício de rebeldia. Resolveu então vingar-se destruindo todos os judeus do reino. Ludibriou e seduziu o rei em sua ingenuidade, levando-o a decretar o genocídio dos israelitas.

Quando a notícia da traição de Hamã chegou a Mardoqueu, ele logo concluiu que só havia uma pessoa em todo o império em posição de intervir junto ao rei na tentativa de salvar todo o Israel: a vencedora do concurso de beleza. O plano divino de estabelecer uma comunidade redentora foi posto nas mãos finas de uma rainha da beleza chamada Ester. Deus revelou a missão que tinha para a vida de Ester, como costuma fazer com você e comigo, ao menos em parte por intermédio das palavras de um amigo espiritual sábio e de confiança. Você tem de procurar o rei, Mardoqueu explicou a ela.

Ester não fora preparada para um momento como aquele. Aprendera que tinha valor para o rei por causa de seu corpo e rosto. Fora treinada durante doze meses para tentar antecipar e então satisfazer cada um dos desejos dele. Cometeria uma ofensa capital quem se aproximasse do rei sem ser convidado — e o rei não a chamava havia um mês. A lua-de-mel acabara, o harém

---

[10] V. Ester 3.2

estava completo e Ester não tinha um marido dedicado. Sabia o que acontecera a Vasti. Seria suicídio desafiar Hamã, o verdadeiro poder por detrás do trono.

A rainha tinha bons motivos para declinar da proposta. E muita gente interromperia a conversa por aqui. Mas não Mardoqueu. Disse a Ester que se acomodar com o fato de ser uma rainha da beleza, rica e mimada, era sua missão-sombra. Sua verdadeira missão era usar de coragem e inteligência para salvar seu povo. Proferiu as palavras que ecoariam dentro da mente dela até o último dos seus dias: "Quem sabe se não foi para um momento como este que você chegou à posição de rainha?".[11] O destino de uma nação inteira, o destino do povo de Deus, encontrava-se em suas mãos.

Ester não fora conduzida àquela circunstância em sua vida para acumular um guarda-roupa caro e colecionar pedras preciosas. Não fora alçada àquela posição para tornar-se a mulher mais desejável do reino. Segurança, proteção, fama, poder de atração – nada disso constituía sua missão. Tais coisas formavam sua missão-sombra. Sua missão verdadeira era fazer parte do plano de Deus para redimir o mundo. Assim, não por acaso, chegara aonde chegara. "Quem sabe", disse Mardoqueu, "se não foi para um momento como este que você chegou à posição de rainha?".

Descobrir o que é necessário para cumprir o sentido da sua vida não é a mesma coisa que ser bem-sucedido, e nunca é fácil. No fundo da alma, no entanto, sabemos que não fomos feitos para uma missão fácil. Ela não nos faz vibrar. Ninguém jamais foi ao cinema para ver um filme intitulado *Missão não muito difícil*.

Ester pediu três dias para poder jejuar e orar antes de abordar o rei. "Depois disso irei ao rei, ainda que seja contra a lei", disse

---

[11] Ester 4.14

ela. E então acrescentou palavras tão magníficas pela coragem que demonstravam quanto tinham sido as de Mardoqueu pelo desafio que lançaram: "Se eu tiver que morrer, morrerei".[12]

Havia profundidades em Ester de que nem ela suspeitava – como talvez existam em você também. Tempos atrás, alguém na fábrica da Mattel armou a maior confusão de modo que algumas caixinhas de som destinadas a serem instaladas em bonecas Barbie foram parar dentro de vários soldados GI Joe. Vice-versa também aconteceu. Centenas de meninos ficaram chocados ao ouvir seu GI Joe anunciar "Vamos fazer compras até cair de cansadas". Número igual de meninas escutou a Barbie vociferar: "Chega de moleza! Força, força, força!". Xerxes pensou que se casara com a Barbie, mas acabou tendo o GI Joe ao seu lado.

Havia profundidades em Ester de que nem ela suspeitava — como talvez existam em você também.

No terceiro dia, Ester cobriu-se de trajes reais e postou-se no pátio interno, aguardando o rei. Imagine o que lhe passou pela cabeça enquanto esperava. *Vida ou morte?*

O rei a avistou. Estendeu a mão que empunhava o cetro, indício de favor real. Ester viveria mais um dia. Então quis saber: "Qual é o seu pedido? Mesmo que seja a metade do reino, lhe será dado".[13]

Ester compreendeu que esse tipo de coisa um rei diz quando está de bom humor, mas não deveria ser interpretado ao pé da letra. Se de fato pedisse metade do reino, tudo passaria por uma mudança

---

[12] v. 16

[13] Ester 5.6

radical. Em linguagem de rei, o que estava dizendo equivalia mais ou menos a "Quer ficar com o controle remoto esta noite?".

Ela não podia deixar escapar um "Eu gostaria que você mandasse revogar a lei inalterável dos medos e persas, poupasse meu povo e cortasse as asas do seu chefe de equipe". Por isso, disse: "Se for do agrado do rei, venha com Hamã a um banquete que lhe preparei".

O rei nunca recusara uma festa em toda sua vida. Divertiu-se tanto nessa festa de Ester que pela segunda vez pergunto-lhe qual era seu pedido. Mas ela apenas o convidou para novo banquete, quando então faria seu pedido. Ester demonstrava notável habilidade. Só por comparecer o rei estaria concordando em atendê-la.

A alma não se alimenta de sombras

Hamã, claro, entusiasmou-se todo por ser incluído na história. Aquela noite vangloriou-se com a esposa e os amigos "de sua grande riqueza, de seus muitos filhos e de como o rei o havia honrado". Mas reclamou: "Tudo isso não me dará satisfação, enquanto vir aquele judeu Mardoqueu sentado junto à porta do palácio real".[14] A missão-sombra de Hamã era *ter mais*: mais riqueza, mais poder, mais reconhecimento. Contudo a alma não pode se alimentar de sombras. Não seria suficiente. Nunca é. A esposa de Hamã o aconselhou a mandar construir uma forca de 20 metros de altura e fazer com que Mardoqueu fosse enforcado nela. "A sugestão agradou Hamã, e mandou fazer a forca."[15]

Naquela mesma noite, o rei não conseguiu dormir. Pediu a um criado que lesse para ele (como rei, imaginava que não precisaria

---

[14] v. 11,13

[15] v. 14

ler ele mesmo para pegar no sono) suas crônicas. "Leia o livro a meu respeito", ordenou.

Assim foi lida para ele a história de um homem chamado Mardoqueu que certa vez lhe salvara a vida. Quando o rei perguntou que reconhecimento esse Mardoqueu recebera por seu feito, o criado respondeu que nunca fora nem sequer homenageado. Nesse momento, Hamã chegou para pedir ao rei que mandasse enforcar Mardoqueu, sem saber nada do relato que o criado acabava de ler. O rei primeiro lhe indagou: "O que se deve fazer ao homem que o rei tem o prazer de honrar?".[16]

Certo de que só podia ser ele o tal homem, Hamã respondeu que deveriam vesti-lo de trajes reais, dar-lhe um cavalo real para montar conduzido por um oficial real e, ainda por cima, fazer com que até o cavalo usasse uma coroa. "Isto é o que se faz", disse Hamã (*repuxa, repuxa, pisca, pisca*), "ao homem que o rei tem o prazer de honrar!"[17]

Imagine a cena. "Muito bem", concordou o rei. "O homem em questão é Mardoqueu. Hamã, você vai puxar o cavalo dele pela cidade inteira; conte a todo o mundo que ele é o homem que tenho prazer em honrar."

Desse momento em diante começou a decadência de Hamã. Ester deu outro banquete e atraiu a atenção do rei com coragem e habilidade. Contou-lhe que ela e seu povo estavam para ser destruídos.

"Quem se atreveu a uma coisa dessas? Onde está ele?",[18] indagou o rei.

---

[16] Ester 6.6

[17] v. 9

[18] 7.5

"O adversário e inimigo é Hamã, esse perverso",[19] retrucou a rainha.

Hamã acabou sendo pendurado na forca que mandara construir para Mardoqueu.

O rei precisava de um novo chefe de equipe. Ester cuidou disso também: "Ester o nomeou [Mardoqueu] administrador dos bens de Hamã".[20] Em seguida, voltou para o rei e lembrou-lhe que o edito de morte para o povo dela continuava em vigor. O rei entregou-lhe seu anel e disse: "Escrevam agora outro decreto em nome do rei, em favor dos judeus, como melhor lhes parecer, e selem-no com o anel-selo do rei, pois nenhum documento escrito em nome do rei e selado com o seu anel pode ser revogado".[21] Esse novo decreto conferiu aos judeus o direito de se defenderem contra os terroristas de Hamã. O povo de Israel foi tão bem-sucedido, segundo nos é relatado, que "muitos que pertenciam a outros povos do reino tornaram-se judeus".[22]

Sem acaso

O que essa história tem a nos dizer sobre nossas missões e nossas sombras? Antes de mais nada, que talvez onde você está hoje não é por acaso. Quem sabe se você não chegou à posição que ocupa para um momento como este?

Ester não planejou ser rainha, mas depois de ocupar o trono, teve de decidir entre uma missão-sombra, em que imperavam a

---

[19] v. 6

[20] 8.2

[21] v. 8

[22] v. 17

segurança, a riqueza e o poder, e a missão conferida por Deus de salvar seu povo. Por outro lado, Hamã poderia ter usado sua posição para promover justiça; em vez disso, cedeu à missão-sombra da autoidolatria e da crueldade. O rei poderia ter abraçado uma missão de generosidade, mas optou por acomodar-se à missão-sombra de desfrutar de um prazer superficial.

Qual a sua posição? Talvez envolva seu trabalho, seu casamento, seus deveres como pai ou mãe, ou suas amizades. Talvez implique ir à escola. Talvez envolva a vizinhança em que você mora, ou um serviço voluntário, ou sua igreja. Uma coisa é certa: *este* é o seu momento. Não uma outra situação qualquer. Não o amanhã ou o ontem. Com frequência somos tentados a achar que estamos chapinhando em água neste momento, a espera de um outro momento qualquer, de posição mais importante. Você não escolhe seu momento; seu momento o escolhe. Há um motivo para você estar onde está e ser quem é.

Você não escolhe seu momento;
seu momento o escolhe. Há um motivo
para você estar onde está e ser quem é.

A história também leva-nos a pensar quem desempenha o papel de Mardoqueu em nossas vidas. Se Ester não contasse com um Mardoqueu, talvez nunca entendesse a própria missão. Sem o desafio lançado por ele, poderia não ter se entregado à missão. Missão essa que ninguém poderia executar em seu lugar, mas tampouco ela o fez sozinha.

Quem é seu Mardoqueu? Quem o conhece bem o suficiente para ajudá-lo a identificar aquilo que Deus o está chamando para realizar? Quem o ama o bastante para desafiá-lo quando você só sente vontade de recuar?

Jesus e a sombra

Jesus enfrentou uma missão-sombra? Acredito que sim. Graças ao escritor de Hebreus, ficamos sabendo que "passou por todo tipo de tentação", como nós, mas permaneceu "sem pecado".[23] Para Jesus, a missão-sombra consistia em ser o Messias e não sofrer. O grande estudioso do Novo Testamento F. F. Bruce escreve:

> "Diversas vezes, vinda de muitas direções, sobreveio-lhe a tentação de escolher um modo menos custoso de satisfazer seu chamado que o do sofrimento e morte, mas resistiu até o fim, rosto firme, imperturbável, pronto para cumprir o propósito pelo qual viera ao mundo".[24]

No deserto, Satanás tentou Jesus com a possibilidade de cumprir sua missão sem passar fome, sem sentir dor ("Seus anjos [...] o segurarão")[25] e sem sofrer oposição ("Todos os reinos do mundo [...] te darei").[26]

Mais tarde, quando Jesus comunicou aos discípulos que haveria de sofrer e morrer, Pedro tentou convencê-lo de que seu sofrimento era desnecessário. Tratava-se da mesma missão-sombra e a razão pela qual Jesus o repreendeu com tanta veemência: "Para trás de mim, Satanás!".[27] Durante todo o percurso até o jardim

---

[23] Hebreus 4.15

[24] Bruce, F. F. **The Epistle to the Hebrews**. Grand Rapids: Eerdmans, 1964, p. 53.

[25] Mateus 4.6

[26] v. 8,9

[27] Marcos 8.33

do Getsêmani, lutou contra isso, orando: "Afasta de mim este cálice".[28] Teve de participar de nossa "fome de pai". "Meu Deus! Meu Deus! Por que me abandonaste?",[29] clamou da cruz. Sua grande vitória foi sobre a tentação da missão-sombra, um Messias sem cruz. E essa vitória deu a seus seguidores coragem para renunciar às próprias missões-sombras.

A história de Ester lembra-nos que existe uma lei imutável. Existe uma vontade que não se dobra e não é a lei dos medos e dos persas. Como foi acontecer que de todas as mulheres do império, uma menina judia chamada Ester se tornasse rainha? Como foi acontecer que de todo o povo do império, Mardoqueu fosse o responsável por salvar o rei de um assassinato? Como foi acontecer do rei padecer de insônia justo na noite em que Hamã mandou construir uma forca para Mardoqueu? Como foi acontecer que dentre tantas histórias, a escolhida para ser lida ao rei narrasse o momento em que Mardoqueu lhe salvava a vida? Como foi acontecer de Hamã, o assassino maquinador, se tornasse vítima dos próprios conluios e que Mardoqueu, sua pretensa vítima, passasse a ser seu substituto?

Mesmo no exílio, onde não existe Jerusalém alguma, templo algum, tampouco um sinédrio, Deus está presente. Ele ainda é senhor do tabuleiro. Ignorar a missão que ele confia é passar a vida inteira tentando vencer o jogo errado. Embora Deus não seja visto por Ester, seu propósito é certo. Ele está sempre presente ao lado dela.

Como também está do seu e do meu!

---

[28] Marcos 14.36

[29] Marcos 15.34

CAPÍTULO 16

DOIS VIVAS AO ESPÍRITO COMPETITIVO

A eternidade é longa.
Principalmente perto do fim.
WOODY ALLEN[1]

Laura Hillenbrand, em seu premiado livro *Seabiscuit*,[2] escreve sobre o maior momento na vida de Seabiscuit, a corrida contra War Admiral. Vencedor do circuito Triple Crown, War Admiral era o grande favorito. Ofuscava todos os cavalos contra os quais competia. Red Pollard, jóquei de Seabiscuit durante muito tempo, não podia montá-lo por estar machucado. Por isso deu a seu substituto, George Woolf, o "homem-gelo", um conselho para corrida que desafiava a inteligência convencional. Leve Seabiscuit a assumir a liderança, Pollard instruiu Woolf, mas depois, quando War Admiral arremeter na reta final rumo à linha de chegada, faça algo absolutamente inusitado: deixe-o alcançá-lo.

Isso significava ir contra o bom senso, mas Pollard insistiu tratar-se de uma questão de psicologia equina: "Quando um cavalo olha

---

1 ALLEN, Woody, apud SERVAN-SCHREIBER, Jean-Louis. **A arte do tempo**. São Paulo: Cultura, 1991.

2 HILLENBRAND, Laura. **Seabiscuit: o cavalo que conquistou a América às vésperas da Segunda Guerra**. São Paulo: Companhia das Letras, 2002.

no olho de Seabiscuit", Pollard explicou, "ele começa a correr feito louco... War Admiral tem velocidade, boa velocidade; bastante velocidade quando ninguém lhe faz oposição. Mas com Seabiscuit a coisa é diferente, pode estar morrendo que não desiste... O negócio não está nas patas dele, George. Está no coração".

A multidão reunida, o país inteiro parou de trabalhar para compor a maior audiência radiofônica de que já se ouviu falar. Na Casa Branca, o presidente Roosevelt adiou uma reunião de gabinete para acompanhar a transmissão. Soou a sirene e a corrida começou. Seabiscuit saltou para a primeira colocação. Ao entrar na extensão de pista contrária à da linha de chegada, Woolf puxou as rédeas com muita delicadeza. Quando War Admiral emparelhou com Seabiscuit, as pernas dos dois cavalos entraram em perfeito sincronismo. Até que Woolf viu Seabiscuit olhando dentro dos olhos do rival. Na mesma hora colou as orelhas junto à cabeça. Woolf sentiu uma repentina hesitação por parte de War Admiral, um momento de indecisão. Curvando-se para frente, pediu junto ao ouvido de Seabiscuit que desse tudo o que tinha. War Admiral começou a escorregar para trás de Seabiscuit, "como se a força da gravidade o puxasse". As orelhas de Seabiscuit de repente ergueram-se. Vencera o adversário. Woolf fez um pequeno aceno de mão para o jóquei do oponente, Charles Kurtsinger, dizendo "Tchauzinho, Charley", frase que cunhou e que seria empregada pelos jóqueis durante décadas. Seabiscuit correu para ocupar um lugar na história, vencendo por quatro corpos. Estava formado o pandemônio atrás dele.

Chame de ímpeto, ânimo ou vontade de vencer – qualquer que seja o nome que se dê, ficamos profundamente comovidos com demonstrações de grandiosidade competitiva. Quando um competidor prepara mente e corpo por meio de rigoroso treinamento, então encara o maior desafio de sua vida e busca em seu íntimo o último fiapo de força para a batalha, isso mexe em um nível visceral com todos os espectadores. É Joe Montana correndo a passos decididos em direção aos jogadores do outro time sendo que faltam dois minutos para acabar o jogo do Super Bowl, sua equipe está perdendo por cinco pontos e uma distância enorme o separa do campo adversário. É Tiger Woods prestes a dar uma tacada no décimo oitavo buraco durante o torneio de Augusta. É minha avó com um par de dados na mão, a caminho do Calçadão sobre o tabuleiro de Banco Imobiliário. Não apenas adoramos assistir a esse tipo de coisa como esperamos que parte desse espírito esteja em nós também.

Jogamos para vencer. Mas só vencer não significa que sempre atingimos esse grau de excelência interior, assim como perder não quer dizer que a tenhamos negligenciado. Há um placar dentro de nós, uma medida de ânimo, determinação e coragem sob pressão que conta mais que os pontos obtidos no tabuleiro. Vencer e perder fora desse placar interior não importa muito.

Só vencer não significa que sempre atingimos esse grau de excelência interior, assim como perder não quer dizer que a tenhamos negligenciado.

Jogamos para nos testar. O que faz do jogo um jogo em vez de simples passatempo é o fato de propor um problema, um desafio a ser superado. Posso achar que estou competindo contra outra pessoa quando na verdade, em certo sentido, necessito do meu oponente porque impulsiona-me para níveis de esforço e excelência que de outro modo jamais atingiria. A verdadeira competição é sempre ver se consigo dar o meu melhor, se sou capaz de correr e não desistir diante de algo que exige muito de mim. Na antiguidade, os gregos amavam jogos como oportunidades para se testarem, para desenvolverem a excelência de mente, corpo e espírito, por eles chamada de *arate*, que podia se estender para a superação de desafios em cada uma das áreas da vida.

Em meu campo de atuação, em meu casamento, na minha família, na minha fé e na escola, enquanto busco dominar uma nova disciplina, resolvo empenhar-me. Alguma coisa no ato de competir provoca essa decisão em nós, convocando-a para vir à frente. War Admiral chega perto e o encara; você então recorre a algo mais profundo em seu interior do que imaginava possível. "Tchauzinho, Charley". Essa determinação é essencial para o crescimento, glória e grandiosidade do ser humano.

A grandiosidade competitiva é uma espécie de amor pela batalha, pois é na luta e no desafio que lhe é oferecida a oportunidade de ser o seu melhor quando se exige o seu melhor. O impulso competitivo pode ser distorcido, como vimos no capítulo 3 sobre marcação de pontos. Por isso o título deste capítulo convida apenas a dois vivas à competição, em vez de três.

O apóstolo Paulo advertiu sobre os perigos do ego e da ambição mal orientada como todo o mundo. Mas o impulso do corredor para vencer a disputa era um de seus retratos prediletos da vida da fé. "Uma coisa faço: esquecendo-me das coisas que ficaram para trás e avançando para as que estão adiante, prossigo para o alvo, a fim de ganhar o prêmio do chamado celestial de Deus em Cristo Jesus."[3] "Combati o bom combate, terminei a

---

[3] Fl 3.13,14

corrida, guardei a fé."[4] "Vocês não sabem que de todos os que correm no estádio, apenas um ganha o prêmio? Corram de tal modo que alcancem o prêmio."[5]

A alternativa

Jogamos para nos testarmos. Gordon MacDonald escreveu a respeito do comentário feito por um parente depois que sua mãe morreu: "Ela nunca concluiu de fato nada que começou. Quando as coisas ficavam difíceis, desistia".[6] Meditando sobre a vida dela, Gordon identificou um padrão de projetos inacabados e sonhos irrealizados. E meditou também sobre esse padrão na própria vida. É muito sério, escreveu, descobrir que se tem o gene da desistência no DNA.

Terminar a escola será difícil, por isso você resolve ser livre. Fazer dieta é chato, então você se acomoda com uma cintura de boneco da Michelin. Recuperar o casamento exigiria esforço demais, então você o deixa seguir à deriva até se desfazer. Ser senhor das próprias finanças exigiria disciplina, então as contas se acumulam. Fixar-se em um emprego é entediante, então você procura algo mais glamoroso. War Admiral se aproxima na reta final e você desvia o olhar.

Pensei muito nesse "gene da desistência". Nunca me considerara alguém que desiste fácil. Quanto mais refletia, no entanto,

---

4 2Tm 4.7

5 1Coríntios 9.24

6 MACDONALD, Gordon. **A Resilient Life:** You Can Move Ahead No Matter What. Nashville: Thomas Nelson, 2004, p. 2.

mais percebia que, de certa forma, acalentava a expectativa de que minha vida não deveria ser dolorosa nem difícil. Há pouco tempo estive com um bom amigo dos tempos de faculdade e ele contou que uma das coisas que notara em mim quando estudávamos juntos era que eu nunca passara por um período de luta contra adversidades. Olhando para trás, acho que isso aconteceu porque tentava envolver-me apenas em atividades em que me julgava capaz de brilhar. Procurava evitar áreas em que tivesse de praticar, nas palavras de Eugene Peterson, "uma longa obediência na mesma direção".[7]

Muitos anos depois, enfrentei uma fase no trabalho em que tudo parecia dar errado. Tivéramos uma reunião da congregação turbulenta por causa de um membro da equipe que estava nos deixando. Outro integrante-chave demitira-se em razão de difíceis questões pessoais e um companheiro de ministério estava se mudando para o outro extremo do país. Sentia-me sozinho e ineficiente. Seguia em meu carro para a igreja a fim de fazer um anúncio quando a ideia me ocorreu: *Estou diante de um daqueles momentos em que tenho de optar por ser persistente diante dos obstáculos que surgem.* Não era hora de desperdiçar energia pensando se não deveria estar em outro lugar qualquer. Não era hora de questionar se seria capaz de fazê-lo. Representava, para mim, o momento em que War Admiral encarava-me. Precisava decidir se o gene da desistência era dominante ou recessivo. Causou-me um estranho alívio dizer a Deus naquele instante: "Permanecerei no meu caminho simplesmente. Não sei se tenho ou não condições de ganhar, mas darei o meu melhor".

---

[7] PETERSON, Eugene. **Uma longa obediência na mesma direção**. São Paulo: Cultura Cristã, 2005.

Tenha em mente pelo que você corre

"Todos os que competem nos jogos se submetem a um treinamento rigoroso, para obter uma coroa que logo perece; mas nós o fazemos para ganhar uma coroa que dura para sempre. Sendo assim, não corro como quem corre sem alvo, e não luto como quem esmurra o ar."[8] Se jogar bem o suficiente, seja qual for o jogo, haverá um lugar para você no *hall* da fama. Existem hoje não apenas dúzias, nem centenas, mas milhares de *halls* da fama. A maioria das faculdades tem um. Existe um *hall* da fama para jogadores de bilhar, enxadristas e estrelas dos esportes escoceses. Existe um *hall* da fama do arame farpado, outro dos produtores de óleo e gasolina do Kansas, outro do serviço de informações militar. (Essa ideia é mesmo boa? Se você é um grande espião, tem certeza de que quer que todos fiquem sabendo disso?) O único *hall* da fama esperando para ser criado seria dedicado ao reconhecimento dos *halls* da fama do mundo.

Hebreus 11 serve como uma espécie de *hall* da fama espiritual. Imagine uma parede cheio de placas exibindo nomes e rostos dos heróis da fé: Noé, Abraão, Moisés, Raabe, Gideão e outros. Eles foram os campeões que se regozijaram em correr a corrida. O autor do livro fala de como cada um deles enfrentou obstáculos que poderiam ter servido como mil desculpas para desistir. Mas não foi o que fizeram. Pelo contrário, as dificuldades provocaram um novo ânimo dentro deles. Encararam War Admiral e recusaram-se a desistir: necessitados, perseguidos, maltratados – "O mundo não era digno deles [...]. Todos estes receberam bom testemunho por meio da fé; no entanto, nenhum deles recebeu o que havia

---

8 1Coríntios 9.25,26

sido prometido".[9] No fim do jogo, esse é o *hall* da fama que importa. E você pode estar nele.

> No fim do jogo, o **hall** da fama espiritual é o único que importa. E você pode estar nele.

O traço

O escritor de Hebreus prossegue dizendo que agora é a nossa vez. "Portanto, também nós, uma vez que estamos rodeados por tão grande nuvem de testemunhas" – campões como os citados antes – "[...] corramos com perseverança a corrida que nos é proposta".[10] Imagine-se passeando por esse *hall* da fama espiritual. Você identifica os nomes. Examina os rostos. Vê duas datas em cada placa, indicando quando a corrida da pessoa começou e quando terminou, e um pequeno traço no meio. Até chegar a sua placa. O que está escrito nela?

Gostaria de convidá-lo a personalizar esta parte do livro. Na sequência deste parágrafo há algumas linhas em branco. Escreva seu nome na linha de cima. Abaixo dela você encontrará mais duas linhas em branco. São os suportes laterais da sua vida, como aqueles que se colocam nas extremidades de uma fileira de livros para sustentá-los. Na linha da esquerda, escreva o ano do seu nascimento. (Não tem ninguém olhando, então pode ser sincero.) A data à direita ainda é um mistério, por isso eu mesmo a preenchi com um ponto de interrogação. Entre os dois espaços há um traço.

---

[9] Hebreus 11.38,39

[10] Hebreus 12.1

— ?

Você não teve a oportunidade de opinar nada em relação ao número da esquerda. Chegou a este planeta um belo dia sem ter sido consultado antes. Pronto ou não, você veio. Não pôde eleger seus pais, seu local de nascimento, a ordem de sua família, seu DNA. Tudo isso foi escolhido para você. Você foi feito portador de uma alma humana, criado à imagem de Deus, destinado a uma existência eterna.

Talvez você se sinta muito feliz de ter vindo ao mundo, ou talvez considere sua vida um fardo esmagador. Seja como for, de uma coisa você precisa saber: Deus está muito contente por você existir. Ele o teceu no ventre de sua mãe.[11] O ano do seu nascimento é um dos favoritos dele.

Um dia o ponto de interrogação à direita também será substituído por dígitos. Tampouco sobre eles exercemos grande poder de decisão. Isso faz parte do que dá à vida seu caráter urgente. Ela só nos dá uma chance.

O que nos leva à grande questão: o que você pretende fazer com seu traço? Com a sua vez de jogar? Esse pequeno traço é seu para gastar como quiser: moldando o caráter, sendo leal, escolhendo entre esperança ou cinismo, aproveitando para tomar iniciativas ou resignar-se à passividade, crescendo ou estagnando, tornando-se conhecido ou se escondendo.

A amplitude das possibilidades na vida de uma pessoa é de perder o fôlego: Adolf Hitler, Madre Teresa, Martin Luther King

[11] Salmos 139.13

Jr., Átila o huno, minha avó – a cada uma delas foi concedido um único traço.

Agora – pronto ou não – é a sua vez. A sineta soou. É sua corrida que começa. O que você pretende fazer com seu traço?

CAPÍTULO 17

MAIS NUNCA SERÁ SUFICIENTE

Homens têm obtido sucesso no acúmulo
de maior quantidade de coisas,
mas a alegria no mundo tem diminuído.
FIODOR DOSTOIEVSKI[1]

Em um velho filme preto-e-branco chamado *Paixões em fuga*, um gângster ganancioso interpretado por Edward G. Robinson, cuja vida é recheada de violência e falsidade, faz refém uma família. Alguém lhe pergunta o que o impele a levar esse tipo de vida – o que ele deseja. Seu rosto anuvia-se; não é um homem dado a reflexões e não sabe responder. Um dos reféns, interpretado por Humphrey Bogart, sugere uma resposta: "Eu sei o que você deseja. Você deseja *mais*".

O rosto de Robinson se ilumina. "É isso mesmo. É isso que eu quero. Quero *mais*." Seu personagem acredita no mito do mais, no mito de que mais será suficiente um dia. Se crermos nesse mito, passaremos a vida a procura da próxima coisa. Pode ser um carro, ou uma promoção, ou o amor de uma bela mulher. Dependendo da faixa etária em que nos encontramos, poder ser um iPod, ou um Lamborghini, ou um boneco do Elmo que sente

---

[1] DOSTOIEVSKI, Fiodor. **Os irmãos Karamázov**, apud HARNDEN, Philip. **Traveling Light**. Woodstock, VT: Skylight Paths, 2003, p. 20.

cócegas. Acalentamos a esperança de que a próxima coisa seja definitiva – fonte de satisfação verdadeira para nossas almas.

E durante uns poucos minutos, ou talvez dias, conhecemos a satisfação verdadeira da alma. Então ela se desgasta. Ela sempre se desgasta. Contudo sempre desejamos mais do tabuleiro e ainda ser-lhe senhor.

Já analisamos a importância de jogar com gratidão. Contudo, o desejo do mais merece um capítulo exclusivo. Porque até a pessoa mais grata entre nós ainda conhece a dor de querer mais. Creio que nossa fome de mais tem algo importante a nos dizer sobre nosso destino, o qual alcançaremos depois de meditarmos um pouco aonde a estrada chamada "mais" nos levará.

A coceira inalcançável

Michael Drosnin escreveu um livro sobre um homem cujo nome tornou-se sinônimo de fome por mais. Queria mais riquezas, de modo que edificou um dos maiores impérios financeiros da época. Queria mais prazer, de modo que seduziu ou pagou as mulheres mais glamorosas que o dinheiro é capaz de comprar. Queria mais aventuras, de modo que estabeleceu recordes de velocidade no ar e desenvolveu, construiu e pilotou a aeronave mais singular do mundo. Queria mais poder, de modo que amealhou um poder político de causar inveja aos senadores. Queria mais *glamour*, de modo que intrometeu-se com estardalhaço em Hollywood, onde foi dono de estúdios de cinema e cotejou estrelas.

Drosnin relata-nos como a vida desse homem acabou:

> Era uma personagem de terror gótico, pronta para a cova. Macilento, quase 54 quilos dispostos sobre um arcabouço de mais de 1,82 de altura [...], barba rala e irregular que

> lhe chegava ao meio do peito encovado, unhas compridas medonhas a descrever espirais grotescas e amareladas [...]. Muitos de seus dentes não passavam de tocos pretos, apodrecidos. Um tumor começava a emergir na lateral da cabeça [...], inúmeras marcas de agulha [...]. Howard Hughes era um viciado. Um viciado bilionário.[2]

Eis a questão: se Howard Hughes tivesse fechado mais um negócio, ganhado mais um milhão, experimentado mais uma emoção, teria sido o suficiente?

Ela foi a mais adulada das mulheres. Todas a invejavam; todos os homens a queriam. Tinha beleza, dinheiro, riqueza e tanta fama que no dia em que redijo isso — quatro décadas após sua morte — centenas de bens pessoais seus estão sendo leiloados no sul da Califórnia. Mas Marilyn Monroe morreu sozinha, morreu por suas próprias mãos.

Eis a questão: se tivesse feito mais um filme de grande sucesso, se tivesse sido mais uma capa de revista, se tivesse tido mais um relacionamento sexual com um homem poderoso, teria sido o suficiente?

Amo minha esposa. No entanto, eis que surge mais uma pergunta: se ela pegasse um cartão de crédito e fosse até a Neiman Marcus passar o dia fazendo compras sem se preocupar com qualquer tipo de limite, se adquirisse cada par de sapatos de que gostasse, cada bolsa que lhe agradasse, cada vestido que admirasse e cada joia que seu coração desejasse, seria o suficiente?

Como já disse: nunca saberemos.

---

2 DROSNIN, Michael. **Citizen Hughes**. New York: Bantam Books, 1984, p. 49ss.

Somos todos contra o materialismo. Em uma recente e extensa pesquisa, 89% dos americanos entrevistados disseram que os Estados Unidos são materialistas demais. Por pura coincidência, quase o mesmo percentual de nós diz que desejamos ter ainda mais. Não queremos ser materialistas! Só queremos mais.

Somos todos contra o materialismo.
Não queremos ser materialistas!
Só queremos mais.

Minha avó entendia do mito do mais. Morávamos ao lado de um campo desabitado, coberto de arbustos e árvores, um lugar perfeito para brincar. Em junho, com o calor e a umidade sufocantes, tornava-se terreno perfeito também para a procriação de um inseto chamado micuim. Pense em um mosquito movido a esteróides.

Eles atacavam em bandos. Adoravam os lugares quentes e úmidos do corpo. Provocavam uma coceira irresistível. Nos primeiros dias eu tentava controlá-la coçando. Causava uma sensação maravilhosa a princípio, mas não era vencida. Cedia por alguns instantes para depois voltar mais forte do que nunca.

Lembro de uma vez em que fui à casa da minha avó e ela apareceu com uma coisa chamada loção de calamina. Espalhava-a por cima dos micuins com uma haste de algodão. Enquanto o fazia, explicava-me a Lei da Coceira: "Ninguém nunca ficou livre de uma coceira se coçando".

O rei do mais

Talvez ninguém nunca tenha entendido mais de coçar que Salomão. O livro de Eclesiastes é dedicado a sua busca pela próxima coisa. Ele ocupava posição única para empreender essa busca. Tinha riqueza, poder e habilidades que excediam a de qualquer pessoa viva. A expressão "dediquei-me a..." é recorrente em seu livro. Nunca se contentava com a superfície. Escreveu: "Eu disse a mim mesmo: Venha. Experimente a alegria. Descubra as coisas boas da vida! Mas isso também se revelou inútil".[3]

Salomão dava festas tão pródigas que o suprimento de comida para um dia no palácio incluía 30 cabeças de gado, 100 ovelhas, 90 tonéis de farinha comum e especial, cervos, gazelas, corças e aves exóticas.

Fazia-se rodear de beleza: parques, jardins, vinhas e casas.

Construiu um palácio tão magnífico que desafiava a capacidade de descrição. Sua casa exigiu da equipe de construção, composta de 150 mil homens, treze anos para ser concluída. Uma casa de fato muito boa.

Gostava de música e, como não havia CD na época, criou uma orquestra de todos os instrumentos conhecidos. Recrutou os melhores cantores para se apresentarem para ele na hora das refeições.

Acumulou mil esposas e concubinas. Supunha-se que fosse o cara mais inteligente do mundo, no entanto, reuniu mil esposas.

Entregou-se a todo tipo de apetite. "Não me neguei nada que os meus olhos desejaram; não me recusei a dar prazer algum ao meu coração."[4] Tentou superar todo o mundo em realizações. Edificou sua nação até levá-la à proeminência máxima que viria a conhecer. Ganhava mais de 25 toneladas de ouro por ano. Seu veredito: "Descobri ainda outra situação absurda debaixo do sol:

---

[3] Eclesiastes 2.1

[4] 2.10

Havia um homem totalmente solitário; [...] trabalhava sem parar! Sequer perguntava: 'Para quem estou trabalhando tanto, e por que razão deixo de me divertir?' Isso também é absurdo; é um trabalho por demais ingrato!".[5] "Todo o esforço do homem é feito para a sua boca; contudo, o seu apetite jamais se satisfaz."[6] "Quem ama o dinheiro jamais terá o suficiente."[7]

Salomão está dizendo: "Vamos lá, experimente. Você pode seguir por essa estrada tão longe quanto quiser. Eu fiz isso". Saiba o seguinte: o sujeito mais inteligente que já existiu foi mais longe nessa estrada do que você jamais irá e concluiu que nada daquilo era definitivo. Nada lhe trouxera satisfação duradoura para a alma.

O que há por trás da coceira?

Dennis Prager,[8] apresentador de um programa tipo *talk show*, escreveu a respeito de uma propaganda de terapia sexual que leu em Los Angeles: "Se você não está completamente satisfeito com sua vida sexual, ligue para nós". Quanto mais pensava no assunto, mais o impressionava a inteligência do anúncio. Tudo por causa de duas palavras: "completamente satisfeito". Quem está completamente satisfeito com alguma coisa? Imagine os seguintes anúncios:

> Se você não está *completamente satisfeito* com sua esposa, ligue para nós.

---

[5] 4.7,8

[6] 6.7

[7] 5.10

[8] PRAGER, Dennis. **Happiness Is a Serious Problem:** A Human Nature Repair Manual. New York: HarperCollins, 1998, p. 115.

> Se você não está *completamente satisfeito* com seu corpo, ligue para nós.
>
> Se você não está *completamente satisfeito* com sua igreja, ligue para nós.

Nunca estamos completamente satisfeitos com nada nesse mundo.

Por que será? Talvez por sermos exigentes demais. Talvez a resposta seja abafar nossos desejos, aceitar o que a vida nos oferece e tentar impedir que desejemos mais.

Ou talvez por sermos feitos para algo que a Terra não tem para dar e estejamos jogando o jogo da vida de um modo que não foi desenvolvido para ser jogado.

O moinho hedonista

Quando tentamos ser felizes obtendo mais, vivemos daquilo que às vezes é chamado de "moinho hedonista". Quer dizer que mais que depressa nos adaptamos e deixamos de dar importância às conquistas e realizações da nossa vida. Quando conseguimos o que desejamos, experimentamos uma pequena satisfação. Antes de consegui-lo, sentimos um vazio. Pensamos que adquirir algo fará com que a sensação de vazio se vá, mas, como Lassie, sempre volta. A única coisa que acabamos recebendo de fato é mais desejos.

Sofremos de uma capacidade aparentemente ilimitada de pegar o que costumava ser "desejos" e transformá-los em "necessidades". Vivemos no que o teórico social Greg Easterbrook[9]

---

[9] EASTERBROOK, Greg. **The Progress Paradox**. New York: Random House, 2003, p. 9.

denomina de "negação da abundância", em que milhões de homens e mulheres constroem bases mentais lógicas elaboradas para considerar-se destituídos em termos de bens materiais e, ao fazê-lo, serem bem-sucedidos apenas em aumentar a própria infelicidade. Abaixo estão itens classificados como necessidades pelos americanos em 1970, comparados com a lista de 2000:[10]

	1970	2000
Segundo carro	20%	59%
Segunda TV	3%	45%
Mais de um telefone	2%	78%
Ar-condicionado no carro	11%	65%
Lavalouças	8%	44%

Em pesquisa do Instituto Gallup, a média dos entrevistados disseram que 21% dos americanos são ricos.[11] Mas apenas 0,5% se afirmou rico. Todo o mundo acha precisar de algo que o torne rico: mais.

Padecemos de um fenômeno chamado "ansiedade de referência". Não perguntamos se a casa ou o carro que temos satisfaz nossas necessidades. Perguntamos se são melhores que os do vizinho. Trabalhamos feito loucos para que assim seja. Mas o que fazer quando os Jones refinanciam as dívidas?

Sofremos os efeitos da investidura de direito. Se pensar bastante tempo em algo que desejo muito, minha mente consegue

---

[10] Ibidem, p. xviii.

[11] In BAKER, Dan; STAUTH, Cameron. **What Happy People Know**. Emmaus, PA: Rodale, 2003, p. 45.

convencer-se de que mereço ter aquilo, que de algum modo meus direitos terão sido violados se não a obtiver. Isso explica a proliferação das ações judiciais, pois quando as pessoas não conseguem algo, querem processar alguém.

> O time de beisebol San Francisco Giants foi processado por distribuir presentes de Dia dos Pais apenas para os homens.
>
> Um professor de psicologia foi processado por assédio sexual devido à presença de azevinho em uma festa de Natal.[12]
>
> Uma sensitiva recebeu 986 mil dólares de indenização porque uma tomografia computadorizada prejudicou-lhe as habilidades paranormais.

Fico pensando nesse último caso. Se a mulher era mesmo sensitiva, não deveria saber de antemão que era melhor não se consultar com aquele médico?

Estudos e mais estudos demonstram a correlação escandalosa de tão baixa entre riqueza e felicidade. Nesse sentido, um dos mais fascinantes estudos foi realizado com ganhadores de loteria, empreendido pela dra. Ronnie Janoff Bulman e colegas.[13] Compararam 22 ganhadores de grandes loterias com 22 pessoas comuns e também com 22 vítimas de repentina paralisia. Com o tempo, os ganhadores de loteria retrocederam para os níveis de felicidade pré-loteria. Na verdade, acabaram não sendo nem

---

[12] Antigo costume de vários países do hemisfério norte diz que duas pessoas, ao estarem debaixo de um ramo de azevinho, devem se beijar. [N. do T.]

[13] Brickman, P.; Coates, D.; Janoff-Bulman, R. "Lottery Winners and Accident Victims: Is Happiness Relative?" in **Journal of Personality and Social Psychology**, 36 (1978), p. 917-27.

um pouco mais felizes que as 22 pessoas integrantes do grupo de controle. Pelo contrário, perderam grande parte da habilidade de extrair alegria de pequenos prazeres.

As vítimas de paralisia, por outro lado, estavam longe de se sentirem tão infelizes quanto seria de se esperar. Recuperadas do choque causado pelo infortúnio sofrido, na verdade mostravam-se mais capazes de experimentar alegria com pequenos prazeres do que os ganhadores de loteria. Embora seja difícil de acreditar, eram mais otimistas quanto a suas expectativas de felicidade futura que os ganhadores de loteria.

Um dos principais pesquisadores da felicidade no país, dr. Ed Diener,[14] entrevistou 49 das pessoas mais ricas dos Estados Unidos. Oitenta por cento delas concordou que a riqueza é capaz de deixar as pessoas infelizes.

Sofremos de capacidade de julgamento diminuída. Investidores gostam de falar de uma das mais estranhas bolhas especulativas da história, um delírio ocorrido na Holanda do século 17 chamado *Tulpenwoerde*, ou tulipomania. O país inteiro acumulou tulipas convicto de que o preço da flor subiria sem parar. No auge dessa febre, fortunas de famílias inteiras dissiparam-se em um único bulbo; um bulbo raro foi dado como pagamento total de uma bem-sucedida cervejaria.

Um sapateiro da cidade de Haia conseguiu cultivar a beleza mais rara: uma tulipa negra. Recebeu então a visita de alguns cultores da cidade de Haarlem, que lhe compraram o tesouro por 1.500 florins. Assim que o fizeram, jogaram a planta no chão e pisotearam-na até deixá-la em pedaços; também tinham

---

[14] In SELIGMAN, Martin. **Felicidade autêntica**. Rio de Janeiro: Objetiva, 2004.

uma tulipa negra e estavam determinados a garantir que fosse única. Disseram depois ao sapateiro que teriam pago qualquer preço – até 10.000 florins – pela dele. Dizem que o pobre homem, coração partido, morreu de desgosto.

Quando os níveis de preço estouraram, a vida econômica inteira da Holanda desintegrou-se. As ações judiciais tornaram-se tão numerosas que os tribunais não conseguiam tratá-las. Depois disso, os holandeses nunca mais foram tão liberais com seu dinheiro.[15]

O problema mais profundo

Sofremos de algo ainda mais perigoso. Você já parou para pensar o que dá tanta força ao mito do mais? Uma pista está na advertência que o apóstolo Paulo faz sobre nosso desejo por mais. Diz para tomarmos cuidado com a ganância, "que é idolatria".[16] Em outras palavras, nosso problema não é apenas querer mais.

Não somos só matéria física; somos seres espirituais. E nossa fome mais profunda é espiritual. Temos fome de sentido. Temos fome de amor. Temos fome de redenção.

Nosso problema não é apenas querer mais.
Não somos só matéria física; somos seres espirituais.
E nossa fome mais profunda é espiritual.

A condição subjacente a todo o meu querer é que o que quero de fato é Deus, e que a criação seja corrigida por Deus, a começar desse pedacinho da criação constituído por meu corpo e minha

[15] TRAIN, John. **Famous Financial Fiascos**. New York: Fraser, 1995, p. 9.

[16] Colossenses 3.5

alma. Acontece que meu querer acaba distorcendo-se. Howard Marshall[17] escreve que o rico insensato da história de Jesus não é mesquinho só por desejar uma boa aposentadoria. Sua insensatez está no fato de acreditar que o acúmulo de grãos – criando um fundo de pensão, contribuindo para uma previdência privada – resolve o problema de sua existência humana. Adora diante de um santuário formado por seu celeiro estourando de tão cheio.

Em 2000, o *Wall Street Journal* publicou um artigo sobre a construção de casas distendidas – aquelas que ocupam o terreno ao máximo, até o limite da capacidade, com toques ostentatórios suficientes a gritar "Minha casa é maior que a sua". Às vezes também são chamadas de McMansões. Nenhuma sociedade teve tanta gente vivendo como Salomão igual a nossa. O empregado de uma construtora disse: "Nós vendemos o que ninguém precisa".

Esse é o mundo em que vivemos: *vendemos o que ninguém precisa*. Mas o problema do coração humano é: *precisamos do que ninguém vende*.

Cem anos atrás, o crítico social John Ruskin escreveu: "Não existe riqueza senão a vida – incluindo todos os seus poderes de amor, alegria e admiração. O país mais rico é aquele que mantém o maior número de seres humanos nobres e felizes; o homem mais rico é aquele que, tendo aperfeiçoado as funções da própria vida ao máximo, exerce também a mais ampla influência ajudando as vidas dos outros".[18]

---

17 MARSHALL, Howard. **The Gospel of Luke:** A Commentary on the Greek Text. New International Greek Testament Commentary. Grand Rapids: Eerdmans, 1978, p. 521.

18 RUSKIN, John, apud DE BOTTON, Alain. **Desejo de status**. Rio de Janeiro: Rocco, 2005.

E se nossos desejos estiverem nos dizendo alguma coisa?

Talvez nossa natureza insaciável esteja nos dizendo algo importante. Se não nos sentimos muito satisfeitos com tudo que este mundo tem a oferecer, talvez seja por termos sido feitos para outro mundo. Talvez haja em nossa insatisfação um eco da insatisfação divina com o modo como as coisas apresentam-se. Talvez, se lhe déssemos permissão, conseguisse nos aguçar o apetite quando oramos: "Venha o teu Reino; seja feita a tua vontade, assim na terra como no céu".[19]

O materialismo é para muitos o maior rival de Deus. E é possível libertar-se cada vez mais dele. Às vezes, quando falo, testo um pequeno exercício de deposição do ídolo. Peço a cada uma das pessoas que peguem suas carteiras. (Você pode fazer isso agora, se quiser.) Segurem-na apenas por alguns instantes. Acariciem-na se quiserem. Olhem dentro dela para ver se têm alguma coisa dentro.

Ela tem o aspecto de um pedaço de couro. Na verdade, é o templo do século 21. Hoje em dia, a maior parte das pessoas acredita haver uma associação direta entre sua capacidade de conhecer a felicidade e o conteúdo desse pequeno recipiente. É onde o deus Mamom vive. Damos a esse pedacinho de couro o poder de nos fazer sentir seguros, bem-sucedidos e preciosos.

É muito difícil para nós, abrir mão do controle desse pedaço de couro. O motivo verdadeiro: quem está no controle? Você o tem ou é ele que tem você? Então, como um primeiro passo em direção à renúncia, peço às pessoas que entreguem sua carteira para quem estiver do seu lado. Nesse momento, o nível de atenção no local da

---

[19] Mateus 6.10

minha palestra vai lá para cima. Em seguida anuncio que vamos levantar uma oferta. E encorajo as pessoas a darem com a generosidade absurda que sempre tiveram vontade de demonstrar.

As carteiras voam muito depressa para as mãos de seus verdadeiros proprietários na mesma hora. Sendo assim, convido meus ouvintes a declararem aquele o "Dia do Basta". O que tenho no momento – minha casa, meus bens, meu estilo de vida – me basta. Buscarei outro tipo de riqueza de agora em diante, melhor que o da aquisição extremada.

Desenhe um círculo ao redor desse dia no seu calendário. De agora em diante, sua corrida contra os Jones acabou. *Eles venceram*!

Satisfação pode ser aprendida

Somos chamados para a satisfação. Ela não acontece quando adquirimos o suficiente. É o produto do modo como pensamos.

A satisfação não acontece quando adquirimos o suficiente. É o produto do modo como pensamos.

O Snoopy estava em sua casinha de cachorro em um dia de Ação de Graças, resmungando baixinho por só lhe darem comida de cachorro enquanto os humanos ficavam dentro de casa e comiam peru e molhos especiais e oxicoco e torta de abóbora. "Claro, podia ser pior", conclui afinal. "Eu poderia ter nascido peru."

Usar a expressão "podia ser pior" pode ser um exercício poderoso no desenvolvimento do sentimento de satisfação. De vez em quando aplico um pequeno exercício cantado sobre o assunto nos seminários que dou. Digo à plateia que na hora de ir embora, quando saíssem para pegar os carros, haveriam de se sentir tentados a pensar que ficariam satisfeitos se tivessem um carro melhor, mais novo, mais caro. Em vez disso, nem que fosse apenas naquele dia, quando saíssem para pegar seus carros, deveriam dizer com grande paixão (e então entoamos todos juntos) "Podia ser pior".

Afirmo que quando chegarem a suas casas, onde quer que morem, haverão de se sentir tentados a achar que ficariam satisfeitos se tivessem uma casa melhor, mais nova, mais cara. Em vez disso, só naquele dia, quando passarem pela porta, pela soleira da porta da frente, peço que digam para si mesmos (e entoamos de novo) "Podia ser pior".

Sustento que se são casados, haverão de achar que ficariam satisfeitos se tivessem um cônjuge melhor, mais novo, mais caro. Em vez disso, quando acordarem na manhã seguinte e olharem para o rosto dele ou dela, devem dizer com grande paixão "Podia ser pior". (Essa eu não recomendo fazer em voz alta, mas nos seminários é a frase que todos repetem com maior entusiasmo.)

A satisfação, diz Paulo, é uma habilidade adquirida. "*Aprendi o segredo* de viver contente".[20] Philip Yancey escreve sobre alguém que empreende uma busca espiritual e, para isso, interrompe sua vida cheia de afazeres e aquisições para passar alguns dias em um monastério. " 'Espero que sua estada aqui seja abençoada', disse-lhe o monge que o conduziu para a cela. 'Se precisar de qualquer coisa, faça-nos saber, e nós lhe ensinaremos como viver sem ela'."[21]

---

[20] Filipenses 4.12, grifo nosso.

[21] **Yancey, Philip. Oração: ela faz alguma diferença?. São Paulo: Vida, 2007, p. 66.**

A estação

Robert Hastings nos conduz em seu trem imaginário e o passeio transcorre mais ou menos assim: relegada aos recessos da nossa mente há uma imagem idílica. Vemo-nos em uma longa viagem atravessando montanhas e planícies. Estamos em um trem e do lado de fora da janela passa uma procissão interminável de carros descendo as autoestradas adjacentes, crianças a nos acenar dos cruzamentos, vacas pastando nas colinas distantes, campos de milho e trigo fazendo reverências sobre a brisa, lagos e rios, silhuetas recortadas contra o céu de cidades e vilas.[22]

A verdade, no entanto, é que não percebemos nada disso. A única coisa em que pensamos o tempo todo é em nosso destino final. Chegaremos à estação ao som de bandas marciais e o aceno de bandeiras. Quando chegarmos, nossos sonhos se cumprirão. As peças do quebra-cabeças da vida enfim se reunirão, o quadro enfim estará completo. Enquanto isso, perambulamos incansáveis pelos corredores consultando o relógio, eliminando cada parada da lista; esperando sempre, esperando, esperando nossa estação. Desejando sempre que o trem ande mais depressa.

O nome desse trem é *mais*. O nome da estação é *satisfação*.

– Quando chegarmos à estação nossa satisfação será absoluta – exclamamos.

– Quando completar dezoito anos.

– Quando comprar uma Mercedes 450 SL nova!

– Quando tiver a próxima promoção!

– Quando perder peso suficiente.

---

[22] Adaptado de Hastings, Robert J. "The Station", disponível em <http://www.storybin.com/wisdom/wisdom104.shtml>. Acesso em: 19 mar. 2007.

– Quando me casar e houver crianças em casa.

– Quando as crianças crescerem e saírem de casa.

– Quando acabar de pagar a hipoteca.

– Quando tivermos condições de comprar uma segunda casa.

– Quando enfim nos aposentarmos e nos livrarmos de toda pressão, então serei feliz para sempre.

Ficamos o tempo todo achando que um trem chamado *mais* nos conduzirá à estação chamada *satisfação*.

E se buscar satisfação tendo cada vez mais for a mesma coisa que tentar correr atrás do horizonte? Por que esperar que mais seja o suficiente aqui se este não é o nosso lar?

E se o trem se chamar *contentamento*? E se a estação se chamar *céu*?

E se a *estação* existir de verdade e tiver de ser o objeto dos nossos anseios mais verdadeiros e profundos? Então veremos Deus face a face. Então nossos anseios de glória, beleza, amor e sentido se concretizarão em plenitude. Então a raça humana incansável enfim exclamará: "Basta!".

Ao que Deus dirá: "Mais!".

CAPÍTULO 18

VENCER SOZINHO EQUIVALE A PERDER

Feliz a casa que abriga um amigo.

RALPH WALDO EMERSON[1]

A equipe de futebol americano Northwest High School de McDermott, Ohio, contava com um rapaz de nome Jake Porter na escalação.[2] Jake sofre de uma desordem denominada síndrome do cromossomo "x" frágil, o que significa dizer que tem uma deficiência cognitiva. Jamais será senhor do tabuleiro.

Mas Jake adora futebol americano. Começou a participar da equipe como calouro e demonstrou tanta força de vontade que o técnico não teve coragem de cortá-lo. No período inteiro do ensino médio, compareceu a todos os treinos, realizou todos os exercícios, vestiu o uniforme completo para cada jogo da tabela, mesmo sabendo que nunca entraria em campo nem tomaria parte de um jogo de verdade.

---

[1] EMERSON, Ralph Waldo. De "Friendship" in **Collected Works:** Essays. First Series, 1841.

[2] WALKER, James. Artigo publicado no jornal Herald-Dispatch de Huntington, West Virginia, 10 nov. 2002. Disponível em diversos *websites*, incluindo <http://www.bridges4kids.org/articles/2003/1-03/Herald11-10-02.html>. Acesso em: 22 jan. 2007.

A tabela avançava depressa para o derradeiro jogo do último ano de Jake na escola. Seu treinador, Dave Frantz, queria que ele entrasse para jogar, de modo que explicou sua situação ao técnico do time adversário. Perguntou-lhe se, caso não estivessem empatados no final, ele se importaria de colocarem Jake para jogar. Haviam treinado a semana inteira, incluindo Jake em uma jogada ofensiva, passando a bola para um companheiro e tocando o chão com o joelho, de modo que ninguém se arriscasse a machucá-lo.

O outro técnico concordou.

Faltando cinco segundos para terminar o jogo, o time de Jake perdia de 42 a zero. O treinador Frantz entendeu que não podiam estar mais longe de um empate, de modo que pediu tempo. Colocaria Jake no jogo.

De repente o treinador do time adversário veio correndo a toda velocidade pelo campo. Todo o mundo ficou tentando imaginar o que estaria se passando. Dave Frantz achou que talvez estivesse aborrecido; talvez tivesse mudado de ideia.

– Alguma dúvida quanto à participação de Jake no jogo? – Dave perguntou-lhe.

– Na verdade, sim – respondeu o outro. – Não quero que entre em campo e pronto, mais nada; quero que marque pontos.

O treinador Frantz não soube o que dizer. O técnico do time adversário era também coordenador da defesa; Jake marcar pontos significaria que sua defesa perderia a chance de ganhar invicta, coisa de que técnico algum abriria mão.

O treinador Frantz retrucou:

– Mas não foi isso que treinamos. Só ensaiamos aquela coisa de pôr o joelho no chão, conforme lhe expliquei.

– Passe a bola para ele. Nós providenciaremos para que marque pontos.

O treinador Frantz voltou a reunir-se com seus jogadores para passar-lhes instruções. E apontou para Jake.

– Garotão, quero você na área do adversário.

Jake começou a pular. A audácia absoluta da ideia pegara todos de surpresa.

O zagueiro anunciou sua jogada, agarrou a bola e passou-a para Jake. O que aconteceu a seguir é uma lenda do futebol americano em Ohio.

Jake praticara ajoelhar-se no meio do campo tantas vezes que começou a se abaixar. Seu joelho chegou a cinco centímetros do chão, de modo que sua equipe inteira começou a gritar para que não fizesse isso.

Ele então deu um passo para trás enquanto seus companheiros apontavam a zona final adversária.

Dave e os demais treinadores de Jake, gritando das laterais, apontavam para a zona final adversária. Os jogadores do time adversário apontavam para a própria zona final. Até os juízes apontavam para aquela zona final.

Jake caminhou devagar em direção à linha de disputa pela bola. Vinte e um jogadores foram se afastando a sua frente como se fossem o Mar Vermelho e ele, Moisés. De repente Jake partiu rumo à terra prometida. Canaã estava a 49 jardas de distância. Ele demorou quase 12 segundos para chegar lá. Das laterais do campo, todos corriam passo a passo com ele.

E Jake Porter marcou um *touchdown*.

As arquibancadas explodiram. Todo o mundo o ovacionava. Homens adultos choravam; guerreiros endurecidos do futebol abraçavam-se. Muitos meninos participaram daquele jogo. Quando atingirem a idade adulta, terão esquecido dos detalhes da maior parte dos jogos de que participarem. Não se lembrarão de muitos pontos marcados. Mas nenhum deles esquecerá o dia em que Jake Porter marcou um *touchdown*. O *touchdown* de Jake tornou-se o *touchdown* de todo o mundo.

Sem ele, nada mais importa

O apóstolo Paulo disse que sem amor ele não era nada. Ele delineou o contraste entre o amor e as realizações espirituais: "Ainda que eu fale as línguas dos homens e dos anjos, [...] ainda que eu [...] saiba todos os mistérios e todo o conhecimento, e tenha uma fé capaz de mover montanhas, se não tiver amor, nada serei. [...] Nada disso me valerá".[3] O mesmo vale para as realizações alcançadas em qualquer arena: se eu ganhar uma fortuna, tiver o rosto estampado na capa da revista *Time* e tornar-me atraente, confortável e seguro, mas não tiver amor, terei apostado todas as minhas fichas em um número que não saiu na roleta. Não importa quanto ganhe, se ganhar sozinho, perdi. O amor domina todas as circunstâncias.

Não importa quanto ganhe, se ganhar sozinho, perdi.
O amor domina todas as circunstâncias.

Na parábola de Jesus sobre o rico insensato, descobrimos que aquele homem estava só com sua riqueza, pois quando teve uma

[3] 1Coríntios 13.1-3

colheita abundante e precisou tomar uma decisão quanto o que fazer com ela, foi consigo mesmo que discutiu, perguntando: "O que vou fazer?".

O estudioso Kenneth Bailey observa: "Um dos aspectos impressionantes do homem do Oriente Médio tradicional é sua natureza gregária. A vida é vivida em comunidades de laços entremeados com firmeza. Os líderes da aldeia ainda 'sentam-se ao portão' e literalmente passam anos conversando uns com os outros. Muitas vezes parece haver uma pressão sutil para que não se introduza informação capaz de resolver a questão em debate: 'temos uma discussão maravilhosa em andamento, não a encerre!' ".[4]

O homem da história de Jesus, contudo, não tinha com quem conversar: "Ele pensou *consigo mesmo*...".[5] Jesus o retratou na mais absoluta solidão. Seu discurso era crivado de referências apenas para si próprio: " 'O que vou fazer? Não tenho onde armazenar minha colheita'. [...] 'Já sei o que vou fazer. Vou derrubar os meus celeiros e construir outros maiores, e ali guardarei toda a minha safra e todos os meus bens. E direi *a mim mesmo*...' ".[6]

Criança alguma corria por sua casa. Esposa alguma o aconselhava; amigo algum comia e bebia com ele. Que se sentava, falava e divertia-se sempre sozinho. E morreu sozinho também.

Vencer sozinho é perder. O psicólogo Philip Zimbardo de Stanford escreve:

> Não conheço assassino mais poderoso que o isolamento. Não existe influência mais destrutiva para a saúde física

---

[4] BAILEY, Kenneth. **As parábolas de Lucas**. São Paulo: Vida Nova, 1995.

[5] Lucas 12.17, grifo nosso.

[6] v. 17-19, grifo nosso.

> e mental que o isolamento de si mesmo e dos outros [...] A estratégia do Diabo para os nossos tempos consiste em banalizar a existência humana isolando-nos uns dos outros, criando ao mesmo tempo a ilusão de que as razões são as pressões do tempo, as exigências do trabalho e as incertezas econômicas; fomentando o narcisismo e a feroz competição para ser o nº 1.[7]

Claro, todos dizemos que relacionamentos são mais importantes do que dinheiro. Mas frustramos nossos relacionamentos o tempo todo por causa de trabalho ou dinheiro. Não existe programa de TV intitulado "Quem quer ser um grande amigo?".[8] Aquilo que denominamos "*reality*" *shows* são programas que opõem uma pessoa contra outra de propósito. A palavra "*reality*", ou "realidade", indica que alguém será excluído ou demitido ou eliminado do programa por votação. Se pretendemos participar do jogo com sabedoria, há certas realidades acerca do que precisamos levar em consideração.

Prioridade máxima aos relacionamentos

Max De Pree[9] conversava um dia com seu pai, na época com mais de 90 anos. Conhecera um sucesso extraordinário como CEO de uma das 500 maiores empresas americanas chamada Herman Miller, meio século atrás. Foram tão inovadores em decoração que uma de suas cadeiras encontra-se exposta no Smithsonian Institute.

---

7 ZIMBARDO, Philip, apud SWINDOLL, Chuck. **The Seasons of Life**. Portland, OR: Multnomah, 1983, p. 337.

8 Referência ao programa de TV norte-americano *Who Wants to Be a Millionare?* [Quem Quer Ser um Milionário?], que oferece o prêmio de um milhão de dólares a quem acertar as quinze perguntas propostas. [N. do T.]

9 Comunicação pessoal.

Criaram um plano de participação nos lucros para os empregados décadas antes que isso viesse a existir. O pai de Max, que sempre mantivera profundo envolvimento com a igreja e a comunidade, vivera bem e com sabedoria, mas vivera também tanto tempo que a esposa e os amigos de muitos anos foram indo embora. Max perguntou ao pai como estava indo e ele confessou intensa tristeza.

– Estou vivo há tempo demais – respondeu para o filho. – Sobrevivi a todo o mundo que conheci. É duro sobreviver a todos os seus pares. Não me sobrou nenhum amigo – morreram todos.

– O senhor não tem ninguém?

– Não. Quer dizer, acho que tenho alguém sim.

Então contou a Max sobre seu único amigo. Havia na vizinhança um menino de 8 anos que morava perto. O menino não tinha pai, nenhuma figura masculina que lhe servisse de modelo fazia parte de sua vida. O caminho da escola para casa o fazia passar pela residência do velho homem. Um relacionamento iniciou-se quando um dia cumprimentaram-se com um aceno de cabeça quando o menino passava. Os acenos de cabeça transformaram-se em "olás". E os olás, em conversas. Algum tempo depois, o menino adquiriu o hábito de dar uma passada por ali duas ou três vezes na semana, no caminho para casa.

– O que o senhor faz quando isso acontece? – Max quis saber, intrigado com a imagem do pai de 96 anos, ex-CEO, recebendo a visita de um estudante do segundo ano da escola elementar.

Todos os dias, explicou-lhe o pai, ele preparava um copo de leite e um prato de biscoitos, só para o caso de aquele ser o dia em que seu amigo passaria por ali. Nos dias em que isso acontecia, levava o lanche para fora e sentavam-se na varanda e comiam juntos, de modo que toda a vizinhança pudesse vê-los e ninguém suspeitasse do que estavam fazendo. De modo que a solidão de um viúvo de 96 anos, um impressionante CEO, e a solidão de um garoto de 8 anos sem pai uniram-se e fundiram-se.

Não podemos obrigar a amizade e o amor a acontecerem. Eles vêm, quando vêm, como presentes. Mas podemos criar espaço para eles. Podemos trabalhar no restabelecimento da diversão em família e dos rituais plenos de significado. Um de meus melhores amigos há quase duas décadas vem mantendo a tradição da noite da pizza em família nas sextas-feiras. Começam com um grito primevo — todo o mundo à mesa gritando o mais alto possível durante cerca de dez segundos para eliminar todas as frustrações da semana. Pode parecer uma tolice, mas isso tem servido para construir uma memória familiar que durará a vida inteira.

Não podemos obrigar a amizade e o amor a acontecerem. Eles vêm, quando vêm, como presentes. Mas podemos criar espaço para eles.

Podemos desligar a TV. Podemos viajar de carro ao som de uma conversa no lugar de iPods e fones de ouvido. Podemos imaginar de quanta energia física e emocional necessitamos para dar atenção a quem amamos e então doar as sobras para o trabalho, em vez de fazer o contrário. Podemos ler juntos. Podemos começar tomando a simples decisão de que daremos *sim* prioridade máxima aos relacionamentos.

Ajude alguém a vencer

"Nada façam por ambição egoísta ou por vaidade [...]. Cada um cuide, não somente dos seus interesses, mas também dos interesses dos outros",[10] escreveu Paulo. O modo como o verdadeiro jogo é jogado, nossas vitórias mais estimadas e significativas vêm quando ajudamos outra pessoa.

Na época em que morei em Los Angeles, os Dodgers contrataram um arremessador chamado Orel Leonard Hersheiser IV. Quem pretende ganhar a vida arremessando bolas de beisebol para além de homenzarrões com um taco nas mãos quer ter um nome do tipo Tommy Letal ou Joe Enviuvador – algo que lembre perigo. Orel Leonard Hersheiser IV não é bem uma vantagem a ser desfrutada no departamento dos nomes. Para piorar as coisas, era uma figura magricela, de ombros curvos, tez pálida, modos gentis, que não fazia nada para intimidar ninguém. Seus primeiros anos como profissional foram de luta, para dizer o mínimo.

Um dia, quando fazia uma de suas típicas exibições trôpegas, seu dirigente, Tommy Lasorda, subiu ao monte do arremessador. A energia de Tommy para o jogo deixava o coelhinho das pilhas Energizer parecendo preguiçoso. E tinha uma capacidade incrível de fazer com que as pessoas acreditassem em si mesmas. Aproximando-se de Orel, naquele dia ele mudou sua vida.

– Quando olho para você, sabe o que vejo? Não um moleque magrelo, assustado, inseguro. Vejo um lutador. Vejo um homem de fibra, com algum fogo no peito. Vejo um buldogue. Então, de agora em diante, quando falar com você, não me dirigirei mais a Orel Leonard Hersheiser IV. De agora em diante, você é o Buldogue.

Nunca antes ninguém olhara para Orel Hersheiser e enxergara um buldogue. Mas foi o que aconteceu com Tommy Lasorda. E ele não estava inventando. Havia um buldogue dentro daquele

[10] Filipenses 2.3,4

jovem e esquelético arremessador. Que foi em frente para tornar um craque permanente da equipe. E sua conversa com Tommy Lasorda aquele dia ficou famosa.

Chamavam-na de "Sermão do Monte".

Em 1989, Buldogue ganhou o prêmio Cy Young com uma das temporadas mais dominadas por um arremessador de que se tem notícia nos tempos modernos. Estabeleceu o recorde de arremessos em oportunidades de jogo. Nas séries pós-temporada contra o New York Mets, Buldogue arremessou no principal jogo contra o oponente e seu campeão, Ron Darling. Assim que ouvi o nome do arremessador adversário, soube que Hersheiser venceria, porque Tommy Lasorda posicionaria-se nos degraus da entrada dos vestiários gritando "Vamos lá, Buldogue". Enquanto isso Davy Johnson, diretor do Mets, só conseguia gritar: "Faça com que o batedor erre, Darling".

O amor é eterno, mas precisa ser dado hoje

A configuração de nossa vida familiar vem mudando nos últimos tempos. Uma de minhas filhas foi para a Europa onde passará um semestre, outra começou seu primeiro ano de faculdade. Vimos esse período se aproximando, claro. E fico feliz que tenha chegado. Não gostaria que as crianças continuassem morando em casa quando estivermos com 90 anos e elas, sessenta e alguma coisa. Mesmo assim, há momentos em que nos surpreendemos com a beleza assustadora da vida e sua brevidade.

Poucos dias depois de as duas meninas saírem de casa, Nancy resolveu comprar alguma coisa para comermos. Escolheu três batatas na seção de hortifruti e um pensamento lhe ocorreu: *Costumávamos ser uma família de cinco batatas.* Até que Laura foi para a escola e passamos a precisar só de quatro. Agora Mallory viajou e ficamos reduzidos a três. Logo será a vez de Johnny, e então voltaremos às duas batatas que deram início a tudo isso. Nancy, via de regra mais racional que emotiva, simplesmente ficou parada no meio do supermercado com três batatas na mão, chorando.

Até pegar um pacote de bolinhos de chocolate Ho Hos e comê-los. Isso fez com que se sentisse melhor.

Nossas batatas estão indo embora. Vibro com a grande aventura em que estão se engajando. Ser pai é o único trabalho em que o sucesso se mede por quanto você se torna obsoleto. Também desfruto da liberdade dessa nova etapa. Mas vou lhe contar um segredinho. Às vezes tenho saudades das nossas batatas.

O que sinto por meus filhos é apenas um eco minúsculo do que Deus sente por todas as pessoas que vejo. O homem sem-teto sentado em um canto, a espera de que lhe atirem alguns centavos dentro da caneca. O chefe arrogante e antiético no trabalho. O homem-bomba no Iraque. O membro da família a exigir graça extra por armar confusão com todo o mundo.

Há algum tempo, uma de minhas batatas estava praticando *snowboard* quando voou quase vinte metros no ar depois de um salto e aterrissou de pescoço. Acabou deslocando o ombro, sofrendo uma concussão leve, hemorragia no fígado e alguns cortes. A história tem um final feliz, mas quando corri para o hospital, pensei em algo que lera sobre como certos momentos têm o poder de nos fazer lembrar do quanto nossa vida é temporária e como é a permanência do amor que nos une. Isso foi escrito por um homem chamado Wes Seeliger. E faz eco à sabedoria de Paulo.

Passei longas horas na sala de espera de uma UTI observando ao lado de pessoas angustiadas, ouvindo perguntas insistentes: Meu marido vai ficar bom? Meu filho voltará a andar? Como se vive sem a companheira de trinta anos?

> A sala de espera da UTI é diferente de qualquer outro lugar do mundo. As pessoas que aguardam ali são diferentes. Não sabem o que mais fazer umas pelas outras. Ninguém é rude. Distinções de raça e classe desaparecem. O lixeiro ama a esposa tanto quanto o professor universitário ama a dele, e todo o mundo entende isso. Cada um encoraja o outro.
>
> Na sala de espera da UTI o mundo transforma-se. Vaidade e ambição somem. O universo concentra-se no próximo boletim médico. Se ao menos ele mostrasse alguma melhora. Todo o mundo sabe que viver é amar alguém.
>
> Aprenderíamos a amar assim se reconhecêssemos que cada dia de vida é um dia de sala de espera?[11] .

[11] Seeliger, Wes, apud Rowell, Edward K (ed.). **Fresh Illustrations for Preaching and Teaching.** Grand Rapids: Baker, 2000, p. 141.

CAPÍTULO 19

SEJA UM JOGADOR CUJAS PESSOAS QUEIRAM SENTAR-SE AO SEU LADO

Mas todos esperávamos,
fosse qual fosse a forma que nossa capacidade permitisse,
demonstrar que a vida vale a pena ser vivida.
WALLACE STEGNER[1]

O livro *The Monopoly Companion* [Seu parceiro no Banco Imobiliário] adverte os jogadores contra o que pode sabotar-lhes os jogos. O "sr. Banco Imobiliário", que talvez se sinta pouco desafiado em seu trabalho diário, dedicou grande parte da vida a identificar os obstáculos que impedem as pessoas de atingir seu pleno potencial para o jogo Banco Imobiliário. A maioria de suas dicas tem a ver com lucros ou prejuízos financeiros. Saiba quais propriedades garantem maior retorno para o investimento (não é o Calçadão nem o Estacionamento; as pessoas não caem vezes suficientes nessas casas para tanto). Adivinhe quando a melhor política é permanecer na cadeia (quando todo mundo tem hotéis).

---

1 STEGNER, Wallace. **Destinos cruzados.** São Paulo: Editora Best Seller – Círculo do Livro, s/d.

Sua estratégia número um, no entanto, surpreendeu-me. Não tem nada a ver com perspicácia financeira nem com saber reconhecer a hora certa de agir. Consiste nada mais, nada menos que no seguinte: *seja um jogador cujas pessoas têm vontade de se sentar para jogar a seu lado. Seja um jogador para quem as pessoas não se incomodam de perder*. O Banco Imobiliário é um jogo que não pode ser vencido sem transações e negociações, o que exige cooperação. O sr. Banco Imobiliário afirma que ninguém gosta de perder para "gente que intimida só com o olhar, que xinga, os sabichões, sem consideração".[2] Se essa pessoa é você, os demais jogadores vão deixá-lo de fora das negociações. "Já vi acontecer um zilhão de vezes nos torneios", explica o sr. Banco Imobiliário.

Pessoas que se apegam a ressentimentos, pessoas que não sabem como lidar de modo gracioso com o desapontamento, pessoas de ótima memória e péssima capacidade para perdoar; pessoas que engasgam com as palavras "sinto muito", pessoas que se amuam, fazem bico e choramingam – incluindo aqui jogadores inteligentes de verdade, mas que fazem esse tipo de coisa – acabam perdendo o jogo no final.

Torne-se um desses jogadores cujas pessoas têm vontade de se sentar ao seu lado. A palavra bíblica para isso é graça. Jogue com graça. Cultive um espírito gracioso. O jogo apresenta três desafios para cada jogador e eles precisam ser vencidos com graça.

Perder com graça

O psicólogo Henry Cloud dá muita consultoria empresarial e às vezes dirige aos executivos a seguinte pergunta: "Durante seu

---

[2] ORBANES, Philip. **The Monopoly Companion**. New York: Adams Media, 1999, p. 12.

período de treinamento ou educação para os negócios, quando aconteceu de você fazer cursos sobre como ser um bom perdedor?".[3] Perder é parte inevitável da vida. Perder abre uma janela de valor inestimável para o desenvolvimento do nosso caráter. Como reagimos quando integramos uma equipe que toma determinada decisão à qual nos opomos? Qual a nossa resposta quando a promoção para a qual nos candidatamos vai para outra pessoa? O que fazemos quando nossa ideia, proposta ou convite para sair é rejeitada? Viver é perder. Mas perder mal, sem graça, pode ser fatal.

O presidente de uma organização implantou um programa de mudanças que se encontra na mais absoluta estagnação. Ninguém o quer. Mas o homem é teimoso e não aceita não como resposta, de modo que em seu lugar, obtém uma aquiescência mal-intencionada. As pessoas não se opõem a ele abertamente, mas sabotam seu programa de mil maneiras silenciosas, passivas, implacáveis. Perde o respeito e a lealdade dos subordinados. Por não suportar sair perdendo no que dizia respeito ao seu programa acabou, em vez disso, perdendo algo que importava muito mais.

Determinado pastor quer que sua igreja mude, mas o povo não adota seu ponto de vista. Deseja vê-la mais próxima do *seu* ideal de como uma igreja deve ser. Trocando em miúdos, quer que a igreja pareça *grande*. Acontece que as pessoas relacionam esse anseio mais com o ego do pastor do que com qualquer outra coisa. Por isso votam não de mil maneiras sutis. Apesar disso, ele não consegue se convencer a admitir a verdade. Então prega sermões inflamados em que açoita os fiéis por não lhe seguirem a liderança. Tenta pressionar os presbíteros. Ameaça, lastima-se, manipula.

---

3 Comunicação pessoal.

No fim os presbíteros pedem que se transfira para outro lugar. Por não ser capaz de perder e aprender com as perdas, o pastor acaba ficando sem nada.

Às vezes perdemos nos relacionamentos pessoais. Samuel e Susanna Wesley (pais de John Wesley) oravam certa noite quando Susanna deixou de dizer "amém" à oração do marido em favor de Guilherme de Orange, rei da Inglaterra na época. Samuel indagou por quê e ela explicou que simpatizava mais com Jaime II, deposto. Isso transformou-se em um jogo de "você tem de fazer o que eu digo", ao qual ele não podia vencer. Susanna escreveu sobre o que aconteceu logo em seguida: "Ele na mesma hora ajoelhou-se e rogou a vingança divina sobre si e sobre toda sua posteridade se algum dia tornasse a tocar-me ou a deitar-se comigo, antes que eu suplicasse o perdão de Deus e a ele por não dizer amém à oração pelo rei". (Comportamento típico de um homem que acredita que o maior castigo passível de infligir à esposa é privá-la de sexo com ele.) Esse beco sem saída durou seis meses e só foi solucionado quando um incêndio trágico destruiu dois terços da casa em que viviam.[4]

> No longo prazo, a verdadeira estima só nasce quando sabemos que temos condições de lidar com a realidade, o que significa tanto ganhar quanto perder.

Quando jogávamos com minha avó, ela era sempre divertida, mas também ficava atenta a netos que se mostrassem mal-humorados ou amuados ao perderem (via de regra esse era eu, mas tenho um primo que costumava sofrer da mesma enfermidade). Ela

[4] **In Foster, Richard J. Rios de água viva: práticas essenciais das seis grandes tradições da espiritualidade cristã. São Paulo: Vida, 2008.**

sempre ganhava deles (eu de novo). Nunca me agradou essa sua característica na época, mas hoje a compreendo melhor. Minha avó tentava ensinar-me verdades a respeito de um dos grandes desafios da vida. A curto prazo, parece possível edificar a autoestima de uma criança deixando-a vencer. No longo prazo, porém, a verdadeira estima só nasce quando sabemos que temos condições de lidar com a realidade, o que significa tanto ganhar quanto perder. Portanto, é importantíssimo que a criança perca de vez em quando.

Perder bem é uma arte a exigir de mim toda a graça que me for possível reunir. Significa ter humildade para enfrentar a realidade sem desculpas, mas com confiança para não permitir que a perda defina minha identidade. Significa nada de desculpas, nada de culpar ninguém, nada de autocomiseração – mas tampouco autocondenação. Significa adquirir discernimento para saber quando desistir e quando perseverar (por exemplo, se tenho 1,75 m de altura e peso 68 quilos, talvez seja melhor trocar meu sonho de jogar na defesa de algum time da liga nacional de futebol americano por outra coisa). Significa aprender a dizer parabéns. Significa aprender a abrir mão de um resultado que não tenho como mudar, mas me apegar à vontade de viver bem e plenamente.

Aprender a vencer com graça

Em uma época de comemorações exageradas cada vez que se marcam pontos e conversas grandiloquentes que nada querem dizer, vencer com graça talvez seja mais difícil do que perder com graça. Quando venço sou tentado pela arrogância, pelo poder, pela insensibilidade, pela vanglória e pelo desejo de reviver meus sucessos muito depois que todo o mundo já se cansou deles. Vencedores graciosos sempre lembram como é a sensação de perder. E vivem envolvidos em algo maior que os próprios ganhos e perdas.

Talvez por isso o vencedor mais gracioso na história da política americana seja alguém que experimentara grande perda. Em *Team of Rivals* [Time de rivais],[5] Doris Kearns Goodwin conta como Abraham Lincoln compôs o gabinete com todos os seus maiores rivais na corrida presidencial. Ninguém jamais fizera isso antes, como ninguém fez depois. Postos no gabinete costumam servir para recompensar lealdade. Quando alguém lhe perguntou porque tomara essa atitude tão incomum, Lincoln respondeu que nunca sonharia em privar o país da capacidade de liderança daqueles homens quando mais precisava deles. Mas talvez a melhor história sobre sua graça ao vencer seja sobre seu relacionamento com Edwin Stanton.

Em 1854, Abraham Lincoln trabalhava como advogado em Springfield, Illinois.[6] Convidaram-no a colaborar com um dos escritórios mais prestigiados do país, baseado em Washington, D.C., em uma ação judicial a ser proposta em Chicago. Era de longe o maior caso em que já atuara. Dedicou um verão inteiro a pesquisas. Só não sabia que o escritório o contratara só porque precisavam de um advogado local para cair nas graças de um juiz de Illinois.

A estrela do poderosíssimo escritório era um ilustre gigante das leis chamado Edwin Stanton. Sabia ser áspero e condescendente; como colocou Frederick Douglass, "gentileza não era uma de suas fraquezas". Lincoln, por sua vez, tinha plena consciência do próprio aspecto simplório e da origem humilde. (Quando um adversário político o acusou de ter duas caras durante determina-

---

[5] GOODWIN, Doris Kearns. **Team of Rivals:** The Political Genius of Abraham Lincoln. 1990. Reimpressão New York: Simon & Schuster, 2006.

[6] A maior parte da história que segue foi extraída de MILLER, William Lee. **Lincoln's Virtues:** An Ethical Biography. New York: Knopf, 2002, p. 423ss.

da campanha, Lincoln respondeu: "Ora, vamos – se tivesse duas caras, você acha que estaria usando *esta*?".)

Stanton logo resolveu que Lincoln não tinha serventia alguma para ele. Não leu nenhum dos sumários que preparou, tampouco respondeu-lhe as cartas. Quando Stanton e outro sócio chegaram ao hotel de Lincoln para o julgamento, Lincoln saiu-lhes ao encontro e sugeriu:

– Vamos em grupo até o tribunal.

– Esse sujeito que vá com a turma dele – Stanton cochichou no ouvido do sócio, deixando Lincoln seguir sozinho até a corte.

Stanton não quis saber de conferenciar com ele, comer com ele ou traçar uma estratégia com ele. Em determinado momento, Lincoln o ouviu dizer ao colega:

– De onde vem essa criatura de braços compridos, e o que espera fazer nesse caso?

Seu desdém adquiriu proporções tão sérias que quando ficou claro para Lincoln que ele não teria permissão para contribuir, ele se afastou do caso.

Avancemos a fita para cinco anos depois. Abraham Lincoln, o advogado de braços compridos do interior, mal vestido e desgrenhado preside agora os Estados Unidos. É um vencedor. Edwin Stanton é o extrovertido procurador geral. Seu partido perdeu e perder não o tornou nem um pouco mais gracioso para com o presidente: duas vezes em cartas a amigos ele se referiu à "imbecilidade de Lincoln"; correspondendo-se com o general George McClellan, chamava Lincoln de "o gorila original". Até o sócio de Stanton disse ser provável não haver "homem no país contra o qual Lincoln tivesse motivos para sentir maior ressentimento pessoal".

Mas o gorila necessitava de alguém para dirigir o Departamento de Guerra. O conflito ia de mal a pior e os exércitos da União dispersavam-se, na maior desorganização. Vários especialistas, aconselhando Lincoln, disseram que o homem mais apropriado para consertar a situação era Stanton. Assim, Lincoln comentou com um conhecido comum: "Tomei a decisão de pôr uma pedra em cima de todo o meu orgulho – que talvez seja uma porção do meu amor-próprio – e indicá-lo para o cargo". A maneira como Lincoln tratou Stanton é a história da Guerra Civil. Quando Stanton passou a fazer parte do gabinete presidencial, Lincoln confiou nele, confidenciou-se com ele, amparou-se nele, dependeu dele. Nunca antes o presidente tivera um relacionamento diário de trabalho tão próximo com qualquer outro integrante do gabinete. Stanton correspondeu com lealdade e afeição inabaláveis. Poucos anos depois de iniciada a guerra, Stanton encontrou seu ex-sócio George Harding, que elogiou um documento oficial recente e sugeriu que Stanton fora seu verdadeiro autor. "Nem uma palavra", retrucara Stanton. "Lincoln o redigiu – cada palavra. Nunca dois homens se enganaram tanto com um terceiro como nós". Mais tarde Harding escreveria: "Depois disso, nunca mais qualquer depreciação de Lincoln seria admitida por Stanton ou pelos membros de sua família".

Na manhã de 14 de abril de 1865, Abraham Lincoln morreu depois de levar um tiro na noite anterior, no Teatro Ford. As palavras mais famosas já proferidas após a morte de um presidente foram ditas aquela manhã: "Agora ele pertence às gerações". O orador era Edwin Stanton. Robert Todd Lincoln, filho de Abraham Lincoln, disse que depois da morte do pai, foi chamado a sua sala todas as manhãs durante duas semanas por Edwin Stanton, que "passava os dez primeiros minutos de visita chorando, sem dizer palavra".

Aprender a perdoar com graça

Quando joga, você ganha ou perde, mas não há dúvida de que acabará se ferindo. E para lidar com essa ferida, você precisa do maior tipo de graça disponível: a graça para perdoar.

Imagine ser incumbido de carregar uma pedra do tamanho de uma bola de boliche para todo lado, o tempo todo. Ela é pesada, um estorvo, mas você não pode nunca colocá-la no chão. O nome dela é ressentimento.

Para lidar com essa ferida, você precisa do maior tipo de graça disponível: a graça para perdoar.

Existe toda uma linguagem interessante em torno dos ressentimentos. Falamos deles como falamos de bebês: pode-se acalentar, carregar ou sustentar um ressentimento. Falamos até em alimentar ressentimentos. Quando você alimenta algo, significa que lhe dá de comer daquilo que o manterá vivo e o fará crescer. Em pouquíssimo tempo atinge o auge da maturidade. Talvez você tenha dois ou três assim.

Que engraçado – seria de se pensar que ninguém aceitaria, de livre vontade, um fardo pesado desses para carregá-lo por toda parte. Nunca ninguém diz: "Mal posso esperar para pegar meu ressentimento pela manhã e sair por aí com ele mais um dia". Contudo, as pessoas fazem isso – todos os dias.

Lameque poderia ser chamado de santo patrono do ressentimento. Viveu poucas gerações depois de Adão e Eva, pertencia à família pelo lado de Caim e essa é parte da sua história. Quando Caim matou o irmão Abel, diz-se que Deus pôs uma marca sobre ele. Serviria como uma espécie de advertência. Deus disse que se alguém matasse Caim, sofreria vingança sete vezes pior. Ele sabe que quando a raça humana ceder ao desejo de se vingar, ela se destruirá. Deus estava dizendo que os seres humanos não devem vingar-se com as próprias mãos.

Algumas gerações mais tarde, Lameque nasceu. Sabemos pouca coisa a seu respeito. Casou-se com duas mulheres – Ada e Zilá. Ninguém fizera isso antes. A intenção de Deus era que houvesse um marido e uma mulher – "os dois se tornarão uma só carne".[7] Lameque apresentou a poligamia à raça humana, com todo o sofrimento e opressão que isso criaria para as mulheres.

Um dia alguém feriu Lameque. Desconhecemos os detalhes. Pode ter sido um acidente. De qualquer forma, a ferida envenenou-lhe o espírito. Quanto mais pensava no assunto, mais furioso ficava. É assim que funciona a amargura. Lameque resolveu então se vingar.

Escolheu uma pedra. E disse a suas esposas:

> "Ada e Zilá, ouçam-me;
> mulheres de Lameque,
> escutem minhas palavras:
> Eu matei um homem porque me feriu,
> e um menino, porque me machucou.
> Se Caim é vingado sete vezes,
> Lameque o será setenta e sete."[8]

Não experimentou nenhum sentimento de culpa, nenhum remorso. Na sua cabeça, estava mais do que justificado. Seu ini-

---

[7] Mateus 19.5

[8] Gênesis 4.23,24

migo recebeu o que merecia. É assim que a amargura funciona. Esse é o código de Lameque: você me fere, eu o firo de volta. Observe a matemática: 77 vezes mais. O espírito amargurado nunca se dá por satisfeito.

Depois que a mente se concentra na ideia de exigir do outro que pague pelo que fez, você nunca chega ao ponto em que diz: "Agora já lhe infligi dor suficiente – estou em paz e satisfeito".

Existem vários modos de matar alguém. Pode-se fazê-lo com palavras duras, fofocas ou um simples distanciamento. Continue agindo assim dia após dia e com o tempo você descobrirá que onde antes havia um coração amoroso para com seu cônjuge, pais, amigo ou colega de trabalho, agora existe um coração de pedra. Não como o de Lameque, claro. Não ainda. Todavia as forças da amargura, do ressentimento, do julgamento e da indiferença estão todas em operação, destruindo a capacidade de amar.

O estranho é que não só carregamos essas pedras por aí como queremos fazê-lo. *Espera-se* de nós que perdoemos os outros, sabemos disso, mas o perdão nos deixa com a impressão de estarmos *abrindo mão* de alguma coisa. Uma das histórias prediletas de Lincoln dava conta de que certo homem, preso ao leito por uma enfermidade, ouvira o médico que não lhe restava muito tempo de vida. Mandou então chamar um velho amigo de nome Brown com quem tivera séria desavença. Não se falavam havia anos. O homem explicou ao amigo que morreria em breve, que suas diferenças pareciam-lhe insignificantes diante da morte, e perguntou se poderiam reconciliar-se. A cena levou todos os presentes no quarto do doente às lágrimas. Brown segurou as mãos do amigo e abraçou-o. Então virou-se para ir embora, o coração em frangalhos. Em seu leito de doente, tendo ocorrido-lhe uma ideia para resolver de vez o problema, o homem ergueu-se sobre o cotovelo e disse uma última vez: "Mas veja bem, Brown; se eu me recuperar, nossa velha briga torna a valer".

Dizemos para nós mesmos que temos o *direito* de acalentar ressentimentos. Um estudo publicado no *Journal of Adult Development* descobriu que 75% dos pesquisados acreditam ter sido perdoados por Deus pelos erros e delitos do passado, mas apenas 52% diz perdoar os outros. Um número menor ainda – 43% – afirma ter procurado ativamente o perdão por ofensas que causaram.[9]

Dizemos para nós mesmos que temos o **direito** de acalentar ressentimentos. [...] Existe um outro caminho.

Existe um outro caminho. Como Lameque, o apóstolo Pedro foi ferido por alguém e a ofensa aconteceu várias vezes. Um dia ele se aproximou de Jesus e perguntou: "Quantas vezes deverei perdoar a meu irmão quando ele pecar contra mim? Até sete vezes?". Acho que sete já seria o máximo em generosidade e esperava impressionar Jesus. Por isso ficou um pouco decepcionado quando Jesus respondeu: "Eu lhe digo: Não até sete, mas até setenta vezes sete".[10]

Está claro de onde Jesus tirou o número 77. Conhecia as Escrituras hebraicas e escolheu esse número de propósito. Com isso, revertia o código de Lameque. "Você pode seguir os passos de Lameque e acalentar ressentimentos ou abrigar rancor, ou pode

[9] In *Christian Century*, janeiro 2-9, 2002, p. 15.

[10] Mateus 18.21,22

me seguir e oferecer perdão e buscar a reconciliação. Só não pode fazer as duas coisas. Precisa escolher. Pedro: largue essa pedra". "Pois se perdoarem as ofensas uns dos outros, o Pai celestial também lhes perdoará. Mas se não perdoarem uns aos outros, o Pai celestial não lhes perdoará as ofensas".[11]

Só existe um lugar seguro para os ressentimentos: aos pés da cruz. Junto à cruz, lembro-me de que também preciso de perdão. Junto à cruz, lembro-me que, para esperar receber o perdão definitivo, comprado no céu pelo mais alto preço que existe, e no entanto sonegá-lo a quem me feriu, é o máximo da contradição.

Na cruz vemos com que se parece a graça no momento da perda suprema: um Messias rejeitado carregando sua perda e a minha com graça inextinguível: "Pai, perdoa-lhes, pois não sabem o que estão fazendo".[12] Junto à cruz aprendemos a perder com graça.

A cruz é o lugar onde vemos com que se parece a graça quando vence, pois a cruz é a vitória da graça sobre o pecado e a morte, onde "tendo despojado os poderes e as autoridades, [Cristo] fez deles um espetáculo público, triunfando sobre eles na cruz".[13] E a vitória de Cristo tornou-se boas-novas para Pedro, que o negara junto à cruz, e para o centurião romano que ajudou a pendurá-lo no madeiro. Junto à cruz aprendemos a vencer com graça.

A cruz é o lugar onde o pecadores perdoados recebem a graça de perdoar outros. "Cristo nos uniu por meio de sua morte na cruz. A cruz fez com que nos abraçássemos, e esse foi o fim da hostilidade".[14]

---

[11] Mateus 6.14,15

[12] Lucas 23.34

[13] Colossenses 2.15

[14] Efésios 2.16 (tradução livre da versão *The Message*).

Na cruz vemos com que a graça se parece quando perde, quando vence, quando perdoa. E as pessoas ainda têm a esperança de sentarem-se ao lado de alguém assim.

PARA VENCER

Capítulo 20

Colecione os troféus certos

Para agradar a Deus [...] para ser um
verdadeiro componente da felicidade divina.
C. S. Lewis[1]

O filme *Jamaica abaixo de zero* conta a improvável história do time local de *bobsled*, um trenó de corrida. Em determinado momento do filme, os integrantes da equipe estão de tal modo desesperados para ganhar uma medalha olímpica que se convencem de que, se no final a conquistarem, qualquer esforço terá valido a pena. Todo aprendizado, alegria, crescimento e sacrifício dedicado será esquecido perto de um pedaço de metal enfeitado com uma fita. O treinador deles é um homem de 180 quilos que ganhou a medalha olímpica de *bobsled* vinte anos antes, passando a ser desde então um completo fracasso. Diz ele: "Se vocês não dão conta do recado antes da medalha de ouro, não darão conta do recado com ela".

Recompensas

Jesus falava bastante das recompensas por segui-lo. Mas a busca de recompensas pode ser nossa ruína se nos dedicarmos ao tipo

[1] **Lewis, C. S. O peso da glória. São Paulo: Vida, 2008.**

errado de premiação. C. S. Lewis distinguia entre o que poderia ser chamado de recompensas intrínsecas e extrínsecas. Se desejo casar-me com uma mulher pelo dinheiro que tem, significa que busco uma recompensa extrínseca. A recompensa de um mercenário egoísta que, no fim, será vazia. Casar-me com ela por amor também é uma espécie de recompensa; mais adequada à ação. O amor sempre busca o prazer de seu objeto. A musicista que domina seu instrumento para atrair aplausos mais altos que de seus rivais é mercenária; aquela que toca pelo prazer da música ganha uma recompensa que não lhe pode ser tirada.

A diferença entre recompensas intrínsecas e extrínsecas é a mesma de adorar aprender *versus* querer tirar notas que impressionem as pessoas. É trabalhar pelo prazer do ofício *versus* para ocupar o escritório maior ou o cargo invejado. É cultivar uma amizade pelo simples fato de gostar de estar na companhia da pessoa *versus* tentar impressionar alguém por achar que parte da importância ou *status* dessa pessoa pode ser transferido a mim.

O troféu não é a realização em si – não é o aprendizado que obtemos ou os músculos que exercitamos ou a coragem que empregamos. É um *símbolo* da realização. Uma validação externa do nosso valor. Na melhor das hipóteses, os troféus da estante servem como um pequeno lembrete, algo para fazer com que nos sintamos gratos pelo passado e motivados para o futuro. Na pior, tornam-se um altar, ferramenta com a qual sustentamos uma falsa imagem de nós mesmos.

Parte grande demais da minha vida tem sido dedicada a colecionar troféus. Viver em função deles me deixa oco, vazio, deprimido e cansado. Produzem um prazer momentâneo capaz de viciar, mas que sempre acaba. É por isso que, no céu, quando são usadas imagens como “coroas”, as pessoas estão sempre atirando-as aos pés do Senhor. Quando você oferece glória, louvor e honra, tais coisas provocam alegria; quando você as acumula, perdem o brilho, desfalecem e tornam-se um fardo.

Deus tem um senso de humor maravilhoso e envia com frequência pessoas para nos ajudar a lembrar que ser suficiente é departamento dele, e que nenhum troféu é capaz de conferir essa condição. Há alguns anos eu falei em uma conferência na Alemanha, ao fim da qual me pediram para assinar alguns livros. Uma mulher estendeu-me a tradução alemã de um dos meus livros para assinar e disse, em um inglês com sotaque carregado:

– Obrrrigada. Este é o melhor livro que já li.

Os alemães não são famosos pelo senso de humor, mas achei que ela poderia estar zombando de mim.

– Fala sério? – perguntei.

– Sim – disse ela, dando uma explicação de implacável sinceridade – Não leio muito.

Meus troféus

Meu pai tinha dezenas de troféus de tênis antes mesmo que começasse a praticar o esporte. Ganhei meu primeiro troféu aos 10 anos de idade. Hoje em dia você já precisa ser um veterano nessa idade, mas quarenta anos atrás era considerado jovem. O troféu consiste em um pequeno pedestal de madeira com um homem de bronze em cima segurando a raquete nas costas, pronto para rebater. Foi mágico, alucinante. Eu era um sucesso. Aquele troféu era feito de aplauso fundido, o sucesso em um pedaço de madeira. Queria mais.

> Meu primeiro troféu foi mágico, alucinante. Eu era um sucesso. Aquele troféu era feito de aplauso fundido, o sucesso em um pedaço de madeira. Eu queria mais.

Uma vez, quando tinha 13 anos mais ou menos, participei de um campeonato em Dixon, Illinois. Dixon fica muito longe de Wimbledon; não se tratava de um torneio de prestígio. E joguei muito mal. Mesmo assim, meu parceiro e eu chegamos às finais de duplas. Acho que só tivemos de jogar uma partida e estávamos lá. Nossos adversários tinham aprendido a jogar tênis na semana anterior. E os dois deviam estar com a perna quebrada. Mas o fato é que chegara à final. Ganhei um troféu. Ninguém precisava saber dos detalhes quando voltei para casa. O troféu permitiu-me fingir ser um *vencedor*.

De vez em quando costumava contar meus troféus, meus e os do meu pai. Não o invejava, mas queria mais.

No penúltimo ano de faculdade, a equipe da qual participava classificou-se para o campeonato nacional. Meu parceiro, Norm, rebateu suas bolas quicadas na quadra com duas mãos, tanto no *forehand* quanto no *backhand*. Ele segurava a raquete pelo calcanhar, como Babe Ruth fazia com o bastão de beisebol. A equipe oponente limitou-se a tentar não se machucar. Chegamos às quartas-de-final, quando fomos fragorosamente derrotados. Mas jogar nas quartas-de-final era um grande feito porque significava estar entre os melhores do país. Gostava disso. Soava mais impressionante do que de fato era. Fui para uma escola da terceira divisão – uma escola pequena. Nas faculdades da segunda divisão, nunca me classificaria para o campeonato nacional. Na primeira divisão, não conseguiria nem jogar na equipe principal de muitas faculdades.

Qualifiquei-me para a divisão mais baixa, com um desempenho mínimo, jogando em dupla, não sozinho.[2]

Mas não precisava contar para ninguém isso tudo. Podia dizer apenas que estava entre os *melhores do país*.

O problema, claro, estava em que a chance de incluir a expressão nas conversas não surgia com naturalidade. Era difícil alguém me perguntar: "E então, alguma vez na vida você jogou para uma das melhores equipes universitárias do país?". (Passei mais de uma década escrevendo até conseguir imaginar como incluir essa história em um livro.)

O problema com os troféus é que servem para ficar parados em um lugar, acumulando poeira. Quando eu era menino, minha mãe espanava o pó deles. Houve época em que fazia parte das tarefas da mulher tirar o pé dos troféus do marido. Não mais. Quando me casei, coloquei meus troféus dentro de uma caixa para trazê-los comigo. Para minha enorme surpresa, minha esposa nunca se interessou muito pela ideia de tirar o pó dos meus troféus. Livrei-me da maioria deles. Guardei uns poucos como recordação, mas não em uma estante; continuam dentro da caixa. "Riquezas não duram para sempre, e nada garante que a coroa passe de uma geração a outra".[3]

Outros troféus

Ao tentarmos impressionar pessoas que achamos importantes, estamos colecionando troféus. "Deixo uma impressão mais

---

[2] Primeira, segunda ou terceira divisão não tem a ver com nível ou qualidade da instituição de ensino, mas com a importância dada aos esportes e, consequentemente, com o investimento que se faz nesse sentido. [N. do T.]

[3] Provérbios 27.24

profunda no Universo porque conheço essa pessoa famosa. Quando a arca começar a flutuar, estarei dentro dela."[4] Todo tipo de objeto pode se tornar um troféu: nossas notas na escola, nossas casas, as pessoas que impressionamos, nossos corpos, promoções, elogios, etiquetas de roupas. Hoje em dia existem sítios da Internet que podem ser acessados para procurar esposas dignas de um troféu – mulheres cuja beleza é um tributo à riqueza e poder de seus maridos. Troféu é qualquer coisa capaz que você consiga fazer com que as pessoas olhem e digam "Uau!".

Às vezes as pessoas imaginam que se tivessem uma tendência mais altruísta, no mínimo satisfariam a própria alma e saberiam que agradavam a Deus. Mas cada tendência conta com troféus próprios. Alguns pastores têm como troféu a igreja, um tributo a seu carisma, cocho em que o ego se alimenta. O problema de alimentar-se em um cocho, claro, é que tudo que se consegue comer é lavagem.

Amor profano[5] é o magnífico romance de Susan Howatch a respeito de um sacerdote que dedica a vida a parecer sempre piedoso, sábio, amoroso e carismático. Enquanto isso sua alma está faminta porque ninguém o conhece. "As pessoas nunca encontraram o homem que mantenho escondido. Só conhecem o homem exposto ao público. Chamo-o de imagem resplandecente porque tem uma aparência muito boa no espelho. Mas por trás... Por trás existe um estranho furioso que aparece no espelho sempre que a imagem resplandecente ausenta-se sem permissão." Seu ministério torna-se seu troféu – e sua prisão.

---

[4] BECKER, Ernest. **A negação da morte**. Rio de Janeiro: Record, 2007.

[5] HOWATCH, Susan. **Amor profano**. Rio de Janeiro: Record, [1990?].

A coisa certa

Existe, no entanto, um outro tipo de troféu para colecionar – os do tipo certo. Estão disponíveis todos os dias. Não preciso ganhar de ninguém para conseguir um. Quando Paulo escreveu aos irmãos e irmãs em Filipos, disse-lhes que suas antigas coroas – no caso de Paulo, suas realizações religiosas – agora considerava lixo. Dedicava-se a colecionar novo tipo de coroa: "Meus irmãos, a quem amo e de quem tenho saudade, vocês que são a minha alegria e a minha coroa".[6]

Paulo usou a mesma linguagem ao escrever para amigos em Tessalônica: "Pois quem é a nossa esperança, alegria ou coroa em quem nos gloriamos perante o Senhor Jesus na sua vinda? Não são vocês? De fato, vocês são a nossa glória e a nossa alegria".[7]

Jesus contou uma história em que dois homens fiéis apresentavam-se diante do rei que voltava e ouviam-no dizer a cada um: "Muito bem, servo bom e fiel!"[8] Às vezes tento imaginar como seria postar-me perante Deus e ouvir essas palavras.

Às vezes tento imaginar como seria postar-me perante Deus e ouvir as palavras "Muito bem, servo bom e fiel!".

O verdadeiro propósito da vida é fazer Deus sorrir.[9] "Possa o Senhor sorrir de você", disse C. S. Lewis.

---

[6] Filipenses 4.1

[7] 1Tessalonisenses 2.19,20

[8] Mateus 25.21,23

[9] Números 6.25

> Agradar a Deus, [...] ser um verdadeiro ingrediente da felicidade divina, [...] ser amado por Deus, não simples objeto de sua misericórdia, mas de deleite como o artista se deleita em sua obra ou o pai no filho – parece impossível, um peso ou fardo de glória que nossos pensamentos mal conseguem sustentar. Mas assim é.[10]

Etty Hillesum[11] foi uma jovem judia holandesa adorável e brilhante que viveu em Amsterdã no final da década de 1930. Sua ardente ambição era ser reconhecida como grande escritora. Acabou encarcerada pelos nazistas. Embora tivesse a chance de alcançar a liberdade e o reconhecimento, Etty optou por permanecer com seu povo para amenizar-lhe o sofrimento tanto quanto possível antes da própria morte. Seus diários registram a transformação impressionante de uma mulher cujo controle sobre seu mundo exterior resumia-se a nenhum em alguém cuja alma libertou-se como que por milagre do desespero e da mesquinhez.

Descobriu-se constrangida a orar "como se meu corpo tivesse sido feito para o ato de se ajoelhar e fosse esse o seu sentido". Estava tão envolvida por Deus, tão "invencível no profundo regozijo e na terna providência" proporcionados por sua fé, que ajudava companheiros de prisão com uma intrepidez que aturdia a todos. "Há momentos", disse ela, "em que me sinto como um passarinho, abrigada no dentro de uma grande mão protetora." Escreveu essas palavras em um campo de concentração.

---

[10] **Lewis, C. S. O peso da glória. São Paulo: Vida, 2008.**

[11] Trecho de diário escrito em Auschwitz apud Bergman, Susan (ed.). *Martyrs*. San Francisco: HarperSanFrancisco, 1996, p. 6.

A ambição de Etty mudou. Agora era *ser o centro pensante dos barracões*, testemunha de que o bem e a beleza existiam mesmo no inferno do campo. Porque a alma é infinita com Deus, passou a crer de fato que "nada pode me acontecer [...] Às vezes, quando fico parada em um canto do campo, os pés plantados em sua terra, ó Senhor, os olhos erguidos para o seu céu, lágrimas escorrem por meu rosto, lágrimas de profunda emoção e gratidão".

Era como se a pessoa exterior de Etty estivesse presa e humilhada, enquanto seu eu interior fosse livre e feito belo. Descobriu que "excluída a morte da nossa vida, não podemos vivê-la em plenitude; admitida a morte em nossa vida, crescemos e enriquecemos essa nossa vida".

Etty passou os últimos anos oferecendo esperança e cuidados, "com uma palavra terna para todos que encontrasse pelo caminho". Suas últimas palavras foram escritas em um cartão postal e atiradas para fora do vagão nº 12 do trem em que viajou consciente de que seguia para a morte em Auschwitz. "Deixamos o campo cantando", escreveu. Os nazistas confiscaram-lhe os bens, sua capacidade de ir e vir, seu trabalho, sua família, seu corpo e por fim, sua vida. Contudo, acreditava que eles na verdade não lhe haviam tirado nada.

O troféu que importa de verdade não está na nossa estante ou nos currículos. É a alma em que nos transformamos. Esse é a coroa que um dia depositaremos aos pés de Deus.

CAPÍTULO 21

AINDA RESTA AO REI MAIS UMA JOGADA

Um dia a sabedoria do homem virá não de livros
mas da presença do Deus vivo,
e nossa Terra brilhará mais forte que o sol,
e não haverá mais tristeza.

FIODOR DOSTOIEVSKI[1]

Quando eu era muito pequeno, minha avó às vezes orava comigo a oração que durante gerações os adultos ensinaram seus filhos a dizer quando iam para a cama à noite:

> Agora que deito para dormir,
> Oro ao Senhor para minha alma guardar.
> Se não acordar e com a morte partir,
> Oro ao Senhor para minha alma levar.

Que jeito mais alegre de se mandar as crianças para a cama, não? Nunca vi nenhum estudo estatístico sobre o assunto, mas aposto como a declamação toda noite dessa oração diminuiu muito nos últimos cinquenta anos mais ou menos. Na verdade,

---

1 DOSTOIEVSKI, Fiodor. **The Gospel in Dostoyevsky**. Farmington, PA: Plough House Publishing, 1988, p. 233.

a oração tinha mais um verso que as crianças recitavam. Imagine a cena:

Criança: Nossos dias aqui em labutas vivemos,
A vida é só um sopro.
A morte cruel por perto sempre temos,
O homem é tão frágil.

Pais: Boa noite, querido. Sonhe com os anjos.

Houve época, muito diferente da nossa, em que crianças aos milhões diziam essa oração. Alguém queria que conhecessem a condição decaída e arruinada da Terra, e que ela não é o nosso lar. A vida não é permanente. A morte é tanto indesejável quanto inevitável, e a vida humana pende de um fio tênue. Temos uma alma, não apenas um corpo. Deus é o tipo de pessoa a quem se pode confiar nosso destino eterno. Ter bem claro quem guarda nossa alma é infinitamente importante.

O destino da alma — para quem a confiamos, para onde ela irá quando enfim dormirmos no término do jogo — tem sido sempre a maior questão.

A hora de dormir hoje em dia tende a seguir mais a linha do dar boa-noite à lua e agradecer por tudo que existe ao redor da criança. Não estou defendendo um retorno ao velho "A morte cruel perto sempre temos" para encerrar o dia. Mas o destino da alma – para quem a confiamos, para onde irá quando enfim dormirmos no término do jogo – tem sido sempre a maior questão. Vale a pena ser claro quanto a pontos de vista alternativos.

Ignorar nossa mortalidade

Ernest Becker escreveu um livro chamado *A negação da morte*.[2] Sua tese é de que "a ideia da morte, o medo dela, assombra o animal humano como nada mais consegue". Diz que dispomos nossas vidas em torno de ignorar, evitar ou reprimir o fato mais irrefutável do mundo, ou seja, que vamos morrer. O desejo de negar a morte explica nosso vício em trabalho, nossa dependência de aprovação e nossa obsessão por segurança; é o que chama de "mola mestra da atividade humana".

A negação da morte foi publicado sob grande aclamação em 1974. Naquele ano Becker ganhou o prêmio Pulitzer e ficou famoso. Naquele ano ele também descobriu que estava com câncer e voltou-se para Deus. E naquele ano morreu.

Viver é bom. Cantamos canções sobre a vida, brincamos com um jogo chamado Jogo da Vida, batizamos outros produtos com ela. Compramos "seguro de vida". Mas como fazer para resgatá-lo? Morrendo. Na verdade é um seguro de morte. Não o chamamos assim; seria deprimente demais.

Nos Estados Unidos, um dos cereais mais populares chama-se Life, ou vida, em inglês. Acha que algum dia tentarão vender um cereal chamado Morte? "Para quem gosta de acordar bem devagar." Imagine a seguinte conversa:

– O que você quer de café-da-manhã?

– Uma tigela de Morte. Mikey adora!

Não usamos muito essa palavra que começa com M.

---

2 BECKER, Ernest. **A negação da morte**. Rio de Janeiro: Record, 2007.

Joan Mitford escreveu em um livro engraçadíssimo e sarcástico intitulado *The American Way of Death* [O jeito americano de morrer][3] como tentamos extirpar a presença da morte da nossa vida diária de todos os jeitos possíveis. O maior fornecedor de serviços para a indústria do "atendimento em caso de morte" observa em um recente manual: "Certas palavras e frases há muito associadas com cemitérios às vezes aumentam a resistência à venda porque sugerem imagens de natureza negativa, mórbida e depressiva".

Mitford lista algumas das novas regras de linguagem estabelecidas por essa indústria no decorrer dos anos. O *falecido* é levado dentro de um *carro para transporte da urna*, não um *carro funerário*. O *ente querido* (nunca *defunto*) fica à exposição em uma *sala de repouso*, não em um *velório*. Durante séculos, os mortos foram enterrados em lugares conhecidos como *sepulcrários*, mas esse nome dava um aspecto sério demais à morte. (Por que outro motivo haveriam de chamar de *sepulcro*?)[4] Então o século XIX viu o advento do *cemitério*, que vem da palavra grega utilizada para designar um "local de dormir". Depois de algum tempo, no entanto, *cemitério* começou a soar frio demais, de modo que hoje a denominação preferida é *parque memorial*, o qual é cheio de *espaços para inumação*. Os *papa-defuntos* transformaram-se em *diretores de funeral*; as

[3] MITFORD, Joan. **The American Way of Death**. New York: Random House, 1996, p. 194.

[4] No original, *graveyard* teria dado lugar a *cemetery*. *Graveyard* une duas palavras com existência independente uma da outra: *yard* pode ser "pátio" e *grave*, "sepulcro" ou o adjetivo "sério". Por isso a associação à seriedade da morte. Mitford faz menção a um fenômeno norte-americano. Todo esse trecho foi adaptado para transmitir a ideia expressa no livro da autora, mesmo não retratando a realidade dos países de fala portuguesa. [N. do T.]

funerárias que oferecem local para velar o morto são agora *capelas*. A palavra *morte* deve ser evitada tanto quanto possível, mesmo quando parece impossível. Por exemplo, a *certidão de óbito* deve ser tratada como *ficha de informações vitais*.

Se o ente querido for cremado, então deve ser dado uma urna com os *restos mortais* aos membros da família, não *cinzas* – vale lembrar que, por motivos óbvios, a indústria torce o nariz para a cremação. O embalsamamento e a cosmetologia da morte também transformaram-se em enormes indústrias, resguardando-nos da obrigação de ver o que a morte faz ao corpo. A presidente da empresa de aerógrafos Dinair Airbrush Systems, especializada em ajudar entes queridos a ficarem com bom aspecto, acredita que a cremação sem velório seria bem menos popular "se as pessoas não parecessem tão mortas – se parecessem mais vivas".[5] Citou uma pesquisa recente em que 75% dos clientes de casas funerárias declararam-se insatisfeitos com a aparência do falecido. O que faz a gente pensar nos 25% restantes que se deram por satisfeitos com o que a morte fez à aparência de seus entes queridos.

O movimento em prol do cemitério começou nos Estados Unidos no século XIX, em resposta à melancolia dos sepulcrários. Mount Auburn, o primeiro cemitério do país, era tão bonito que por muitos anos foi a atração turística número um de Boston. Quando se pensou em criar o Central Park em Nova York, as pessoas moldaram-no com base em Mount Auburn. O *slogan* delas era: "Por que não ter tudo que eles têm, mas sem as covas?".

---

5 In Mitford, Joan. **The American Way of death**. New York: random House, 1996, p. 10.

Passamos o tempo todo tentando ter tudo que eles têm, mas sem as covas. Woody Allen disse: "Não que eu tenha medo de morrer. Só não quero estar por perto quando ela chegar". Freud também declarou que nunca podemos acreditar em nossa própria morte, embora, claro, isso não o tenha impedido de morrer.

"Não que eu tenha medo de morrer. Só não quero estar por perto quando ela chegar."
— Woody Allen

Esconder nossa mortalidade

O dr. Sherwin B. Nuland escreveu um *best-seller* na década de 1990 chamado *Como morremos*,[6] o qual, segundo o ensaísta Joseph Epstein, "não está sobrecarregado de piadas".[7] A resposta a esse título é que morremos "rápido demais ou lenta, triste, dolorosa, sórdida, indigna ou horrendamente demais; e agora, sim, vem a má notícia – inevitavelmente".

Nuland diz que no início de sua carreira, os hospitais costumavam manter o que era chamado de "lista de risco". Quando ficava claro que a vida de alguém corria perigo, quando não se podia mais dar uma garantia razoável de cura, o nome daquele ou daquela paciente ia para a lista de risco. Era um indicador de que questões mais profundas dos que as médicas estavam em jogo, e então um padre ou pastor era chamado. Não se usa mais essa lista,

---

[6] Nuland, Sherwin B. **Como morremos:** reflexões sobre o último capítulo da vida. Rio de Janeiro: Rocco, 1995.

[7] Epstein, Joseph. **Narcissus Leaves the Pool.** New York: Houghton Mifflin, 1999, p. 18.

escreve Nuland, porque a chegada de um sacerdote qualquer pode assustar o paciente por sugerir que a vida dele está em perigo.

Houve época em que se dizia às crianças que as cegonhas traziam os bebês, mas elas eram convidadas a dizer adeus junto ao leito de morte de alguém a quem amavam. Agora recebem um monte de informação biológica sobre como os bebês nascem, mas ouvem que o vovô está dormindo em um belo jardim florido.

Superar a mortalidade

Em Scottsdale, Arizona, há uma empresa chamada Alcor Life Extension Foundation.[8] É a maior fundação criogenética do mundo. Por uma taxa de valor considerável, seu corpo pode ser congelado no momento da morte. Seu sangue receberá grandes quantidades de anticoagulantes e você será armazenado dentro de uma cápsula de nitrogênio líquido que o resfriará a menos de 160 ºC, até que possam reaquecê-lo mais tarde como uma pizza e a tecnologia médica avançada seja capaz de curar a enfermidade que o matou. Ou, se você não gostar da ideia de ser congelado, uma empresa em Seattle, a Immortal Genes, oferece "a eternidade em um peso de papel". Por cinquenta dólares, preservam seu DNA em uma pequena caixa durante os próximos mil anos, de modo que você possa ser clonado quando for mais conveniente. Oferecem ainda uma garantia válida por dez mil anos ou seu dinheiro de volta, embora seja difícil dizer quem irá buscar o cheque caso as coisas saiam erradas.

Tentamos superar a morte sendo mais espertos que ela de modos mais sutis: academias, cremes para a pele, técnicas cirúrgicas,

---

8 GRIFFITH, Jay. **A Sideways Look at Time**. New York: Tarcher, 2004, p. 321.

novas dietas, climas mais quentes, medicações melhores, médicos mais sábios e assim por diante. Talvez a ciência nos ajude a viver para sempre como os imortais *struldbruggs*, personagens de uma raça sem dentes, careca e sem memória de *As viagens de Gulliver*.

Viktor Frankl[9] menciona uma parábola alegórica chamada "Morte em Teerã", em que um servo corre para seu rico e poderoso senhor no jardim, gritando que acaba de se encontrar com a Morte, que o ameaçou. Suplica a seu senhor que lhe dê seu cavalo mais veloz para que possa fugir para Teerã. O senhor concorda.

Ao retornar para sua casa, o senhor encontra a Morte e lhe pergunta:

– Por que você aterrorizou e ameaçou meu servo?

– Eu não o ameacei; só fiquei surpresa por encontrá-lo ainda aqui, quando planejava encontrá-lo esta noite em Teerã.

Aceitar nossa mortalidade

Algumas pessoas conformam-se com a morte. Perguntaram à escritora feminista Germaine Greer como ela gostaria de ser lembrada: "Como adubo", foi a resposta. "Gostaria que as pessoas dissessem 'ela deu um ótimo adubo'."[10]

Walt Whitman escreveu em *Folhas de Relva*: "Rendo-me ao pó para crescer da relva que amo / Se me quiser de novo, procure por mim debaixo da sola de suas botas".[11]

---

9 Frankl, Viktor. **Man in Search of Meaning.** New York: Simon & Schuster, 1984, p. 77.

10 Greer, Germaine, disponível em http://www.brainyquote.com/quotes/authors/g/germaine_greer.hlml. Acesso em: 20 mar. 2007.

11 Whitman, Walt. **Folhas de Relva.** São Paulo, Iluminuras, 2008.

Essa é a opção corajosa dos estoicos: "Em vez de desviar os olhos dos fatos dolorosos da vida, encare-os e contemple-os sempre. Enfrentando as realidades da morte, da perda e do desapontamento você se liberta de ilusões e falsas esperanças".[12]

Nos Estados Unidos, Mel Blanc foi a voz por detrás de todos os personagens dos desenhos animados da Looney Tunes. Depois de cada episódio, via-se o Gaguinho surgir do nada com o mesmo entusiasmo de quem começa uma nova aventura: "Por hoje é só, pessoal!". Gaguinho estava dizendo: "O espetáculo terminou. Hora de ir para casa". Mel Blanc morreu há poucos anos. Sabe o que a família mandou escrever em sua lápide? "Por hoje é só, pessoal!".

A alternativa

Ainda assim, há um anseio em nós que não se dissipa. Os egípcios construíram as pirâmides. Os gregos colocavam uma moeda de ouro debaixo da língua para que o falecido tivesse como pagar o balseiro na travessia do rio Estige. Nos tempos atuais, Johnny Carson, ao lhe perguntarem o que gostariam que escrevessem em sua lápide, respondeu: "Já volto".

Philip Yancey escreve que nossa reação à realidade da morte é justo o sinal de que fomos criados para algo mais. Um dos indicadores da realidade de outro mundo é nossa atitude para com a mortalidade:

> A natureza trata a morte como um acontecimento normal, o fundamento da importantíssima cadeia alimentar.

[12] Epiteto. **A Arte de viver:** o manual clássico da virtude, felicidade e sabedoria. Uma nova interpretação de Sharon Lebell. Rio de Janeiro: Sextante, 2006.

> Somente nós, seres humanos, reagimos de modo traumático e exagerado, como se não pudéssemos nos acostumar ao fato. Vestimos nossos mortos com roupas novas, os embalsamamos e enterramos em caixões impermeáveis, sob jazigos de concreto, a fim de retardar a decomposição natural. Agimos assim porque relutamos e teimamos em evitar aquela que é a mais poderosa experiência na vida. [...] De um modo característico só da nossa espécie, não estamos totalmente à vontade aqui. Como sintoma disso, sentimo-nos incitados a algo mais elevado e mais duradouro.[13]

Segundo Yancey, esses são os rumores constantes de outro mundo.

Não ansiamos por uma vida mais longa apenas – nem por uma extensão indefinida para ela, menos ainda se essa extensão toda significar mais do mesmo. Uma faculdade cristã do sul da Califórnia certa vez mandou os alunos saírem de porta em porta para conversar com as pessoas sobre questões espirituais. Dois deles bateram em uma porta atrás da qual encontraram uma frenética mãe de três crianças com um aspirador de pó em uma das mãos e um bebê aos berro no outro braço, a comida queimando no forno e uma sala de estar tão bagunçada que seria melhor classificá-la como área de desastre federal. "A senhora está interessada em saber mais sobre a vida eterna?", um dos alunos perguntou. "Para ser sincera, acho que não seria capaz de suportá-la", respondeu a mãe.

Queremos mais do que mais do mesmo. Queremos que o que está errado seja consertado. Queremos que o sofrimento cesse.

---

[13] **Yancey, Philip. Rumores de outro mundo: a realidade sobrenatural da fé. São Paulo: Vida, 2004, p. 41.**

Queremos ar limpo, trabalho com sentido, políticos honestos, consciências limpas, beleza infinita, conexão instantânea com a Internet, o fim da solidão e da guerra. Queremos a pizza inteira. Queremos o céu. E o que queremos está nas mãos do Senhor do Tabuleiro e em seu último lance.

Queremos a pizza inteira. E o que queremos está nas mãos do Senhor do Tabuleiro e em seu último lance.

Refletir sobre nossa mortalidade corrige o foco da esperança, devolvendo-a para o lugar a que pertence

Jeremy Taylor, bispo anglicano do século XVII, escreveu:

> Já que não ficamos aqui, sendo pessoas de um dia só de permanência, [...] teremos de procurar em algum outro lugar uma cidade duradoura, um local em outro país no qual fixemos residência, em que Deus seja as paredes e a fundação, onde devemos encontrar descanso, ou então vivermos irrequietos para sempre.[14]

Há uma antiga história sobre um florista que, em um dia de muito trabalho, misturou duas encomendas. Despachou uma coroa de flores para um negócio que estava inaugurando e outro para uma família com um morto a enterrar. O homem do novo

[14] TAYLOR, Jeremy. **Holy Living and Holy Dying**. 1651, reimpressão New York: Oxford University Press, 1989, p. 276.

negócio chegou furioso: "Havia uma faixa nas flores que me foram entregues no dia da minha inauguração dizendo 'Descanse em paz'".

Ao que o florista respondeu: "O senhor acha que tem motivo para estar bravo; precisava ter visto o pessoal que acabou de sair. Na faixa das flores entregue no funeral da família estava escrito: "Boa sorte com o novo endereço".

Anne Lamott escreveu: "Para o cristão, a morte é só uma mudança de endereço".

A morte aponta para a eternidade além de si mesma. Uma forma de arte cristã que floresceu nos séculos XVI e XVII mostrava quadros de belos objetos comuns – um vaso de flores, um bandolim, um aparador com frutas. Enfiado em algum lugar do quadro havia sempre dois lembretes da natureza transitória da existência humana: um crânio e uma ampulheta.

Esses quadros são chamados de arte *vanitas*, da passagem de Eclesiastes: "[...] vaidade de vaidades, tudo é vaidade. [...] Geração vai e geração vem; mas a terra permanece para sempre".[15] Não tinham a intenção de fomentar a melancolia. Eram uma lembrança de que toda posse e realização são passageiros e, portanto, indignos de nossos corações ou devoção. Pretendiam nos preparar para a *ars moriendi*, a arte do morrer, para estarmos prontos para o momento em que a alma se encontrará com Deus e o sentido e valor de nossas vidas serão pesados.

As Escrituras oferecem firme esperança para aqueles que nasceram para o Reino de Deus:

---

15 Eclesiastes 1.2,4 *ARA*

Onde está, ó morte, a tua vitória? Onde está, ó morte, o seu aguilhão?[16]

Preciosa é aos olhos do SENHOR a morte dos seus santos.[17]

Felizes os mortos que morrem no Senhor.[18]

Que este Deus é o nosso Deus para todo o sempre; ele será o nosso guia até o fim.[19]

Todos estes viveram pela fé, e morreram sem receber o que tinha sido prometido [...] reconhecendo que eram estrangeiros e peregrinos na terra. [...]. Esperavam eles uma pátria melhor, isto é, a pátria celestial.[20]

Esperança suprema

Um dia, depois da morte de seu amigo Lázaro, Jesus apareceu para atender ao pedido de Maria e Marta, mas com quatro dias de atraso. Maria lhe disse as palavras que tanta gente diz quando a morte põe fim à vida: "Senhor, se...". Se Jesus tivesse chegado mais cedo, meu irmão não teria morrido.

Jesus respondeu a Maria: "Eu sou a ressurreição e a vida. Aquele que crê em mim, ainda que morra, viverá; [...] Você crê nisso?".[21]

---

16 1Coríntios 15.55 *ARA*

17 Salmos 116.15 *ARA*

18 Apocalipse 14.13

19 Salmos 48.14

20 Hebreus 11.13-16

21 João 11.25,26

Vale a pena parar um pouco e considerar que afirmação inacreditável Jesus fez. Imagine que você tivesse um parente enfermo e pedisse-me para ir orar. Acontece que só cheguei no local onde se encontrava seu parente depois que morreu. Aborrecido, você me diz: "Gostaria que você tivesse vindo e orado. Talvez Deus tivesse ouvido. Talvez ele tivesse sido curado".

Imagine que então eu retrucasse: "Não tenha medo. Eu sou a ressurreição e a vida. Aquele que crê em mim viverá, ainda que esteja morto. Você crê nisso?". Você mandaria chamar uns homens de branco para me levarem embora. Nenhum ser humano em seu juízo perfeito diria isso. Nenhum líder religioso diria isso. Buda nunca disse isso. Maomé nunca disse isso. Confúcio nunca disse isso.

Jesus disse.

Ele insistiu no fato de que nem a própria morte tinha permissão para dar a última palavra. Postou-se junto ao túmulo de Lázaro, ordenou: "Tirem a pedra" e "Lázaro, venha para fora!".

Lázaro obedeceu.

Um último jogo...

"[Deus] pôs no coração do homem o anseio pela eternidade", dizem as Escrituras,[22] e minha avó guardava seu coração. Ela não colecionou muitas casas ou hotéis, mas não era esse o motivo pelo qual passava tanto tempo em volta do tabuleiro. Minha avó respeitava o que tinha maior importância. Deixou um legado de vida, fé e amor que sobrevive em meu irmão, minha irmã e em mim, e naqueles a quem amamos. Sempre compreendeu uma verdade

---

[22] Eclesiastes 3.11

simples que muita gente sábia de verdade parece ter problemas para lembrar: tudo volta para a caixa.

"Há sempre a sombra arrepiante da idade que se alonga ano a ano." Essas são as últimas palavras que minha avó escreveu em seu pequeno diário amarelo. Morreu vítima de tumor cerebral quando eu estava no segundo grau. Jamais a ouvi reclamar. Passei do quarto que dividia com meu irmão para o antigo quarto dela, o quarto onde perdera com tanta frequência. Acabei crescendo ali. Agora estou com quase cinquenta – meia-idade é um termo gentil para descrever a fase em que me encontro; será correto somente se eu chegar aos cem. Agora a sombra alonga-se para mim.

Minha avó sempre compreendeu uma verdade simples que muita gente sábia de verdade parece ter problemas para lembrar: tudo volta para a caixa.

Começamos este livro com a história de um jogo e neste ponto o concluímos com outra história. Mencionei na introdução que, na Idade Média, a principal lição deste livro era ensinada utilizando-se o jogo de xadrez.

> Quando o tabuleiro é posto de lado, o jogo terminou e os peões são todos guardados dentro de um saco, e o rei ora está no fundo, ora no topo tanto quanto qualquer outro, razão pela qual os homens são todos iguais. Quando o tempo é posto de lado pela morte, o jogo está no fim [...] Todos são iguais dentro do saco da Terra.[23]

[23] Manuscrito do século XI, apud MURRAY, H. J. R. **A History of Chess.** Northampton, MA: Benjamin Press, 1913, p. 550.

O bispo Kenneth Ulmer pastoreia uma igreja que congrega em Los Angeles, no estádio onde os Lakers costumavam jogar basquete. Ele conta a história de dois homens em um museu que deparam com um quadro retratando um jogo de xadrez.[24] Uma das figuras no quadro parecia um homem; a outra lembrava muito o Diabo. O homem jogava com sua última peça. O título do quadro era Xeque-mate.

Um dos homens admirando aquela obra era um campeão de xadrez internacional. Alguma coisa no quadro o intrigava. Pôs-se a estudá-lo. Acabou ficando tão absorto que seu companheiro impacientou-se e quis saber o que ele estava fazendo.

O campeão de xadrez respondeu: "Tem alguma coisa nesse quadro que me incomoda. Quero estudá-lo um pouco. Vá em frente, continue o passeio".

Quando o amigo voltou depois de algum tempo, o mestre de xadrez disse: "Temos de localizar o homem que pintou este quadro. Precisamos lhe dizer que tem de mudar o quadro, ou mudar o título. Concluí que há algo errado nessa pintura, e sou um campeão de xadrez internacional".

O amigo então perguntou: "Mas qual o problema dela?".

O enxadrista retrucou: "Ela foi intitulada *Xeque-mate*, mas está errado. *Ainda resta ao rei mais uma jogada*".

Um menininho chamado Davi enfrenta um gigante chamado Golias. Davi é tão pequeno que não consegue envergar a armadura de um homem adulto, nem segurar-lhe a espada. Parece um xeque-mate. *Mas ainda resta ao rei mais uma jogada.*

---

[24] Relato ouvido durante um sermão.

Um homem chamado Daniel é lançado dentro de uma cova de leões porque se recusa a deixar de orar a seu Deus. Os leões estão famintos e passa a noite inteira ali dentro. À primeira luz da manhã, o rei Dario o chama. Daniel comunica-lhe que os leões foram submetidos a uma dieta de baixa calorias e que ele está muito bem. *Ainda resta ao rei mais uma jogada.*

Um homem chamado Moisés convence uma nação de escravos oprimidos a fugir do homem mais poderoso da face da Terra. O faraó sai ao seu encalço. Eles param na praia, o Mar Vermelho na frente, o maior exército do mundo atrás. O povo diz para Moisés: "O que você estava pensando?". *Mas ainda resta ao rei mais uma jogada.*

Um homem chamado Jesus vai a Jerusalém. Na sexta-feira santa, os poderes terrenos constituídos o interrogaram e julgaram, açoitaram e espancaram, zombaram dele e o menosprezaram, penduraram-no em uma cruz para morrer e lançaram-no dentro de um túmulo para apodrecer, como todo corpo humano tem apodrecido desde que a morte adentrou este triste mundo obscuro.

Disseram para todos: "Por hoje é só, pessoal! O espetáculo terminou! Hora de ir para casa. Xeque-mate".

Mas estavam errados.

Um dia, tudo voltará para dentro da caixa. Você pode ter pensado nesta vida que foi senhor do Tabuleiro. Ou pode ter desempenhado o papel de um peão. Coisas e títulos e o que é considerado sorte nesta rodada, na verdade, não têm tanta importância assim.

Mas não se desespere. Viva com sabedoria. *Ainda resta ao rei mais uma jogada*!

CONHEÇA OUTRAS OBRAS DO AUTOR

por Editora Vida

DEUS ESTÁ MAIS PERTO DO QUE VOCÊ PENSA

Se Deus está sempre conosco,
por que é tão difícil encontrá-lo?

Você realmente deseja conhecer a Deus. No entanto, como se relacionar com alguém que não aparece. Onde Deus está?

Saiba que ele está mais perto do que você pensa. Mais ansioso em fazer contato do que você imagina. Contudo, encontrar Deus em meio à implacável pressão da vida diária pode ser muito difícil. Ele está em todos os lugares, mas é preciso aprender a reconhecê-lo em meio ao cotidiano.

John Ortberg usa seu habitual bom humor e dom de contar histórias para mostrar o prazer de ter um relacionamento íntimo com Deus. *Deus está mais perto do que você pensa* trata do desejo fundamental que você e Deus compartilham e de como você pode experimentar sua realização. Aceite o convite divino e desfrute a amizade que mudará seu passado, presente e futuro!

Vida

Somos todos (a)normais?

Como desenvolver amizades que permaneçam

Normal? Quem é normal?

Você não é, claro! Seus amigos e conhecidos são aparentemente normais, mas essa idéia se modifica quando passa a conhecê-los — e quando eles passam a conhecer você. Neste livro, John Ortberg conta de maneira bem-humorada histórias de impacto que desmistificam o conceito de "normalidade".

Quem não gostaria de ser amado, ter amizades sólidas e gratificantes? Ortberg mostra quais são os elementos principais desse tipo de relacionamento e revela os benefícios da autenticidade. Segundo o escritor, um olhar de aceitação vale muito mais que as pedras que atiramos com tanta facilidade.

Apesar de todas as nossas limitações e defeitos, necessitamos uns dos outros. Os princípios deste livro foram elaborados para ajudar você na nobilíssima arte de compreender as pessoas. Amplie o seu grupo de amigos e caminhe com a segurança de nunca mais estar sozinho na fascinante jornada da vida!

Venha andar sobre as águas

Saia do barco e dê o passo para a maior aventura espiritual de sua vida

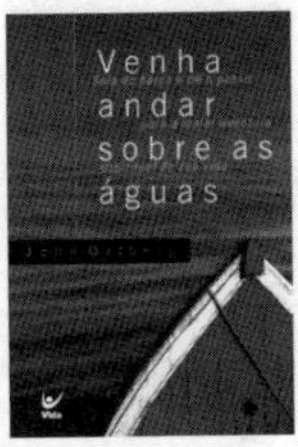

A mesma fé que motivou Pedro a sair do barco e andar sobre o mar em direção a Jesus também está dentro de você.

John Ortberg nos convida a experimentar os desafios e as recompensas de uma vida dirigida pela fé. As possibilidades são imensas quando deixamos o comodismo e saímos do barco. Sobre as águas agitadas da fé, Jesus está nos esperando para transformar a nossa vida para sempre. Essa experiência inesquecível é um divisor de águas na vida de todo aquele que se propõe a obedecer ao Senhor. Saia do barco e experimente a maior aventura de sua vida.

Vida

Esta obra foi composta em *Goudy Old Style*
e impressa por Imprensa da Fé sobre papel
Off set 63 g/m² para Editora Vida.